CONTAGEM REGRESSIVA 1945

A EXTRAORDINÁRIA HISTÓRIA DA
BOMBA ATÔMICA E OS 116 DIAS
QUE MUDARAM O MUNDO

CHRIS WALLACE
COM MITCH WEISS

Contagem Regressiva 1945

Copyright © 2021 da Starlin Alta Editora e Consultoria Eireli.
ISBN: 978-65-5520-322-6

Translated from original Countdown 1945. Copyright © 2020 by Chris Wallace. ISBN 978-1-9821-4334-3. This translation is published and sold by permission of Avid Reader Press an imprint of Simon & Schuster, Inc., the owner of all rights to publish and sell the same. PORTUGUESE language edition published by Starlin Alta Editora e Consultoria Eireli, Copyright © 2021 by Starlin Alta Editora e Consultoria Eireli.

Todos os direitos estão reservados e protegidos por Lei. Nenhuma parte deste livro, sem autorização prévia por escrito da editora, poderá ser reproduzida ou transmitida. A violação dos Direitos Autorais é crime estabelecido na Lei nº 9.610/98 e com punição de acordo com o artigo 184 do Código Penal.

A editora não se responsabiliza pelo conteúdo da obra, formulada exclusivamente pelo(s) autor(es).

Marcas Registradas: Todos os termos mencionados e reconhecidos como Marca Registrada e/ou Comercial são de responsabilidade de seus proprietários. A editora informa não estar associada a nenhum produto e/ou fornecedor apresentado no livro.

Impresso no Brasil — 1a Edição, 2021 — Edição revisada conforme o Acordo Ortográfico da Língua Portuguesa de 2009.

Erratas e arquivos de apoio: No site da editora relatamos, com a devida correção, qualquer erro encontrado em nossos livros, bem como disponibilizamos arquivos de apoio se aplicáveis à obra em questão.

Acesse o site **www.altabooks.com.br** e procure pelo título do livro desejado para ter acesso às erratas, aos arquivos de apoio e/ou a outros conteúdos aplicáveis à obra.

Suporte Técnico: A obra é comercializada na forma em que está, sem direito a suporte técnico ou orientação pessoal/exclusiva ao leitor.

A editora não se responsabiliza pela manutenção, atualização e idioma dos sites referidos pelos autores nesta obra.

Produção Editorial
Editora Alta Books

Gerência Comercial
Daniele Fonseca

Editor de Aquisição
José Rugeri
acquisition@altabooks.com.br

Produtores Editoriais
Ian Verçosa
Illysabelle Trajano
Larissa Lima
Maria de Lourdes Borges
Paulo Gomes
Thiê Alves
Thales Silva

Equipe Ass. Editorial
Brenda Rodrigues
Caroline David
Luana Goulart
Marcelli Ferreira
Mariana Portugal
Raquel Porto

Diretor Editorial
Anderson Vieira

Coordenação Financeira
Solange Souza

Equipe Comercial
Alessandra Moreno
Daiana Costa
Fillipe Amorim
Kaique Luiz
Tairone Oliveira
Thiago Brito
Vagner Fernandes
Victor Hugo Morais
Viviane Paiva

Marketing Editorial
Livia Carvalho
Gabriela Carvalho
marketing@altabooks.com.br

Atuaram na edição desta obra:

Tradução
Ana Gabriela Dutra

Copidesque
Jana Araújo

Revisão Gramatical
Thamiris Leiroza
Thaís Pol

Diagramação
Joyce Matos

Capa
Paulo Gomes

Dados Internacionais de Catalogação na Publicação (CIP) de acordo com ISBD

W187c	Wallace, Chris
	Contagem Regressiva: 1945: a extraordinária história da bomba atômica e os 116 dias que mudaram o mundo / Chris Wallace ; traduzido por Ana Gabriela Dutra. - Rio de Janeiro : Alta Books, 2021.
	320 p. ; 16cm x 23cm.
	Inclui bibliografia e índice.
	ISBN: 978-65-5520-322-6
	1. História. 2. Segunda Guerra Mundial. 3. Bomba atômica. 4. 1945. I. Dutra, Ana Gabriela. III. Título.
2021-2035	CDD 940.53
	CDU 94(100)

Elaborado por Vagner Rodolfo da Silva - CRB-8/9410

Ouvidoria: ouvidoria@altabooks.com.br

Editora afiliada à:

Rua Viúva Cláudio, 291 — Bairro Industrial do Jacaré
CEP: 20.970-031 — Rio de Janeiro (RJ)
Tels.: (21) 3278-8069 / 3278-8419
www.altabooks.com.br — atendimento@altabooks.com.br
www.facebook.com/altabooks — www.instagram.com/altabooks

Para Lorraine
Você é a melhor parte de qualquer aventura

AGRADECIMENTOS

Escrever envolve inúmeras decisões, e tive a sorte de tomar várias que me trouxeram as pessoas certas para transformar minha ideia inicial neste livro.

Primeiro, eu gostaria de agradecer a Nancy Pelosi, presidente da Câmara dos Representantes, por me inspirar a escrever sobre o tema desta obra. Em fevereiro de 2019, ela convidou vários âncoras de notícias para o famoso refúgio "Conselho de Educação" de Sam Rayburn, no Capitólio. Ela queria fazer uma refutação antecipada do discurso sobre o Estado da União que o presidente Donald Trump faria naquela noite. Porém, no decorrer da reunião, ela contou a história do telefonema do vice-presidente Harry Truman à Casa Branca, dizendo que, depois de desligar, ele exclamou: "Jesus Cristo e General Jackson." Pelo resto do dia, fiquei pensando no nosso 33º presidente, e não no nosso 45º.

Como transformar o que achei uma boa ideia em um livro? Meu antigo empresário Larry Kramer me apresentou a Claudia Cross, da Folio Literary Management. Eles foram meus guias sherpa no que acabou sendo o longo e complicado processo de escalar minha versão do Monte Everest.

Eles também me apresentaram a Mitch Weiss, meu inestimável coescritor. Mitch é um repórter investigativo da Associated Press e vencedor do Prêmio Pulitzer. Em seu tempo livre, ele também escreve livros fascinantes que prendem totalmente a atenção. Assim que li seu trabalho e o conheci, soube que tinha o colega de quem precisava para realizar este projeto. Mas eu também necessitava de um pesquisador, e essa foi a decisão mais fácil que tive de tomar. Nos últimos dez anos,

AGRADECIMENTOS

Lori Crim foi minha pesquisadora no *Fox News Sunday*. Juntos, encaramos tudo, desde debates presidenciais a Vladimir Putin. Quando a chamo de "cérebro de Chris", não estou apenas brincando.

E então, a editora. Tivemos a sorte de atrair muita atenção para este projeto. Mas assim que conheci Jofie Ferrari-Adler, editor da Avid Reader Press, e seu chefe, Jonathan Karp, da Simon & Schuster, tive certeza de que encontrara a equipe certa para essa expedição. E era de fato uma equipe. Quero agradecer a Carolyn Reidy, Ben Loehnen, Meredith Vilarello, Jordan Rodman, Alison Forner, Amanda Mulholland, Brigid Black, Jessica Chin, Ruth Lee-Mui, Richard Ljoenes, Morgan Hoit, Carolyn Kelly, Elizabeth Hubbard e Allie Lawrence.

Estávamos prontos para trabalhar e mergulhar naqueles 116 dias que mudaram o mundo. A primeira parada foi na Biblioteca Harry S. Truman em Independence, no Missouri. Passei vários dias lá analisando documentos. O tesouro encontrado foram as cartas de Truman para sua amada Bess, sua mãe e sua irmã, bem como o diário revelador que ele manteve durante aqueles quatro meses tumultuados. O diretor da biblioteca, Kurt Graham, me concedeu acesso aos arquivos em um momento de reforma do prédio. E pediu ao arquivista Randy Sowell que me ajudasse a examinar milhares de documentos. Também quero agradecer a Samuel Rushay, Laurie Austin e David Clark por suas orientações gerais e pela ajuda na pesquisa, na identificação e na disponibilização das melhores imagens para capturar esse período na presidência de Truman.

Os historiadores abriram outras portas para nós. Joseph Papalia é um especialista no 509º Grupo Composto e nos ajudou a contar a história dessas tripulações diversificadas. John Coster-Mullen é um especialista em Los Alamos e no desenvolvimento da bomba atômica. Agradecimentos especiais a ambos.

Durante a pesquisa deste livro, uma das grandes revelações foi que, 75 anos depois, algumas personagens importantes ainda estavam vivas. Ruth Huddleston contou histórias fascinantes sobre sua experiência como uma das "Garotas do Calutron" nas instalações de Oak Ridge. Ela também deu uma identidade à preocupação de tantos

AGRADECIMENTOS

norte-americanos de que, após sobreviverem à guerra na Europa, seus entes queridos fossem enviados a um conflito ainda mais sangrento no Pacífico.

E há também Hideko Tamura Snider, aquela corajosa garotinha de 10 anos que sobreviveu à explosão atômica em Hiroshima e nos contou o que ela e sua família passaram. Após 75 anos, ela mora nos EUA e relembra sua vida com notável sabedoria e nenhum sinal de rancor.

Os arquivistas dos Arquivos Nacionais forneceram muitas das imagens da tripulação do *Enola Gay* e da equipe de cientistas em vários estágios de treinamento e preparação. A ajuda de Michelle Brown, Holly Reed e Kaitlyn Crain Enriquez, dos departamentos de imagens estáticas e textuais dos Arquivos Nacionais, foi fundamental para nos permitir mostrar — não apenas falar sobre — essas personagens grandiosas.

Agradeço a Pamela Ives, da Força Aérea dos Estados Unidos, pela ajuda em encontrar as ordens de operação do 509º, a equipe treinada para compor a tripulação do *Enola Gay* e todo o seu suporte.

E obrigado a Olivia Garrison, da Biblioteca da Universidade Estadual de Iowa, por localizar algumas das primeiras entrevistas de rádio das duas tripulações da bomba atômica após suas missões, conduzidas pelo jornalista Jack Shelley na ilha de Tinian, em agosto de 1945.

A história da decisão dos EUA de lançarem a primeira bomba atômica do mundo não pode ser contada sem que o impacto devastador em Hiroshima seja mostrado. As imagens impressionantes da "cúpula da bomba atômica" — que, apesar de localizada praticamente logo abaixo da explosão, de alguma forma escapou da destruição completa — ajudam a mostrar o que aconteceu lá. Obrigado a Rie Nakanishi, do Museu Memorial da Paz de Hiroshima, por nos permitir usar essas imagens para contar essa parte importante da história. O museu, inaugurado em 24 de agosto de 1955, conserva alguns dos pertences pessoais das vítimas e espera encorajar seus visitantes a promover o desarmamento nuclear e a paz no mundo.

Muito obrigado a Gary Younger, do Departamento de Energia dos Estados Unidos, por fornecer imagens dos protagonistas do governo Truman, que foram parte integrante da sequência de acontecimentos durante o programa atômico.

O historiador Alan Brady Carr, do Laboratório Nacional de Los Alamos, e a arquivista Rebecca Collinsworth, dos Arquivos da Sociedade Histórica de Los Alamos, foram solícitos em fornecer as informações para recriar a aparência da comunidade restrita de cientistas em Los Alamos, que trabalhou com prazos apertados para cumprir o cronograma da administração Truman.

Quero expressar minha gratidão aos executivos da Fox News que não apenas me permitiram escrever este livro, mas também me incentivaram ao longo do caminho. Agradeço à diretora-executiva da Fox News, Suzanne Scott, ao presidente Jay Wallace, à vice-presidente executiva sênior de comunicações corporativas Irena Briganti, à vice-presidente Carly Shanahan e à minha equipe do *Fox News Sunday*, especialmente à produtora-executiva Jessica Loker e à produtora Andrea DeVito.

Por fim, Mitch e eu queremos agradecer a nossas famílias por seu amor e apoio durante as manhãs e madrugadas, bem como nos inúmeros fins de semana perdidos, quando, além de nossos empregos diurnos, assumimos este projeto durante o tempo que deveria ser dedicado a nossos familiares. Prometemos que vamos recompensá-los.

Quero concluir expressando minha gratidão a duas pessoas da minha família. Minha filha Catherine Wallace me deu conselhos valiosos de seus anos como editora. Quando eu reclamava sobre como é difícil escrever um livro, ela revirava os olhos para a minha "descoberta".

Sobretudo, quero agradecer à minha esposa, Lorraine. Você é o começo e o fim de tudo na minha vida. E sempre será.

CONTAGEM REGRESSIVA:
116 DIAS

12 de abril de 1945

Washington, D.C.

Harry Truman precisava de um drinque. Era seu 82º dia no cargo de vice-presidente. Como de costume, ele passou a tarde na câmara do Senado, dessa vez supervisionando um debate sobre um tratado das águas com o México. Enquanto os senadores se alongavam no assunto, sua mente divagou até a mãe e a irmã, que ainda moravam perto da antiga fazenda da família Truman em Grandview, no Missouri. Truman pegou uma folha de papel e uma caneta, mesmo estando sentado em sua mesa elevada na tribuna da câmara do Senado.

"Queridas mamãe e Mary", escreveu ele, "um senador prolixo de Wisconsin" não parava de falar sobre "um assunto com o qual ele não tem familiaridade". Como presidente do Senado, fazia parte do trabalho de Truman presidir sessões como essa. Porém, ele não via a hora de aquilo chegar ao fim, pois queria estar em outro lugar. Ele não fazia ideia de que sua vida estava prestes a mudar para sempre.

Felizmente, pouco antes das 17h, o Senado optou por fazer um recesso pelo restante do dia. Truman atravessou o Capitólio sozinho, sem a escolta do Serviço Secreto — passou pelo Senado, pela rotunda do Capitólio e, em seguida, pelo Statuary Hall até a Câmara dos Representantes. Vestido de maneira elegante, como de costume, em um terno cinza transpassado, com um lenço branco e uma gravata-borboleta escura de bolinhas, Truman estava sempre apressado. E parte disso era devido a seu andar rápido.

Ele foi do piso público principal do Capitólio para o térreo e desceu até o refúgio particular de Sam Rayburn, presidente da Câmara dos Representantes, a Sala 9, que era conhecida como "Conselho de Educação". Era a sala mais exclusiva do Capitólio, com entrada permitida apenas por convite pessoal de Rayburn. Na maioria das tardes, após o expediente oficial, os membros do Congresso se encontravam nessa sala para discutir estratégias, fofocar e "brindar à liberdade", enquanto apreciavam um ou dois drinques. Truman era um frequentador habitual. Sua bebida preferida era bourbon com água sem gás.

O Conselho de Educação era um refúgio clássico do Capitólio, com cerca de seis metros de comprimento e repleto de grandes poltronas de couro, um sofá e uma extensa mesa de mogno usada para colocar as bebidas. A única dissonância era o teto pintado e ornamentado, decorado com pássaros, animais e plantas. Rayburn tinha um quadro da "estrela solitária" do Texas fixado em um canto da sala.

Quando Truman chegou, Rayburn — "Sr. Sam" — avisou-o de que a Casa Branca estava procurando por ele. "Steve Early quer falar com você quanto antes", disse, referindo-se ao secretário de longa data do presidente Roosevelt. Truman preparou um drinque, sentou-se e ligou para a central telefônica da Casa Branca: 202-456-1414.

"É o vice-presidente", informou ele.

Ao atender a chamada, Early foi curto e grosso. Havia tensão em sua voz. Ele pediu que Truman fosse à Casa Branca "o mais rápido e discretamente" possível e que optasse pela entrada principal da Pennsylvania Avenue. Rayburn observava Truman, a quem sempre considerou meio pálido. Agora ele estava "um pouco mais pálido".

"Jesus Cristo e General Jackson", exclamou Truman assim que desligou o telefone, surpreso demais para esconder. Ele tentou manter a calma. Disse aos presentes que precisava ir à Casa Branca devido a "uma solicitação especial". Levantou-se de imediato, caminhou até a porta, colocou a mão na maçaneta, parou e se virou. "Rapazes, isso fica entre nós. Deve ter acontecido algo."

Truman fechou a porta com firmeza e se apressou pelo Capitólio, já praticamente vazio. Seus passos ecoaram pelos corredores de mármore à medida que ele passava pelas estátuas de generais e políticos, pela barbearia do Senado e subia as escadas para o seu gabinete de vice-presidente. Ele perdeu o fôlego. Pegou seu chapéu, avisou a equipe de que iria à Casa Branca e pediu sigilo. Não havia tempo para explicações. De qualquer forma, ele realmente não sabia muito mais do que isso.

Estava chovendo. Truman entrou no seu veículo oficial, um Mercury preto, e deu instruções a Tom Harty, o motorista. Novamente, saiu sem a escolta do Serviço Secreto. Devido ao clima e ao trânsito, Truman demorou mais de dez minutos para chegar à Casa Branca. Durante todo esse tempo, se perguntou o que estava acontecendo.

O presidente Roosevelt deveria estar em Warm Springs, na Geórgia, onde passara duas semanas para se recuperar da exaustão após a Conferência de Yalta, realizada com o primeiro-ministro britânico Winston Churchill e o líder soviético Joseph Stalin.

Talvez Franklin D. Roosevelt (F. D. R.) houvesse retornado. Seu velho amigo, Julius Atwood, um bispo episcopal aposentado, fora enterrado em Washington no início do dia. Será que o presidente comparecera à cerimônia e queria encontrar Truman? Entretanto, desde que se tornou vice-presidente, quase três meses antes, ele tivera apenas duas reuniões particulares com Roosevelt. Por que agora?

Às 17h25, o veículo de Truman virou na Pennsylvania Avenue, atravessou o Portão Noroeste e foi até o Pórtico Norte da Casa Branca. Na porta da frente, Truman foi recepcionado pelos porteiros, que pegaram seu chapéu e o conduziram até o pequeno elevador revestido de carvalho do presidente.

A primeira-dama, Eleanor Roosevelt, esperava por ele em seu escritório particular no segundo andar, acompanhada de sua filha, Anna, seu genro, o tenente-coronel John Boettiger, e Steve Early. As duas mulheres vestiam preto.

A primeira-dama se aproximou de Truman, colocou o braço em seu ombro e disse: "Harry, o presidente está morto."

Truman ficou atordoado demais para falar. Ele se apressara à Casa Branca para encontrar o presidente. Agora, lá estava ele, descobrindo repentinamente que o cargo era seu.

Truman demorou alguns instantes para se recompor. Ele perguntou à Sra. Roosevelt: "Há algo que eu possa fazer por vocês?"

"Há algo que possamos fazer por você?", respondeu ela. "Porque é você quem está com problemas agora."

Minutos depois, às 17h47, o boletim de notícias atravessou o país e o mundo: F. D. R., o homem que, pelos últimos doze anos, liderara a nação durante a Grande Depressão, o ataque a Pearl Harbor e, agora, a vitória iminente na Segunda Guerra Mundial, faleceu de hemorragia cerebral aos 63 anos.

A Casa Branca, praticamente deserta com a ausência de Roosevelt, de repente ficou movimentada. Uma reunião do Gabinete foi marcada para às 18h15. Truman determinou que os líderes do Congresso fossem solicitados a comparecer. Harlan Stone, chefe de justiça dos EUA, foi convocado à Casa Branca para conduzir o juramento de posse. Ainda havia algo que Truman precisava fazer.

Às 18h, ele ligou para sua esposa, Bess, que estava em seu modesto apartamento de dois quartos, localizado na Connecticut Avenue. Sua filha, Margaret, atendeu. Ela ainda não havia recebido a notícia e começou a brincar com ele, como de costume. Ele a interrompeu e pediu que passasse o telefone para a mãe.

Geralmente, Truman compartilhava todos os detalhes com Bess. Porém, não havia tempo para isso agora. Ele disse que o presidente Roosevelt estava morto e que ele enviaria um carro para ela, Margaret e sua sogra, Madge Wallace, que vivia com a família. Ele queria que elas estivessem ao seu lado quando fizesse o juramento de posse.

Truman desligou o telefone. Ele percebeu que a conversa abalara Bess. Desde que aceitara a nomeação para vice-presidente no verão anterior, ele sabia que esse era o maior medo dela — que F. D. R. não vivesse o suficiente para terminar seu quarto mandato. Agora, ele e sua família haviam sido compelidos ao cargo que sua esposa temia.

Truman foi o primeiro a chegar à sala do Gabinete e se sentou à mesa grande. Logo o ambiente ficou cheio. Posteriormente, um dos assessores de Roosevelt afirmou que Truman parecia "um homenzinho, sentado em uma enorme poltrona de couro". Porém, assim que todos os funcionários do Gabinete que estavam em Washington chegaram, Truman se levantou. "Quero que cada um de vocês permaneça e prossiga", disse a eles. "Desejo fazer tudo da forma que o presidente Roosevelt almejava."

Houve um atraso devido à espera pelo chefe de justiça. A família de Truman teve que atravessar uma multidão imensa que se aglomerara do lado de fora do prédio no qual seu apartamento ficava. Os assessores se apressaram para encontrar uma Bíblia e finalmente acharam uma edição distribuída pelos Gideões na mesa do chefe de equipe.

Às 19h09, Truman e o chefe de justiça, Stone, se posicionaram em frente à cornija da lareira no final da sala do Gabinete, com a família de Truman e seus principais funcionários formando um semicírculo atrás deles. O chefe de justiça iniciou o juramento: "Eu, Harry Shipp Truman", disse ele, supondo que o *S* de seu nome do meio era proveniente da família paterna, quando na verdade não representava nada.

"Eu, Harry S. Truman", respondeu Truman, corrigindo o chefe de justiça.

Essa não foi a única falha. Depois que Truman finalizou o juramento, o chefe de justiça pediu que ele segurasse a Bíblia com sua mão esquerda, mas posicionou sua mão direita em cima dela. Assim, o ato solene precisou ser repetido, dessa vez com a mão direita do novo presidente levantada. Quando a solenidade de posse finalmente terminou, Truman beijou a Bíblia e se virou para beijar a esposa e a filha.

Após o juramento, o agora presidente conversou com seu Gabinete de forma sucinta. Ele repetiu sua intenção de prosseguir com a agenda de Roosevelt. Afirmou que sempre acataria os conselhos sinceros, mas deixou claro que seria ele quem tomaria as decisões finais e que, assim que o fizesse, esperava apoio total.

Quando a reunião acabou e os funcionários voltaram para casa, um homem permaneceu: Henry Stimson, o secretário da guerra.

Ele pediu para falar a sós com o presidente "sobre um assunto muito urgente".

Aos 77 anos, Stimson era uma figura lendária. Ele servira cinco presidentes; Truman seria o sexto. Ao sentar-se com ele, Stimson disse que seria breve. O assunto era complicado e, posteriormente, forneceria mais detalhes. No entanto, ele queria que Truman soubesse sobre "um projeto enorme que estava em andamento" para desenvolver "um novo explosivo com um poder destrutivo quase inacreditável". O projeto era tão secreto — e tão potencialmente perigoso — que pouquíssimas pessoas sabiam sobre ele. Stimson disse que o atualizaria após alguns dias, quando o presidente já tivesse se adaptado.

Harry Truman sendo empossado como presidente em 12 de abril de 1945.

Foi tudo o que Stimson disse. Suas informações breves e misteriosas intrigaram Truman. Porém, ele precisava assimilar muitos acontecimentos: a morte de F. D. R., a reação do país, sua responsabilidade repentina por liderar um esforço bélico na Europa e no Pacífico. O "projeto" de Stimson era mais um trabalho que fora incumbido a ele. Truman não fazia ideia de sua magnitude. Foi um dia em que, disse posteriormente, "o mundo caiu sobre mim".

"Decidi que o melhor a se fazer é ir para casa, descansar o máximo possível e encarar as consequências", escreveu em seu diário.

CONTAGEM REGRESSIVA:
113 DIAS

15 de abril de 1945
Los Alamos, Novo México

Deveria ser primavera, mas a neve fresca rangia sob os pés de J. Robert Oppenheimer à medida que ele andava a passos rápidos pela base militar ultrassecreta na chapada do Novo México. Ele caminhava pela neve em direção ao cinema improvisado.

Oppenheimer era o diretor científico do Projeto Manhattan, o imenso esforço secreto dos EUA para desenvolver uma bomba atômica. Em qualquer outra manhã, ele conciliaria inúmeras tarefas diferentes em seu escritório: ler relatórios de progresso, escrever memorandos ou retornar telefonemas urgentes de Washington. Enquanto o país lá fora lutava na Segunda Guerra Mundial, dentro da instalação cercada, Oppenheimer e seu grupo de cientistas concentravam toda a sua energia e expertise "na engenhoca", uma nova e terrível arma de destruição em massa.

Porém, essa era uma manhã de domingo atípica. Oppenheimer reuniu pesarosos cientistas, militares, equipe de apoio e famílias que viviam na cidade secreta de Los Alamos para uma homenagem póstuma ao presidente Roosevelt. Ele nunca havia proferido um discurso fúnebre.

Um físico teórico genial, Oppenheimer não tinha dificuldades de falar sobre teorias científicas complexas que explicavam o funcionamento do universo para colegas e alunos das principais universidades do país. Ele era fluente em seis idiomas e bem versado em literatura clássica e filosofia oriental. Aprendeu sânscrito apenas para ler o *Bhagavad Gita*, um poema devocional hindu, em seu idioma de origem.

Três dias haviam se passado desde o falecimento do presidente Roosevelt em um spa na Geórgia. Oppenheimer despendera grande parte desse tempo se esforçando a fim de encontrar as palavras certas para homenageá-lo.

Ele sentiu a perda de uma forma profundamente pessoal. O presidente conduziu os EUA em alguns dos momentos mais difíceis do país. Roosevelt estava na Casa Branca desde 1933, quando assumiu o cargo no ápice da Grande Depressão. Ele se esforçou para restaurar a fé e a confiança do povo norte-americano, elaborando planos ambiciosos para recuperar a economia.

Quando as forças japonesas atacaram a base naval dos EUA em Pearl Harbor, no Havaí, em 7 de dezembro de 1941, o país recorreu a Roosevelt novamente. Grande parte dos EUA soube do ataque quando um boletim de notícias interrompeu os programas de rádio na tarde de domingo. "Japão?" As pessoas balançavam a cabeça com incredulidade e ajustavam seus rádios. Era verdade? Seria possível? No dia seguinte, pelo rádio, Roosevelt se dirigiu ao Congresso e à nação por meio de um discurso que ecoaria ao longo dos anos. O ataque foi "imotivado" e "ignóbil", disse. O dia 7 de dezembro de 1941 consistia em uma "data que viverá na infâmia".

O presidente fez uma promessa aos norte-americanos. "Não importa quanto tempo demore para superarmos essa invasão premeditada", bradou, "o povo norte-americano, em seu justo poder, vencerá até alcançar a vitória absoluta".

O Congresso declarou guerra ao Japão. Quatro dias depois, a Alemanha declarou guerra aos EUA. A nação se mobilizou. Para muitos norte-americanos, F. D. R. era o único comandante-chefe que eles já haviam conhecido. Ele foi eleito para a presidência quatro vezes e, depois de quase três anos e meio na Segunda Guerra Mundial, no momento em que os Aliados se aproximavam da vitória na Europa — e a guerra no Pacífico atingia um clímax sanguinário — Roosevelt faleceu repentinamente.

Então, uma rajada de incerteza abalou a hierarquia do Projeto Manhattan. Fora Roosevelt quem autorizara, anos antes, o projeto de pesquisa e desenvolvimento da bomba atômica, reunindo as mentes científicas mais brilhantes para uma operação que um dia, ele esperava, daria fim à guerra. F. D. R. foi essencial para que as grandes corporações — DuPont, Standard Oil, Monsanto e Union Carbide — projetassem, fabricassem e operassem novos equipamentos e fábricas para auxiliar o desenvolvimento da arma. Laboratórios acadêmicos e industriais disponibilizaram seus melhores e mais criativos cientistas. Era um projeto caro, arriscado e encoberto pelo sigilo total.

Ninguém sabia ao certo onde ou se Harry Truman aceitaria o projeto. Como o físico Philip Morrison relembrou: "Não havia mais nenhum conhecido no alto escalão."

A equipe de Los Alamos recorreu a Oppenheimer para obter respostas. Ele era um gênio da física teórica, mas seus dons não se limitavam à ciência. Sua mente aguçada era capaz de chegar ao cerne de qualquer problema e oferecer soluções claras e concisas. Seus colegas o descreviam como o pensador mais rápido que já conheceram. Nesse momento, essa perspicácia era mais necessária do que nunca.

Oppenheimer tinha 1,82 m de altura e pesava cerca de 61kg, era magro a nível de emaciação. Porém, ele se vestia como um dândi, usava ternos cinzas com cortes elegantes, camisas e gravatas azuis, sapatos bem engraxados e chapéus pork pie. Com um cigarro pendurado no lábio inferior, olhos azuis brilhantes e olhar penetrante, ele atraía as mulheres e intimidava os homens. "Oppie" tinha uma personalidade dissoluta e autoconfiante, sentia-se tão à vontade em um coquetel quanto em um auditório.

Filho de um imigrante alemão que ficara rico importando têxteis na cidade de Nova York, era esperado que Oppenheimer tivesse sucesso, e ele não frustrou as expectativas. Formou-se com a distinção acadêmica *summa cum laude* na Universidade Harvard em apenas três anos. Com 22 anos, obteve o doutorado em física na Universidade de Göttingen, na Alemanha, onde foi aluno do renomado físico Max Born. Em poucos anos, Oppenheimer conseguiu trabalhos de prestígio como docente da Universidade da Califórnia, em Berkeley, e do Instituto de Tecnologia da Califórnia, em Pasadena. Ele dividia seu tempo entre as duas universidades; um semestre em Berkeley e o seguinte em Pasadena. Ao contrário da maioria dos professores da época, Oppenheimer era extravagante, um boêmio que incorporava o papel de docente e lecionava com entusiasmo contagiante. Sem recorrer a anotações, tecia poesia e literatura por meio de conceitos matemáticos sublimes. Salientava que as questões científicas mais importantes ainda não haviam sido respondidas e desafiava seus alunos a sondarem os mistérios. Como relembrou um colega, ele contribuía com um "grau de sofisticação em física até então inédito nos EUA".

Os alunos ficavam fascinados e inspirados. Eles acompanhavam o professor de Berkeley a Pasadena, cativados por suas excentricidades e gosto pela vida, seu apetite por filés malpassados, martínis bem fortes, alimentos apimentados e cigarros. Um marinheiro e praticante de equitação talentoso, parecia ter um amigo em cada esquina.

No entanto, Oppenheimer também tinha um lado sombrio. Sua genialidade poderia ser ofuscada pela melancolia e pela irritabilidade. Ele não tolerava conversa fiada. Interrompia amigos no meio da frase, especialmente se achava que o assunto não era intelectualmente estimulante. Os alunos que faziam perguntas impertinentes eram submetidos à humilhação pública. Um colega de longa data descreveu Oppenheimer como "desdenhoso ao nível da grosseria".

Em 1942, quando Oppenheimer foi designado para liderar o Projeto Manhattan, alguns de seus colegas questionaram seu temperamento e sua falta de experiência administrativa, dizendo que não era capaz de "gerir um carrinho de lanches". Ele teria que preencher a lacuna entre a inovação e a independência do meio acadêmico e a estrutura rígida das forças armadas.

Oppenheimer assumiu o cargo, o qual considerava o meio mais eficaz de acabar com a guerra. Convenceu cientistas de renome mundial a deslocar suas famílias e se juntar a ele no laboratório secreto de armas atômicas em Los Alamos, uma área remota cercada por cânions e altos cumes no extremo sul das Montanhas Rochosas. Oppenheimer trabalhava bem com líderes militares, incluindo seu homólogo, o general Leslie R. Groves.

Com o tempo, segundo seus amigos e colegas, Oppenheimer se transformou em um administrador maravilhosamente eficiente e carismático. Alguns dos maiores físicos do mundo se reuniram em Los Alamos, incluindo seis ganhadores do Prêmio Nobel. Seus egos eram inflados, mas, de alguma forma, Oppie fez com que tudo corresse bem. Um colega afirmou que Oppenheimer era quase indispensável.

Em abril de 1945, Oppenheimer incorporou completamente seu papel como diretor científico do projeto. Ele tinha apenas 40 anos. Morava com sua esposa, Kitty, e seus dois filhos pequenos em uma modesta cabana em uma parte isolada de Los Alamos. O professor outrora excêntrico agora organizava jantares para cientistas convidados e colegas em sua casa. A diversão começava com dry martinis e continuava no jardim da frente quando o sol se punha.

A população de Los Alamos passou de algumas centenas de pessoas para 8 mil cientistas, militares e suas famílias. O perímetro do local de 22 hectares — "a Colina" — era rodeado por uma cerca de 3 metros de altura coberta com arame farpado. Na parte interna, outra cerca isolava a área técnica, com acesso restrito àqueles com a maior habilitação de segurança. Era onde ficava o escritório de Oppenheimer, bem como os laboratórios amplos usados para a pesquisa de bombas. Como se fosse um prefeito, ele costumava acenar e cumprimentar as pessoas enquanto passeava pelas ruas desarborizadas de Los Alamos. Era sempre tranquilo e gentil, nunca ficava sem palavras.

Uma festa em Los Alamos em 1944 (da esquerda para a direita): Dorothy McKibbin, responsável por recepcionar novos funcionários na cidade secreta; J. Robert Oppenheimer, diretor científico do Projeto Manhattan; e Victor Weisskopf, físico nuclear.

Porém, em 12 de abril, a notícia da morte do presidente foi um choque terrível. Thomas O. Jones viu um Oppenheimer mais abatido naquele dia, um homem enfrentando uma perda profunda.

O escritório de Jones, oficial de inteligência, ficava em um prédio conectado ao de Oppenheimer por uma passarela fechada. Ele se preparava para ir embora quando o telefone tocou. "Roosevelt está morto", disse a voz do outro lado da linha. De início, Jones não acreditou.

"Tem certeza?", interpelou.

A pessoa repetiu a mensagem. Ele permaneceu em um silêncio sepulcral. Sabia que precisava contar aos outros. A base era isolada do mundo. Não havia estações de rádio ou jornais. A cidade mais próxima era Santa Fé, a cerca de 56km de distância. De acordo com os mapas, Los Alamos não existia. Portanto, a maioria das pessoas de lá receberia a má notícia por meio de um alto-falante da área de tecnologia.

Jones decidiu contar a Oppenheimer. Ele saiu apressado de seu escritório em direção à passarela entre os prédios. No meio do caminho, avistou uma figura familiar se aproximando.

Oppenheimer já sabia, mas não podia acreditar. "É verdade?", perguntou.

"Sim, Oppie", respondeu Jones, com brandura.

Foi apenas a confirmação do que Oppenheimer esperava ouvir.

Ao mesmo tempo, os funcionários da área de tecnologia souberam da morte do presidente. Tudo parou. Os cientistas perguntavam uns aos outros: "Você ficou sabendo?" Alguns adentraram um silêncio incrédulo. Outros choraram. Eles saíam dos laboratórios e se dirigiam aos corredores e aos degraus. Ninguém queria ficar sozinho.

Na passarela, Jones percebeu que Oppenheimer estava visivelmente abalado, com o rosto pálido e sombrio. Conversaram sobre o presidente e como ele salvara a nação. Oppenheimer elogiou o bem que Roosevelt fizera, sua inteligência e sua "personalidade magnética".

Na verdade, Oppenheimer e Roosevelt nunca conversaram muito. Eles mantinham uma distância respeitosa e, na maioria das vezes, se comunicavam por meio de intermediários. Sempre que F. D. R. tinha a oportunidade, elogiava Oppie pelo trabalho "extremamente importante" que ele supervisionava no Laboratório de Pesquisa e Desenvolvimento de Armas em Los Alamos.

Em uma carta de 29 de junho de 1943 para Oppenheimer, Roosevelt tentou amenizar o crescente antagonismo entre os cientistas e o general Groves, o severo líder militar do projeto. Roosevelt soube que alguns cientistas começavam a sucumbir à pressão de prazos que consideravam inviáveis. Eles lamentavam viver sob forte vigilância. Alguns duvidavam que a bomba pudesse ser construída e questionavam a sensatez de trabalhar com um material tão perigoso.

A carta de Roosevelt reconhecia Oppenheimer como o líder de um grupo de cientistas de elite que operava sob segurança estrita e "restrições muito específicas". O presidente solicitou que ele convencesse sua equipe de que as restrições eram necessárias. Pediu que comunicasse sua gratidão pelo trabalho árduo e pelos "sacrifícios pessoais".

"Sei que podemos confiar em seu trabalho contínuo e empenhado. Independentemente do que o inimigo planejar, a ciência norte-americana estará à altura do desafio", escreveu Roosevelt.

Agora, enquanto se preparava para a homenagem póstuma, Oppenheimer sabia que alguns de seus cientistas ainda tinham dúvidas sobre o projeto de desenvolver uma bomba atômica. Ultimamente, físicos influentes, como Leo Szilard, expressavam oposição moral ao uso da arma na guerra. Szilard iniciara uma petição, coletando os nomes de colegas cientistas que sentiam o mesmo.

Porém, apenas por esse dia, Oppenheimer queria deixar essas preocupações de lado. Na noite anterior, ele ficou acordado até tarde para finalizar seu discurso fúnebre. De manhã, observou a neve cobrindo seu jardim, as ruas, a cidade toda. Morrison, o físico, recordou a neve como um "gesto de consolação".

As ruas, geralmente agitadas, permaneciam silenciosas. Assim como a maioria dos EUA, Los Alamos estava de luto. A calçada do lado de fora do teatro estava vazia; a neve fora pisoteada pelos pés das centenas de pessoas que aguardavam no local. Jones encontrou Oppie na entrada e o conduziu para dentro. O chefe deixou para trás seu característico chapéu pork pie.

A CASA BRANCA
WASHINGTON

29 de junho de 1943

Meu caro Dr. Oppenheimer,

Recentemente, eu e o Dr. Bush avaliamos o altamente importante e secreto programa de pesquisa, desenvolvimento e produção com o qual você está familiarizado. Fiquei muito contente ao ouvir sobre o excelente trabalho que está sendo realizado em vários lugares deste país, sob a supervisão imediata do general L. R. Groves e a orientação geral do comitê presidido pelo Dr. Bush. A solução satisfatória do problema é de extrema importância para a segurança nacional. Estou confiante de que o trabalho será concluído o mais rápido possível, como resultado da cooperação incondicional de todos os envolvidos.

Escrevo para você pois é o líder de um grupo que deve desempenhar um papel fundamental nos próximos meses. Sei que você e seus colegas estão trabalhando em algo perigoso, sob circunstâncias excepcionais. O fato de o resultado de seu trabalho ser de tão grande importância para a nação exige que esse programa seja ainda mais protegido do que outros desenvolvimentos secretos de guerra. Portanto, dei instruções para que sejam tomadas todas as precauções a fim de garantir a segurança do seu projeto. Tenho certeza de que os responsáveis constatarão o cumprimento dessas ordens. Você tem plena consciência das razões pelas quais seus próprios esforços e os de seus colaboradores devem ser circunscritos a restrições muito específicas. Não obstante, gostaria que você expressasse aos cientistas que o acompanham minha profunda gratidão pela sua disposição em realizar as tarefas impostas, apesar dos perigos e dos sacrifícios pessoais. Sei que podemos confiar em seu trabalho contínuo e empenhado. Independentemente do que o inimigo planejar, a ciência norte-americana estará à altura do desafio. Com esse pensamento em mente, envio esta mensagem de confiança e apreço.

Carta do presidente Franklin D. Roosevelt para J. Robert Oppenheimer, 29 de junho de 1943.

Oppenheimer caminhou lentamente até o palco, e as pessoas, amontoadas nas fileiras de bancos de madeira, se calaram. Para alguns que conheciam Oppie há anos, ele parecia um pouco mais velho do que o jovem físico impetuoso que fora tão famoso na Califórnia. Muitos dos presentes, como Jones e Morrison, se perguntavam se isso significava o fim de todo o projeto.

Com uma bandeira norte-americana a meio mastro ao fundo, Oppenheimer se posicionou no palco e esperou alguns instantes. Então, com uma voz quase sussurrada, ele começou o discurso fúnebre preparado para tranquilizar os inúmeros funcionários de Los Alamos.

"Há três dias, quando o mundo soube da morte do presidente Roosevelt, muitos, não acostumados às lágrimas, choraram; muitos homens e mulheres, pouco habituados às orações, rezaram para Deus. Muitos olharam para o futuro com profunda angústia; muitos deixaram de ter tanta certeza de que nosso trabalho seria benéfico; todos nós nos lembramos do quão preciosa é a grandeza humana.

"Temos vivido anos de muita maldade e muito terror. Roosevelt foi nosso presidente, nosso comandante-chefe e, em uma acepção antiga e não deturpada, nosso líder. Em todo o mundo, homens o procuraram em busca de orientação e o consideraram um símbolo da esperança de que os males dessa época não se repitam; de que os terríveis sacrifícios passados, e os futuros, resultem em um mundo mais adequado à habitação humana. Em tempos malignos como esse, os homens reconhecem sua impotência e sua profunda dependência. Relembremos o período medieval, quando a morte de um rei sábio, bondoso e justo fazia com que seu país afundasse em desespero e luto."

Em seguida, Oppenheimer recorreu ao texto que lhe trouxe tanto conforto ao longo dos anos.

"O *Bhagavad Gita*, escritura hindu, afirma: 'Cada um se constitui por sua própria fé; tal é a fé, tal é o homem.' A fé de Roosevelt é compartilhada por milhões de homens e mulheres em todos os países do mundo. Por esse motivo, é possível manter a esperança; por esse motivo, é justo que nos dediquemos à esperança de que suas boas ações não terminem com sua morte."

Depois, os cientistas e suas famílias se levantaram, em silêncio e cabisbaixos, entristecidos demais para falar.

Embora não estivesse claro como Truman lidaria com o Projeto Manhattan, Oppenheimer tentou se manter otimista. Após a homenagem, ele abordou seu amigo David Hawkins, um físico.

"Roosevelt foi um grande arquiteto", disse Oppenheimer. "Talvez Truman seja um bom carpinteiro."

Todavia, ele não tinha certeza. Sabia apenas que, após anos de pesquisa intensa e bilhões de dólares dos impostos, era melhor que os cientistas de Los Alamos entregassem o que lhes foi pedido, e logo.

CONTAGEM REGRESSIVA:
105 DIAS

23 de abril de 1945

Wendover, Utah

O coronel Paul Tibbets Jr. franziu o rosto e afastou o telefone do ouvido enquanto um policial de Salt Lake City gritava do outro lado da linha. No final de semana, alguns aviadores do coronel apareceram na cidade como se fossem vaqueiros após conduzir uma boiada, e o policial disparou uma extensa lista de problemas. Ultrapassar o limite de velocidade, furar o sinal vermelho, festejar no Hotel Utah com uísque e mulheres desvairadas, brigar com valentões da região.

Tibbets suspirou. Ele e seus homens estavam confinados naquela deserta pista de pouso há muito tempo. Estava na hora do 509º Grupo Composto sair da Base Aérea de Wendover e começar a causar problemas de verdade para inimigos reais.

Ele disse ao policial que logo os aviadores estariam fora do seu caminho e da cidade. Prender seus homens altamente treinados devido a uma estripulia de final de semana não resolveria nada e desperdiçaria o investimento da nação.

O policial teve que concordar. Após mais algumas palavras tranquilizadoras, Tibbets desligou o telefone.

Durante meses, o coronel conduziu seus homens implacavelmente. Eles não tinham conhecimento dos detalhes. Apenas sabiam que treinavam para uma missão secreta de bombardeio que poderia acabar com a guerra. Agora estavam preparados, mas e a bomba? Esse era o único questionamento de Tibbets. Ele foi e voltou de Los Alamos, e foi informado de que os cientistas ainda faziam "ajustes". Preocupavam-se mais em produzir a arma perfeita do que se contentar com a que tinham. Pareciam intermináveis os processos de melhoria da concepção, execução de mais testes e aplicação de alterações antes que Tibbets tivesse permissão para realmente lançar a maldita bomba. E, claro, ainda havia dúvidas sobre a eficácia da arma.

Tibbets não precisava apenas lidar com a polícia ou com os cientistas de Los Alamos. Ele comandava uma complexa operação militar secreta em Utah, que envolvia centenas de aviadores, navegadores, pilotos de bombardeiro e pessoal de apoio. Só ele e algumas pessoas sabiam do que se tratava. E todos os problemas do 509º ficavam sob sua responsabilidade.

Sua esposa, Lucy, e seus dois filhos pequenos moravam em uma pequena casa perto da base aérea, mas ele raramente ficava em sua residência. Estava tão ocupado com a missão que brincar com os filhos e conversar durante a noite com a esposa se tornaram doces lembranças. Essa diligência foi uma das razões pelas quais seus comandantes o escolheram para o trabalho. Ele era organizado, rigoroso e se juntara ao Corpo Aéreo do Exército anos antes do início da guerra. Porém, o mais importante, era "o melhor piloto" do Exército, nas palavras de um general. Sua experiência na cabine de comando era essencial para a tarefa perigosa. O piloto que realizaria a missão não precisaria apenas lançar a bomba atômica com precisão, mas executar curvas e mergulhos perfeitos para evitar sua explosão. Caso contrário, os efeitos poderiam destruir o avião.

Se alguém poderia fazer isso, era Tibbets. Ele era um cara bonito e confiante, com uma discreta covinha no queixo. No entanto, não era uma personalidade de Hollywood, mas um experiente piloto de bombardeiro que prosperava sob pressão. Em 1942 e 1943, Tibbets conduziu os generais Dwight Eisenhower e Mark Clark em missões no Norte da África. Certa vez, quando levava Clark para Argel, ele aterrissou magistralmente sob o ataque de bombas antiaéreas e metralhadoras.

Tibbets pilotou em dezenas de missões de bombardeio de combate no Norte da África e na Alemanha e, depois, foi enviado aos Estados Unidos para comandar o programa de testes de voo do B-29 Superfortress, projetado pela Boeing para operar mais rápido, em altitudes mais elevadas e com cargas de bombas mais pesadas que seu antecessor, o B-17 Flying Fortress. O B-29 era capaz de voar mais de 4.800km — exatamente o que os militares dos EUA precisavam, já que ele se aproximava mais do Japão. Porém, o novo bombardeiro matou seu primeiro piloto de teste e alguns o consideravam perigoso demais.

Tibbets mostrava-se destemido e esperava o mesmo dos outros pilotos. Um comandante resoluto, era perfeccionista, o que irritava alguns de seus colegas. Mas ele não se importava. Estava no comando, então eles teriam que fazer as coisas à sua maneira — "do jeito certo".

Tibbets nasceu em Quincy, no estado de Illinois. Seu pai era um ex-capitão de infantaria da Primeira Guerra Mundial que, depois, geriu um comércio atacadista de doces. Indiretamente, isso originaria sua paixão. Aos 12 anos, como parte de uma divulgação da nova barra de chocolate Baby Ruth, ele voou pela primeira vez em um biplano. Seu pai era o distribuidor da região e um piloto local foi contratado para lançar Baby Ruths sobre uma grande concentração de pessoas.

Quando o menino soube da manobra publicitária, implorou para que pudesse ir junto. O piloto não concordou de imediato, pois queria manter o filho do chefe em segurança. Assim que a permissão foi concedida, o piloto incumbiu o garoto de ajudar um grupo de funcionários do depósito a prender um minúsculo paraquedas de papel em cada barra de chocolate, a fim de que caíssem suavemente no chão.

Quando o avião foi carregado com doces, Tibbets entrou na cabine e afivelou o cinto ao lado do piloto. O motor rugiu, o piloto empurrou o manete de aceleração e logo o avião decolou. Com o vento em seu rosto, o garoto não conseguia parar de sorrir. Não demorou muito para chegarem a uma pista de corrida, a qual o piloto sobrevoou em círculos, possibilitando que a multidão avistasse o biplano. Enquanto o piloto guiava, Tibbets arremessava barras de chocolate para as pessoas abaixo. Durante anos, brincou que essa foi sua primeira missão de bombardeio. No momento em que o avião levantou voo, ele ficou fascinado. Posteriormente, disse a seus amigos: "Assim que vivenciei uma amostra emocionante da vida de um aviador, soube que nada mais me satisfaria."

Entretanto, seu pai queria que ele fosse médico. Tibbets frequentou a Western Military Academy em North Alton, Illinois, e, em 1933, ingressou na Universidade da Flórida. Depois das aulas, costumava parar no aeroporto de Gainesville para observar os aviões. Certo dia, decidiu que era hora de aprender a pilotar. Começou a fazer aulas, US$7 por 30 minutos. Ele tinha um talento nato e rapidamente superou seu instrutor.

Após cursar o segundo ano, Tibbets se transferiu para a Universidade de Cincinnati com o intuito de concluir os estudos preparatórios de medicina. Ele morava com o Dr. Alfred Harry Crum, um cirurgião amigo de seu pai. Tibbets passava a maior parte de seus fins de semana trabalhando como auxiliar no hospital desse médico, mas, em seu tempo livre, se esgueirava para o aeroporto Lunken a fim de fazer amizade com os pilotos.

Dr. Crum percebeu o interesse do jovem Tibbets em pilotar e o incentivou a seguir seu sonho. Talvez pudesse fazer uma carreira na aviação comercial. Porém, ele sabia que seu pai não aprovaria.

Então, no final de 1936, tudo ficou claro. Um anúncio na revista *Popular Mechanics* praticamente gritou para Tibbets: "Quer aprender a pilotar?" Ele já sabia, mas foi a frase seguinte que realmente chamou sua atenção: o Corpo Aéreo do Exército procurava pilotos. No dia seguinte, Tibbets, que já tinha 21 anos, enviou sua inscrição pelo correio e, pouco antes de ir para casa nas férias, recebeu a carta de aprovação no programa. Ele se tornaria um cadete aviador.

Agora ele precisava contar aos pais que deixaria a faculdade para se juntar às forças armadas. Seu pai não gostou: "Paguei seus estudos, comprei carros e dei dinheiro para sair com as garotas, mas, daqui em diante, você está por conta própria. Se quer se matar, vá em frente, não dou a mínima."

Sua mãe, Enola Tibbets, ficou quieta durante a bronca do marido. Quando ele parou para recuperar o fôlego, ela deixou que o silêncio tomasse conta do ambiente antes de falar.

"Paul, se quiser pilotar aviões, vai dar tudo certo", disse quase em um sussurro. Tibbets se sentiu confiante. Ele estava tomando a decisão certa. Nada de ruim aconteceria.

Tibbets relembrava essas palavras sempre que tinha um problema em combate. Em fevereiro de 1937, quando partiu para o treinamento básico, sua mãe disse: "Filho, um dia teremos muito orgulho de você." E, desde então, em seus oito anos no serviço militar, ele fizera tudo certo.

Coronel Paul W. Tibbets.

Após o treinamento básico de voo no Randolph Field em San Antonio, no Texas, ele foi designado para Fort Benning, na Geórgia. Foi lá que ele conheceu Lucy Wingate, uma delicada e bela garota do sul. Eles se apaixonaram e se casaram em 1938.

Tibbets rapidamente subiu na hierarquia do Corpo Aéreo, que, em 1941, passou a se chamar Forças Aéreas do Exército dos Estados Unidos. Em junho de 1942, logo após ser enviado para a Europa, ele foi nomeado comandante de um esquadrão do 97º Grupo de Bombardeio.

Em agosto de 1942, Tibbets liderou a primeira missão norte-americana de bombardeiro pesado na França ocupada. No total, realizou 25 missões de combate pilotando o avião B-17 Flying Fortress, o qual apelidou de *Red Gremlin*. Ele levou o general de brigada Clark de Londres a Gibraltar, como preparação para a Operação Tocha, a invasão dos Aliados no Norte da África. Algumas semanas depois, Tibbets levou o general de divisão Eisenhower, comandante supremo das forças aliadas, para Gibraltar.

As habilidades de Tibbets foram elogiadas por seu comandante, o general de brigada Jimmy Doolittle, que já era uma lenda militar. Em 1942, ele liderara um ousado bombardeio em Tóquio, o primeiro ataque norte-americano ao território japonês. Posteriormente, a missão foi retratada no filme *Thirty Seconds Over Tokyo*. Doolittle foi interpretado pelo ator Spencer Tracy.

Então, em fevereiro de 1943, quando Tibbets foi chamado ao escritório de Doolittle, ele pensou que provavelmente teria que transportar outro general de alto escalão. No entanto, Doolittle contou-lhe sobre um pedido do general Henry "Hap" Arnold, Chefe do Estado-Maior da Força Aérea. "O general Arnold quer que meu melhor oficial superior, com mais experiência em pilotar B-17, retorne aos EUA", disse. "Eles estão construindo um avião chamado B-29 e têm tido muitos problemas. O cargo é seu."

Um mês depois, Tibbets estava em solo norte-americano, realizando testes de voo com engenheiros na fábrica da Boeing. Ele foi a Alamogordo, no Novo México, para ajudar um professor a determinar a vulnerabilidade do B-29 ao ataque de caças. Sua função era testar as teorias em simulações de combate. O B-29 designado para os testes estava totalmente equipado com armas e blindagem, mas, quando Tibbets chegou ao trabalho, descobriu que seu avião ficaria inativo por, pelo menos, dez dias. Decidiu tentar pilotar um "esqueleto" do B-29, um avião sem armamentos. Com a aeronave 3 mil quilos mais leve, Tibbets ficou impressionado com a facilidade de controle e a altura que alcançava. Ele memorizou esses dados.

Em março de 1944, o Exército inaugurou uma escola de treinamento do B-29 em Grand Island, no Nebraska, e Tibbets foi escolhido como diretor de operações. Fazia sentido. Ele passara mais tempo de voo em um Superfortress do que qualquer outro piloto. A atribuição durou pouco. Em setembro, Tibbets foi convocado para uma reunião secreta na base da Segunda Força Aérea do Exército dos EUA em Colorado Springs.

Tibbets nada sabia sobre a reunião, nem mesmo quem estaria presente. Ele se acalmou e entrou na sala, onde havia três pessoas: o coronel John Lansdale, oficial de inteligência do Exército dos EUA; o capitão da marinha William "Deak" Parsons, "especialista em explosivos"; e o professor Norman Ramsey, físico de Harvard.

Lansdale avisou que gostaria de fazer algumas perguntas a Tibbets sobre sua carreira militar. No entanto, eles logo começaram a abordar sua vida civil. Alguns questionamentos eram extremamente pessoais. "É um interrogatório", pensou Tibbets. Por fim, Lansdale declarou que tinha uma última dúvida: "Você já foi preso?"

Tibbets respirou fundo. "Sim", respondeu. Quando tinha 19 anos e era estudante universitário, um "policial intrometido com uma lanterna" flagrou ele e uma garota "fazendo amor" no banco de trás do seu carro, estacionado em North Miami Beach, na Flórida. "Posteriormente, as acusações foram retiradas", explicou. Todos na sala de reunião já sabiam sobre essa imprudência, afinal, haviam verificado seus antecedentes. Só queriam averiguar se Tibbets falaria a verdade. Ao ser honesto, constataram que ele era a pessoa certa. Então, o general Uzal G. Ent, comandante da Segunda Força Aérea, assumiu a palavra — e foi direto ao ponto.

Ele contou a Tibbets sobre o Projeto Manhattan, um plano para construir uma bomba tão poderosa que explodiria com a mesma força de "20 mil toneladas de alto-explosivo convencional". Tibbets fora escolhido para desenvolver um método de lançamento da bomba sobre a Alemanha ou o Japão. Sua missão recebeu o codinome "Operação Silverplate". Ent avisou a Tibbets que, se não respeitasse o sigilo, seria julgado na corte marcial.

Tibbets teria acesso a tudo o que precisasse, disseram, de homens a suprimentos. Se alguém causasse problemas, era só explicar que a solicitação era para a Operação Silverplate. Ele tinha carta-branca.

Para o programa de treinamento, Tibbets escolheu a Base Aérea de Wendover, um local remoto na fronteira entre os estados de Utah e Nevada. Ele começou a reunir as pessoas adequadas para formar seu novo grupo. Vasculhou a memória em busca de membros notáveis das tripulações de voo que serviram com ele na Europa e no Norte da África, bem como no programa de treinamento do B-29.

No topo da sua lista estava o capitão Theodore "Dutch" Van Kirk, navegador, e o major Thomas Ferebee, piloto de bombardeiro, seus companheiros de tripulação nos velhos tempos do *Red Gremlin*. Quando estavam de folga, Van Kirk e Ferebee, ambos jovens e solteiros, adoravam beber, jogar e farrear em Londres. Às vezes, Tibbets os acompanhava.

Ferebee foi o primeiro a chegar em Wendover, e Van Kirk apareceu logo depois. Em uma missão, o piloto de bombardeiro era responsável por atingir alvos inimigos. Na opinião de Tibbets, ninguém fazia isso melhor do que Ferebee. De uma cidade pequena da Carolina do Norte, ele era alto e bonito, uma ex-estrela de beisebol do ensino médio que fez um teste para jogar no Boston Red Sox.

O capitão Theodore J. Van Kirk, o coronel Paul Tibbets e o major Thomas Ferebee em frente ao *Red Gremlin*, o bombardeiro que usaram durante suas missões na Europa.

Com seu bigode, o sotaque tranquilo do sul e a predileção por jogatina e por paquerar mulheres, ele era como o personagem fictício Rhett Butler de... *E o Vento Levou.*

Ao contrário de Ferebee, Van Kirk acabara de sossegar. O aviador de aparência juvenil se casou com uma garota de sua cidade natal, em Northumberland, na Pensilvânia. Aos 24 anos, Van Kirk era um pouco mais tranquilo que Ferebee, mas ambos eram perfeccionistas — assim como seu comandante. O trio trabalhou em conjunto para elaborar a lista de membros da equipe de Tibbets, a qual incluía Jacob Beser, um atlético e sarcástico garoto judeu de Baltimore, formado em engenharia na Universidade Johns Hopkins.

Beser aproveitou a oportunidade. Em setembro de 1939, quando a Alemanha invadiu a Polônia, iniciando a Segunda Guerra Mundial, ele pressionou seus pais para deixá-lo ingressar na Força Aérea Real. Odiava os nazistas. Sabia que seus parentes na França e na Alemanha eram alvos naturais do antissemitismo fanático de Hitler. Seus pais também estavam revoltados, mas insistiam para que se formasse. Quando os japoneses atacaram Pearl Harbor, Beser já estava farto. Alistou-se nas Forças Aéreas do Exército no dia seguinte.

Porém, mais de três anos depois, Beser ainda não tinha visto nenhuma ação. Após o treinamento básico, foi enviado a Harvard para aprender sobre radar. A tecnologia era nova e de importância crescente, e ele se tornou um dos especialistas em radar mais qualificados do Exército.

Beser insistia para servir em uma unidade de combate a fim de "vingar seus parentes da Europa", mas seu pedido sempre era indeferido. Estava fadado a ensinar recrutas sobre radar. Ele acabara de fazer outra solicitação quando Tibbets o escolheu para sua equipe.

Tibbets fez o mesmo com o primeiro-sargento George "Bob" Caron, um artilheiro de cauda. Quando Caron chegou em Wendover — uma empoeirada vastidão desértica a cerca de duzentos quilômetros a oeste de Salt Lake City —, seu uniforme estava sujo e seu colarinho, desabotoado; violações das regras militares. Quando um policial militar o abordou, Caron ouviu uma voz familiar.

"É você, Bob?"

Ele se virou e Tibbets apertou sua mão. Caron sorriu e o policial militar se retirou. O comandante conduziu o recém-chegado a seu escritório e foi direto ao assunto.

"Bob, preciso de um homem que saiba o que está fazendo e que possa ensinar outras pessoas a realizarem um trabalho semelhante. E que fique de boca fechada", disse Tibbets.

"Coronel, nem sequer mencionarei que estou aqui", afirmou Caron.

O capitão Robert A. Lewis, um aviador arrogante, nascido no Brooklyn, era outro escolhido para integrar a equipe. No programa do B-29, Tibbets se tornou seu mentor. Se Tibbets era o Joe DiMaggio dos pilotos, Lewis era o Ted Williams. Ele se considerava o *melhor* piloto das forças armadas, e muitas pessoas concordavam.

Ao recrutar homens suficientes para formar várias tripulações, Tibbets reunira alguns dos principais pilotos, navegadores e engenheiros de voo das forças armadas norte-americanas. Para ele, lealdade e sigilo eram as qualidades mais importantes. Tolerava comportamentos desordeiros entre seus homens, desde que soubesse que não contariam a ninguém o que estavam fazendo.

Em setembro de 1944, na sua primeira reunião com os membros do 509º, Tibbets resumiu tudo para eles: "Vocês não podem contar a ninguém sobre onde estão, quem são, o que estão fazendo. Nem para sua esposa, sua mãe, sua irmã, sua namorada, quem for."

Para comprovar sua seriedade, os poucos homens que falaram demais foram repentinamente transferidos para uma base aérea no Alaska.

A equipe de Tibbets trabalhou por meses, estudando, discutindo, praticando. Todos se esforçaram e se divertiram bastante, procurando maneiras de ocupar o tempo durante a longa espera para o destacamento. A primavera chegou e a situação estava ficando agitada em Wendover. Era hora de prosseguir.

Nesse ínterim, os comandantes estavam ocupados preparando um novo lar para o 509º na pequena e estratégica ilha de Tinian, no Pacífico, a 2.575km ao sul de Tóquio. Conquistada pelas forças norte-americanas em julho de 1944, Tinian se tornara uma base aérea essencial, fácil de abastecer por via marítima e perfeita para lançar ataques aéreos de B-29 contra cidades japonesas.

Tibbets estava farto da espera. Pegou o telefone e ligou para a sede do comando das Forças Aéreas em Washington. Ele recorreu ao nome Silverplate. O 509º estava pronto para partir, disse. E, assim, o processo começou. Sabia que demoraria algumas semanas para que todos chegassem lá.

Em 26 de abril, eles se direcionaram a oeste, pela Western Pacific Railroad, e acabaram em Seattle, onde a maioria das equipes de solo pegaria um navio para Tinian. As tripulações do B-29 voariam posteriormente.

Tibbets colocou o plano em prática. Não demorou muito para que o telefone tocasse — um assistente do general Groves disse que Tibbets deveria ir a Washington para uma reunião urgente. O general estava insatisfeito, afirmou. Ele não daria detalhes. Tibbets foi.

Ele nem atravessara a porta do escritório quando Groves o abordou. Quem diabos o coronel achava que era para mandar o 509º ao exterior? Não estava claro que Groves era o comandante que supervisionava o projeto? Sua atitude equivalia à insubordinação.

Tibbets ficou em silêncio durante a bronca insultuosa. Sabia por que o general o estava repreendendo. Groves queria colocá-lo em seu devido lugar. Tibbets deveria ter pedido permissão a ele antes. Porém, quando Groves terminou, sua atitude surpreendeu. Ele abriu um sorriso largo e deu um tapinha no ombro de Tibbets. "Caramba, você nos fez avançar", disse. "Agora eles não podem nos impedir."

Tibbets só esperava que o general estivesse certo. Ele estava cansado de esperar enquanto o resto do mundo lutava.

CONTAGEM REGRESSIVA:
104 DIAS

24 de abril de 1945

Okinawa, Japão

No alto do convés de um contratorpedeiro da Marinha dos Estados Unidos, o comandante Draper Kauffman perscrutava o mar, a ilha e o céu com um binóculo. Mais próximo, avançando em sua direção, estava um barco em compensado naval, embarcação estranhamente simples para uma equipe de elite de demolição subaquática dos EUA. Os "homens-rã" retornavam de outra missão de reconhecimento.

O ar estremecia e reverberava com o fogo de artilharia à medida que os projéteis disparavam rumo a Okinawa e explodiam em grandes nuvens de poeira.

À frente, outra coisa se movimentava. Kauffman desviou o olhar do mar para o céu e avistou o que parecia ser um bando de pássaros no horizonte. Um afluxo de aviões japoneses se aproximava da frota norte-americana.

"Camicases", murmurou.

Kauffman já entrara em combate antes. Presenciara algumas das ações militares mais mortíferas dos EUA na guerra do Pacífico: Saipan, Guam, Iwo Jima. Ele mergulhara no oceano junto com seus homens-rã, destruindo obstáculos subaquáticos colocados para matar as tropas norte-americanas que desembarcavam nas ilhas remotas sob domínio japonês.

Eles estavam em Okinawa há quase um mês, lutando incessantemente. Kauffman chegara a uma conclusão categórica: as campanhas anteriores foram apenas um treino para essa. Okinawa era um suplício, uma maldita desgraça.

Da ilha repleta de vegetação densa, colinas, árvores, cavernas e búnqueres transbordavam inúmeros japoneses determinados a lutar até a morte. Os inimigos, mesmo os recrutas mais inexperientes, não acreditavam na rendição.

Quanto tempo os Aliados levariam para invadir esse lugar desolado? E, assim que o fizessem, Kauffman não esperava uma celebração de vitória. Não tão cedo.

O próximo passo após Okinawa era invadir o próprio Japão. Nenhuma data fora definida, mas os líderes militares que estavam nos EUA já falavam sobre ela nos jornais, preparando o público para os horrores e as mortes inevitáveis.

Uma semana antes, o general Joseph Stilwell, comandante das forças norte-americanas na China, Birmânia e Índia, afirmou que, apesar de todas as mortes de japoneses no Pacífico, o "inimigo está mais forte do que quando a guerra começou" e uma "luta desesperada" aguardava as tropas dos EUA.

Mais cidadãos foram convocados e treinados para a invasão. Um mês antes de seu falecimento, F. D. R. declarou que a mobilização da "maior força armada" da história dos EUA seria concluída até o final de junho. Homens mais velhos foram convocados, e recrutas "previamente dispensados em razão de ocupação" — acadêmicos e fazendeiros, monges e veteranos — foram escalados para substituir as enormes baixas sofridas pelo Exército norte-americano.

Kauffman amava a Marinha e comprometeu-se a servir sua nação. Era um solucionador de problemas, um otimista. Porém, naquele dia, no convés do contratorpedeiro USS *Gilmer*, ao avistar a quantidade de camicases, teve que se esforçar para permanecer positivo.

Ele desceu para encontrar os homens-rã.

Com a voz praticamente abafada pelo estrondo de granadas e disparos de metralhadora, Kauffman cumprimentou seus homens com sorrisos à medida que embarcavam no contratorpedeiro. "Ótimo trabalho!", gritou. "Gostaria de ter dado um mergulho, em vez de ficar preso na ponte de comando." Sabiam que era verdade, pois ele era um oficial participativo. Acompanhara-os nas missões em outros locais de risco.

Kauffman liderava pelo exemplo, algo que aprendeu com seu pai, que também foi um oficial de longa data da Marinha. O coroa, James Kauffman, agora era almirante. Draper estava determinado a seguir o mesmo caminho.

Mesmo sendo filho de um almirante, não foi uma jornada fácil. Kauffman foi aceito na Academia Naval dos Estados Unidos, mas não recebeu a patente de oficial quando se formou em 1933 por causa de seu problema de visão. Em vez disso, trabalhou para uma empresa de navegação em Nova York. No início de 1940, pediu demissão e ingressou no American Volunteer Motor Ambulance Corps na França. A mudança chocou sua família, que ficou preocupada com sua segurança. A Europa afundara na guerra desde que a Alemanha invadiu a Polônia em setembro de 1939. Na primavera de 1940, a França e a Inglaterra tentavam desesperadamente impedir a *blitzkrieg* nazista. Kauffman só queria fazer sua parte. Explicou sua decisão em uma carta que enviou para casa: "Acho que há ocasiões em que vale a pena lutar, mesmo que, no momento, não seja do seu próprio interesse." Porém, logo após chegar ao território francês, foi capturado pelos alemães. Algumas semanas depois, a França sucumbiu.

Como Kauffman era norte-americano, os alemães decidiram libertá-lo. Porém, advertiram: vá para casa. Se o pegassem novamente, não teria tanta sorte. Ele cruzou a fronteira com a Espanha e conseguiu chegar à Inglaterra, onde agrupamentos de aviões da Luftwaffe lançavam bombas sobre Londres todas as noites. Edifícios desmoronaram; incêndios consumiram bairros inteiros. O Reino Unido era o único que ainda lutava contra Hitler. Com milhares de britânicos, Kauffman ouviu o primeiro-ministro Winston Churchill proferir discursos fervorosos no rádio, dando esperança a seu povo em um momento de desespero.

Draper Kauffman não estava disposto a ir para casa. Alistou-se na Royal Naval Volunteer Reserve e aprendeu a desarmar bombas. Ficou tão experiente que se tornou oficial imediato de neutralização de artefatos explosivos. Em novembro de 1941, o almirante Chester Nimitz pediu que ele iniciasse uma escola de desarmamento de bombas para a Marinha dos Estados Unidos. Quase uma década após se formar na Academia Naval, finalmente recebeu sua patente.

No momento em que escolhia recrutas para a escola de desarmamento de bombas, Kauffman soube do ataque a Pearl Harbor. Precisava apressar o processo. Rapidamente começou a contratar, organizar e gerir a escola localizada nos arredores de Washington, D.C. Foi uma época agitada. Ficava muitas horas em escritórios e salas de aula. Em seu tempo livre, encontrava-se com Peggy Tuckerman, a melhor amiga de sua irmã mais nova. Conhecia-a há anos, então fazia sentido que se casassem antes de ele transferir seu grupo de treinamento para uma base em Fort Pierce, na Flórida, que era banhada pelo Oceano Atlântico. Lá seus homens poderiam treinar na água.

Draper Kauffman em novembro de 1941, após receber sua patente da Marinha dos Estados Unidos para fundar uma escola de desarmamento de bombas. Em 1940 e 1941, fora oficial de neutralização de artefatos explosivos no Reino Unido.

Foi onde surgiram as equipes de demolição subaquática. Primeiro, Kauffman ensinou seus homens a desarmarem bombas e minas em terra, depois os levou ao mar. Afinal, eles estavam na Marinha, e minas subaquáticas destruíam navios e lanchas de desembarque que transportavam tropas para o combate.

A expertise de Kauffman chamou a atenção do almirante Richmond Turner, comandante das forças anfíbias no Pacífico. Ataques realizados a partir do mar haviam se tornado uma parte fundamental da estratégia militar dos EUA na guerra contra o Japão. Os comandantes norte-americanos elaboraram uma estratégia "island hopping", que consistia em conquistar e fortificar ilhas importantes, uma após a outra, até que o próprio Japão estivesse ao alcance das bombas. Os norte-americanos ignoraram as ilhas fortemente defendidas e atacaram os pontos fracos do inimigo.

Eles se depararam com problemas ao longo do processo. Embora as invasões tivessem sido planejadas nos mínimos detalhes, a guerra anfíbia era arriscada. Após um longo bombardeio realizado por encouraçados e porta-aviões, grupos criteriosamente articulados de lanchas de desembarque — algumas transportando tropas, outras, equipamentos — avançaram alguns milhares de metros até pontos designados na praia. À medida que se aproximavam da costa, especialmente em águas rasas, as embarcações não só tinham que passar pelo fogo inimigo, mas também navegar por obstáculos naturais e artificiais ocultos sob a superfície: recifes, estacas de madeira, minas e bombas.

As primeiras operações anfíbias vitimaram milhares de norte-americanos, pois os oficiais só podiam supor a profundidade da água ou a presença de obstruções em águas rasas. Os comandantes concluíram que precisavam de um reconhecimento melhor. De alguma forma, para que os obstáculos pudessem ser removidos ou evitados, era necessário examinar o terreno subaquático entre o ponto de partida e a praia.

Era esse o propósito do especializado esquadrão antibombas subaquáticas de Kauffman. Os recrutas passavam por um programa de treinamento exaustivo, que consistia em seis semanas de desafios físicos. A "semana infernal", logo no início, era a pior: sete dias de treinamento físico ininterrupto com apenas algumas pausas para dormir e comer. E os uniformes nem sequer eram roupas. Nas missões, parecia que os homens-rã estavam a caminho de uma competição de natação, e não de uma zona de guerra. Usavam sunga, óculos e nadadeiras para proteger seus pés dos corais venenosos. Em seus membros, amarravam facas, kits de demolição, detonadores e lousas com lápis impermeáveis para elaborar mapas detalhados. Para se camuflarem e protegerem o corpo da água fria, passavam uma tinta à base de alumínio com tonalidade cinza azulado. "Para ser um homem-rã, era preciso estar física, mental e emocionalmente apto, do contrário, não se sobreviveria ao percurso", lembrou Harold Ledien, ajudante de eletricista. "Nós nos tornávamos guerreiros despidos."

Cada uma de suas lanchas de desembarque feitas de madeira carregava um bote inflável para levar suprimentos até a costa e transportar nadadores após a missão. Na época em que foram enviadas para Okinawa, as equipes já haviam provado seu valor. Os comandantes da invasão passaram a depender delas.

Kauffman orientava doze equipes em Okinawa, a maior das Ilhas Ryukyu, que incluía Kerama Retto e Ie Shima. Cada equipe era composta de cem homens e alguns funcionários, que faziam um trabalho considerável antes de a batalha começar. Okinawa, uma comunidade agrícola carente e superpovoada, foi escolhida como alvo por um motivo: estava próxima ao inimigo. Ficava apenas a 563km de Kyushu, a mais meridional das quatro principais ilhas japonesas. Em resumo, era o local perfeito para iniciar uma invasão ao Japão.

A equipe de Kauffman preparou o caminho.

Os homens-rã abriram canais de navegação através dos recifes de coral. A certa altura, usaram 16 toneladas de explosivos para formar um canal de 15 metros de largura e 91 metros de comprimento a fim de possibilitar que os veículos com rodas chegassem à cabeça-de--praia durante a maré baixa. A explosão foi tão grande que os homens em alguns navios norte-americanos a confundiram com um ataque.

Em outro local de desembarque, uma equipe de homens-rã encontrou 3.100 estacas de madeira pontiagudas com arame farpado e minas, cravadas nos corais a quase dois metros de profundidade. Enquanto as canhoneiras norte-americanas disparavam para distrair o inimigo, os homens de Kauffman colocaram explosivos nas estacas e detonaram todas de uma vez.

Outra missão de reconhecimento levou à descoberta de 260 pequenas embarcações escondidas dentro de uma caverna. Eram "barcos suicidas" destinados a serem carregados com explosivos e conduzidos por soldados japoneses em direção aos navios norte-americanos, como camicases aquáticos. Kauffman ordenou que seus homens os explodissem.

Além dos trabalhos de demolição, os homens de Kauffman marcavam as profundidades da água nos recifes e os melhores lugares de desembarque na praia. Okinawa tinha 96km de comprimento e 26km na sua largura máxima, com quase 10 mil metros de praia. Cada vez que o Exército ou o Corpo de Fuzileiros Navais planejava desembarcar em um novo local, eles recorriam a Kauffman.

Finalmente, em 1º de abril, 180 mil soldados do Exército e da Marinha invadiram Okinawa.

Os homens-rã foram essenciais durante o desembarque em Ie Shima, no dia 16 de abril. Tudo ocorreu como planejado, mas Kauffman se lembrava de seu amigo Ernie sempre que ouvia o nome da ilha.

Em 18 de abril, Ernie Pyle, um lendário correspondente de guerra, foi morto por um franco-atirador em Ie Shima. Pyle acompanhou a guerra na Europa ao lado dos soldados e tinha acabado de chegar no Pacífico, pois queria escrever uma matéria sobre as equipes de Kauffman. Dizia que seus integrantes eram "metade peixe, metade louco", mas Kauffman pedira que ele aguardasse para publicar o artigo, visto que os japoneses também liam jornais. Seus homens-rã poderiam se tornar presas fáceis em alto-mar, caso os atiradores japoneses ficassem à sua espera.

"Explicarei da seguinte forma", Kauffman disse a Pyle. "Sou como um treinador de beisebol que ganhou dez jogos usando a mesma camiseta suja, e ele não vai tirá-la até que perca, não importa quão forte seja seu odor."

Pyle meneou a cabeça. "Esse é o pior motivo de supressão da imprensa norte-americana que já escutei."

Kauffman sabia por que Pyle queria escrever uma matéria sobre seus homens-rã. Ele não buscava um grande furo jornalístico, apenas desejava que fossem "reconhecidos como mereciam pelo povo norte-americano".

A notícia da morte de Pyle abalou Kauffman e muitos de seus homens. Primeiro F. D. R., depois Ernie, sem mencionar as baixas diárias que os rodeavam. Kauffman se certificou de que os membros da sua equipe estavam novamente a bordo do contratorpedeiro. Ordenou que fossem comer e descansar um pouco. A batalha estava se intensificando e havia mais missões de reconhecimento planejadas. Mais fogo inimigo. Mais camicases. Anos de guerra. Da proa à popa, estavam cercados pela morte. Sem um fim à vista.

Kauffman não tinha conhecimento sobre Los Alamos ou a poderosa bomba em desenvolvimento, mas sabia que os japoneses lutariam até o último homem. Após Okinawa, só restava um alvo. O maior e mais sangrento de todos.

Se Okinawa já era um inferno, uma situação ainda pior os esperava.

CONTAGEM REGRESSIVA:
103 DIAS

25 de abril de 1945
Washington, D.C.

Harry Truman era presidente há apenas doze dias completos, mas já estava deixando sua marca. F. D. R. costumava realizar reuniões do Gabinete que se prolongavam, já que ele entretinha sua equipe com longas histórias. Truman era pragmático, passava de um item para o outro, eliminando-os rapidamente.

"Tudo que ele dizia era decisivo", observou Henry Wallace, membro do Gabinete que precedeu Truman como vice-presidente e atuou como secretário de comércio de Roosevelt. Em seguida, acrescentou um elogio sarcástico: "Parecia que estava ansioso para decidir mesmo antes de pensar."

Porém, aquela reunião era diferente. E a decisão decorrente seria a mais difícil que Truman — ou qualquer outro presidente — teria que tomar. No dia anterior, ele recebeu uma mensagem de Harry Stimson, secretário da guerra, que dizia: "Acho muito importante conversarmos quanto antes sobre um assunto altamente secreto." Stimson o lembrou da breve conversa que tiveram na noite em que ele tomou posse como presidente. Agora, queria informar Truman detalhadamente. "Creio que você deveria saber disso assim que possível."

Embaixo da mensagem, Truman orientou sua equipe: "Agendar para amanhã, quarta-feira, dia 25. H.S.T."

Menos de um ano antes, se já era praticamente impensável a possibilidade de Truman se tornar vice-presidente, imagine suceder Franklin Delano Roosevelt como comandante-chefe. No verão de

1944, conforme F. D. R. se preparava para concorrer a um quarto mandato, os líderes do Partido Democrata queriam tirar o vice-presidente Henry Wallace da chapa, pois era intelectual demais, de esquerda demais. Com a saúde de Roosevelt piorando, eles temiam que Wallace acabasse assumindo o mandato como presidente. Entretanto, quem deveria substituir Wallace? Apesar de sua saúde debilitada, Roosevelt nunca imaginou outra pessoa liderando o país.

Enquanto o presidente deixava essa questão pendente, os líderes do partido discutiam sobre os possíveis candidatos. Um deles era James Byrnes, o ex-senador e então juiz da Suprema Corte, a quem Roosevelt persuadiu a largar o cargo para gerir o Gabinete de Mobilização da Guerra. Truman concordou em fazer um discurso na convenção democrata a fim de nomeá-lo para vice-presidente. Alben Barkley, líder da maioria no Senado, também estava concorrendo. E Wallace achava que ainda ocupava o posto. Em julho de 1944, uma pesquisa de opinião revelou que apenas 2% dos eleitores apoiavam Truman.

O senador júnior do Missouri era simpático — um tipo inteligente, esforçado e sociável. Com 1,75m de altura, Truman era resoluto, franco, utilizava um linguajar pesado e prosperava no cenário turbulento da política. Sua carreira fora, para descrever de forma benevolente, sinuosa: fazendeiro, caixa de banco, vendedor, dono de armarinho. (Essa última atividade acabou sobrecarregando-o de dívidas.) Na juventude, foi oficial de artilharia do Exército e condecorado como veterano de guerra da Primeira Guerra Mundial.

Em 1922, Truman estava falido e desempregado, mas servira no Exército com um colega chamado Jim Pendergast, cujo tio era Tom Pendergast, líder político de Kansas City que precisava de alguém para concorrer a juiz do Condado de Jackson, praticamente um cargo de comissário do condado.

Pendergast era considerado corrupto, e Truman servia como uma boa "fachada". Ele concorreu com um discurso baseado na honestidade — não desviaria dinheiro — e pavimentaria estradas de terra locais. Ganhou por uma diferença de menos de trezentos votos. Aos 38 anos, iniciou uma nova carreira na política.

Seu próximo passo em direção ao sucesso foi igualmente improvável. Em 1934, havia uma vaga disponível no Senado dos EUA. O Chefe Pendergast abordou três candidatos, mas foi rejeitado por todos. O tempo estava se esgotando. E havia outro aspecto a ser considerado: St. Louis já tinha um representante no Senado. Ele precisava de um senador local para proteger sua máquina política em Kansas City, na parte oeste do estado.

Quando o pessoal de Pendergast contatou Truman, ele imediatamente salientou todos os motivos pelos quais não fazia sentido: "Ninguém me conhece e não tenho dinheiro." A equipe de Pendergast argumentou que o apoiaria — com financiamento e uma forte organização. Truman reconheceu a oportunidade.

Ele concorreu com base em seu histórico, principalmente a pavimentação de estradas. "Truman tirou o Condado de Jackson da lama", afirmou um de seus professores. Sua campanha era simples — "Back Roosevelt" [Apoie Roosevelt, em tradução livre] —, o que era muito válido após dois anos do New Deal. Acima de tudo, ele tinha o apoio da máquina política de Kansas City. Quando venceu as primárias, o que garantiu sua eleição no Missouri extremamente democrata, o jornal *St. Louis Post-Dispatch* o menosprezou ao descrevê-lo como "Garoto de Recados do Chefe Pendergast".

No entanto, Truman conseguiu certa atenção como presidente do Comitê Especial do Senado para Investigar o Programa de Defesa Nacional, conhecido quase de imediato como Comitê Truman, cuja função era investigar a adjudicação de contratos de defesa.

Em julho de 1944, ele não tinha nenhuma expectativa de concorrer ao lado de Roosevelt. E, aparentemente, nem F. D. R. Naquele mês, o presidente disse: "Mal conheço Truman. Esteve aqui algumas vezes, mas não me causou nenhuma impressão especial." As pessoas influentes do partido faziam um cálculo diferente. À medida que analisavam os possíveis candidatos, cada um tinha um problema. A força de Truman? Francamente, os líderes democratas achavam que ele prejudicaria menos a chapa nacional.

Porém, Truman resistiu às repetidas tentativas de participação na corrida eleitoral. Por fim, explicou o motivo: sua esposa, Bess, estava em sua folha de pagamento do Senado, ganhando US$4.500 por ano. Truman tinha certeza — e razão — de que isso viria à tona se ele entrasse na chapa nacional.

Truman tinha 6 anos quando viu Elizabeth "Bess" Wallace pela primeira vez, na escola dominical em Independence, no Missouri. Apaixonou-se imediatamente por seus cabelos loiros e olhos azuis. Criou coragem para falar com Bessie apenas cinco anos depois, quando cursaram a 4ª série juntos.

Ela foi a única garota que ele cortejou. Em seus 20 anos, perseguiu Bess com a mesma persistência com que assumia qualquer outro projeto, incluindo um pedido de casamento que ela rejeitou. Finalmente, casaram-se em 1919, depois que Truman voltou da França e da guerra. Ele tinha 35 anos.

Durante toda a vida, Truman conversou sobre muitas coisas com sua esposa — pessoais e políticas. Começou a chamá-la de "a Patroa". Margaret, sua única filha, disse que sempre que seu pai falava em público, buscava a aprovação de Bess.

Portanto, quando a incluiu em sua folha de pagamento, era um trabalho de verdade. Bess era uma conselheira confiável e a principal redatora dos discursos de Truman. Não tinha problemas em dizer ao marido exatamente o que pensava. Uma das únicas coisas que ele não acatava eram as observações sobre sua linguagem obscena.

Truman gostava de contar uma história sobre um discurso no qual usou a palavra "estrume" várias vezes. Um amigo se aproximou de Bess e falou: "Você poderia fazer Harry usar uma palavra mais requintada?" Ela respondeu: "Demorei anos para fazê-lo dizer 'estrume'." Era uma boa piada, mas Truman se preocupava com a questão política caso as pessoas descobrissem — como aconteceu — que sua esposa era "Payroll Bess" [Bessalariada, em tradução livre].

Suas preocupações não importavam. Na inauguração da convenção em Chicago, Robert Hannegan, presidente do Comitê Nacional Democrata, chamou Truman ao seu quarto de hotel. Os líderes do partido organizaram o encontro para que ele pudesse ouvir Hannegan ao telefone com o presidente Roosevelt, que estava em San Diego.

"Bob", disse Roosevelt, "você já preparou aquele sujeito?".

"Não", respondeu Hannegan, "ele é o cara mais teimoso do Missouri com quem já lidei".

O presidente declarou: "Bem, diga ao senador que, se ele quiser acabar com o Partido Democrata no meio da guerra, a responsabilidade é dele." Então, Truman pegou o telefone e, após certa relutância, disse: "Sempre recebi ordens do comandante-chefe. Obedecerei."

Roosevelt rapidamente se esqueceu de seu companheiro de chapa. Após a posse em janeiro de 1945, ele excluiu seu vice-presidente das discussões de alto nível, especialmente o planejamento e a execução dos esforços de guerra dos EUA na Europa e no Pacífico.

No entanto, agora, às 12h do dia 25 de abril, Truman era presidente. E Stimson, secretário da guerra, entrou no Salão Oval. Entregou um pequeno memorando datilografado ao presidente e aguardou a leitura. A primeira frase foi um baque: "Em quatro meses, muito provavelmente teremos finalizado a arma mais terrível da história humana, uma bomba capaz de destruir uma cidade inteira."

O memorando resumia como a arma fora desenvolvida em colaboração com o Reino Unido. Porém, os EUA controlavam todos os recursos para construir e utilizar a bomba, e "por alguns anos, nenhuma outra nação poderia alcançar essa posição".

Ainda assim, ressaltava que, sem dúvida, outras nações seriam capazes de desenvolver a tecnologia, começando, "nos próximos anos", pela Rússia. E Stimson acrescentou: "O mundo, em seu estado atual de avanço moral em comparação com seu desenvolvimento técnico, acabaria por ficar à mercê de tal arma. Em outras palavras, a civilização moderna pode ser completamente destruída."

Enquanto Truman lia o memorando, Leslie Groves, general de brigada do Exército, era conduzido à Casa Branca por um caminho alternativo, através de corredores subterrâneos. Ele entrou no Salão Oval logo após o término da leitura. Os funcionários do Pentágono refletiram muito sobre essa reunião, pois temiam uma onda de especulação caso os repórteres vissem Stimson e Groves chegando ao mesmo tempo.

Desde seu nascimento, em 1867, Henry Stimson fazia parte do establishment da Costa Leste. Formado na Andover Academy, na Universidade Yale e na Harvard Law School, atuou pela primeira vez como secretário da guerra em 1911, no governo do presidente William Howard Taft. Em 1929, Herbert Hoover nomeou-o como secretário de Estado, cargo no qual encerrou a operação do departamento para decifrar códigos secretos, declarando de forma notória: "Cavalheiros não leem a correspondência alheia."

Em 1940, F. D. R. escolheu Stimson para gerir o Departamento de Guerra novamente. Em 1941, foi a primeira vez que soube da pesquisa sobre uma bomba atômica. Quando o Projeto Manhattan foi iniciado para construir a arma, ele foi encarregado do que chamava de "S-1".

Na verdade, o homem que agora informava o novo presidente o afastara em junho de 1943, quando o Comitê Truman começou a investigar um projeto de defesa em Pasco, no estado de Washington. Stimson telefonou para o então senador Truman. "Bem, esse é um assunto que conheço pessoalmente, sou parte do grupo de dois ou três homens no mundo todo que sabem sobre ele... É parte de um desenvolvimento secreto muito importante."

Truman entendeu imediatamente. "Compreendo a situação, Sr. Secretário, não precisa dizer mais nada. Essas suas palavras bastam para mim."

Secretário da guerra Henry Stimson (esquerda) com seu assessor, coronel William Kyle.

Agora, aos 77 anos, Stimson estava um pouco frágil. Era o único republicano no Gabinete de Roosevelt e, aparentemente, se sentia mais confortável no século XIX do que no século XX. Ostentava um bigode, seu cabelo era repartido ao meio e usava uma corrente de relógio dourada em seu colete. De todos os cargos importantes que ocupou, de todos os seus títulos de prestígio, preferia ser chamado de "coronel Stimson" por seu serviço como oficial de artilharia na França durante a Primeira Guerra Mundial. Porém, ninguém o desestimava. Ainda era altamente respeitado e tinha enorme influência em Washington.

Depois, havia o general Groves, que assumiu a fase de fabricação do Projeto Manhattan em 1942. Era o homem ideal para o trabalho. Com 1,83m de altura e 113kg, tinha um físico imponente. Um bigode fino contribuía para sua presença intimidadora. Groves desempenhava o papel, usando "minhas características naturais, que podem ser chamadas de autoritárias, controladoras, insolentes, autoconfiantes ou qualquer outra coisa, mas havia certas características que acarretavam um controle muito vigoroso".

A família Groves estava nos EUA há oito gerações. Peter Groves, seu tataravô, lutou na Revolução Norte-americana. Leslie Groves passou sua infância em bases militares por todo país, nas quais seu pai servia como capelão do Exército. Frequentou a Academia Militar de West Point e ocupou o quarto lugar em sua turma.

Groves ascendeu no Corpo de Engenheiros do Exército e já havia supervisionado um grande projeto — a construção do Pentágono em 1941 e 1942. A um custo estimado de US$31 milhões, consistia no maior edifício de escritórios do mundo, com mais de 558.000m^2 de área útil em um terreno de 138.000m^2 e dois estacionamentos para 8 mil carros.

As pessoas que trabalhavam para Groves o descreviam como implacável. Um colega engenheiro disse que, quando era necessário lidar com ele, "um alarme soava 'Cuidado' no cérebro". Groves dava ordens até mesmo a oficiais superiores. Embora alguns o chamassem de tirano, ele concluiu a nova sede do Departamento de Guerra em menos de um ano e meio.

Entretanto, por maior que fosse, o Pentágono era insignificante em comparação ao Projeto Manhattan. Criar uma bomba atômica era um processo terrivelmente complexo. Primeiro, o país tinha que produzir combustível radioativo. Depois, descobrir como desencadear com segurança o processo de fissão — provocar uma reação em cadeia atômica — no momento e no lugar certos. E tudo isso em total sigilo.

O general de brigada Leslie R. Groves Jr.

Em abril de 1945, mais de 125 mil homens e mulheres trabalhavam no projeto, em instalações por todo o território dos EUA. De alguma forma, Groves precisava garantir que nenhum indício desse enorme empreendimento fosse divulgado. O público e a maioria dos militares apreciadores de fofoca não poderiam saber dele.

De certo modo, Groves devia seu trabalho ao ódio que Adolf Hitler sentia pelos judeus. Em 1933, quando Hitler assumiu o poder na Alemanha, a perseguição nazista incitou centenas dos melhores cientistas, professores e pesquisadores do mundo a fugirem do país.

Leo Szilard, físico da Universidade de Berlim, se refugiou em Londres, onde concebeu uma ideia diretamente derivada da ficção científica. Ele teorizou que a divisão de um átomo — a menor partícula em um elemento — provocaria uma reação em cadeia que "liberaria energia em larga escala". Poderia abastecer uma bomba atômica, algo imaginado pela primeira vez no livro *The World Set Free* ["O Mundo Libertado", em tradução livre], de H. G. Wells, publicado em 1914.

Cincos anos depois, uma dupla de cientistas alemães comprovou a teoria de Szilard ao dividir átomos de urânio, bombardeando-os com nêutrons. A energia liberada — um processo conhecido como fissão nuclear — era forte o suficiente para acionar uma bomba. Porém, havia inúmeros passos entre a física controlada de um laboratório e o campo de batalha.

Szilard, que se tornou docente na Universidade Columbia em Nova York, trabalhou com o colega físico Enrico Fermi para confirmar se o urânio era, de fato, o elemento com maior probabilidade de precipitar uma reação em cadeia. Ele temia que, caso os cientistas alemães desenvolvessem uma bomba atômica, Hitler usaria a arma para atingir seu objetivo de um mundo dominado pela raça ariana.

Então, Szilard procurou um antigo professor para pedir conselhos sobre como alertar os líderes do mundo livre a respeito da ameaça — um colega imigrante chamado Albert Einstein.

No final da década de 1930, o físico alemão era o cientista mais famoso do mundo, e seu nome era considerado sinônimo de *gênio*. Agraciado com o Prêmio Nobel em 1921, desenvolveu teorias inovadoras que originaram novas maneiras de considerar tempo, espaço, matéria, energia e gravidade. Em 1933, enquanto Einstein visitava os EUA, Hitler ascendeu ao poder. Devido a sua origem judaica, ele se estabeleceu em território norte-americano, assumindo um cargo no novo Instituto de Estudos Avançados de Princeton.

Einstein defendeu a causa de Szilard. Em uma carta datada de 2 de agosto de 1939, afirmou ao presidente Roosevelt: "Uma única bomba desse tipo, transportada por barco e explodida em um porto, pode muito bem destruir todo o local e parte do território circundante."

Einstein disse a F. D. R. que os cientistas nos EUA e no Reino Unido já estavam conduzindo pesquisas nucleares. E havia indícios de que os alemães faziam o mesmo. "Sei que a Alemanha suspendeu a venda de urânio das minas da Checoslováquia, tomadas pelo governo alemão." Ele salientou que o filho de um funcionário alemão de alto escalão estava vinculado ao Instituto Kaiser Wilhelm em Berlim, onde parte do trabalho norte-americano sobre urânio era reproduzida.

```
                                    Albert Einstein
                                    Old Grove Rd.
                                    Nassau Point
                                    Peconic, Long Island
                                    August 2nd, 1939
F.D. Roosevelt,
President of the United States,
White House
Washington, D.C.


Sir:
        Some recent work by E.Fermi and L. Szilard, which has been com-
municated to me in manuscript, leads me to expect that the element uran-
ium may be turned into a new and important source of energy in the im-
mediate future. Certain aspects of the situation which has arisen seem
to call for watchfulness and, if necessary, quick action on the part
of the Administration. I believe therefore that it is my duty to bring
to your attention the following facts and recommendations:
        In the course of the last four months it has been made probable -
through the work of Joliot in France as well as Fermi and Szilard in
America - that it may become possible to set up a nuclear chain reaction
in a large mass of uranium, by which vast amounts of power and large quant-
ities of new radium-like elements would be generated. Now it appears
almost certain that this could be achieved in the immediate future.
        This new phenomenon would also lead to the construction of bombs,
and it is conceivable - though much less certain - that extremely power-
ful bombs of a new type may thus be constructed. A single bomb of this
type, carried by boat and exploded in a port, might very well destroy
the whole port together with some of the surrounding territory. However,
such bombs might very well prove to be too heavy for transportation by
air.
```

Albert Einstein
Old Grove Rd.
Nassau Point
Peconic, Long Island

2 de agosto de 1939

F.D. Roosevelt,
Presidente dos Estados Unidos,
Casa Branca
Washington, D.C.

Sr.,

Alguns trabalhos recentes de E. Fermi e L. Szilard, cujos manuscritos me foram enviados, me fazem supor que, em breve, o elemento urânio poderá ser transformado em uma nova e importante fonte de energia. Certos aspectos da situação parecem exigir vigilância e, se necessário, ação imediata da Administração. Portanto, acredito que é meu dever chamar sua atenção para os seguintes fatos e recomendações.

Durante os últimos quatro meses, tornou-se presumível — por meio do trabalho de Joliot na França, bem como de Fermi e Szilard nos EUA - a possibilidade de provocar uma reação em cadeia nuclear em uma grande massa de urânio, pela qual grandes quantidades de energia e de novos elementos semelhantes ao rádio seriam geradas. É quase certo que, no futuro próximo, isso poderia ser alcançado.

Esse novo fenômeno também acarretaria a construção de bombas, e é concebível — embora muito menos certo — que bombas extremamente poderosas de um novo tipo possam ser desenvolvidas. Uma única bomba desse tipo, transportada por barco e explodida em um porto, pode muito bem destruir todo o local e parte do território circundante. No entanto, tais bombas talvez sejam muito pesadas para o transporte aéreo.

Carta de Albert Einstein de 1939 ao presidente Franklin D. Roosevelt.

-2-

The United States has only very poor ores of uranium in moderate
quantities. There is some good ore in Canada and the former Czechoslovakia,
while the most important source of uranium is Belgian Congo.

In view of this situation you may think it desirable to have some
permanent contact maintained between the Administration and the group
of physicists working on chain reactions in America. One possible way
of achieving this might be for you to entrust with this task a person
who has your confidence and who could perhaps serve in an inofficial
capacity. His task might comprise the following:

a) to approach Government Departments, keep them informed of the
further development, and put forward recommendations for Government action,
giving particular attention to the problem of securing a supply of uranium ore for the United States;

b) to speed up the experimental work,which is at present being car-
ried on within the limits of the budgets of University laboratories, by
providing funds, if such funds be required, through his contacts with
private persons who are willing to make contributions for this cause,
and perhaps also by obtaining the co-operation of industrial laboratories
which have the necessary equipment.

I understand that Germany has actually stopped the sale of uranium
from the Czechoslovakian mines which she has taken over. That she should
have taken such early action might perhaps be understood on the ground
that the son of the German Under-Secretary of State, von Weizsäcker, is
attached to the Kaiser-Wilhelm-Institut in Berlin where some of the
American work on uranium is now being repeated.

Yours very truly,

(Albert Einstein)

-2-

Os Estados Unidos têm minérios muito escassos de
urânio, em quantidades moderadas. Há um bom minério no Canadá
e na antiga Checoslováquia, embora a fonte mais importante de
urânio seja o Congo Belga.

Considerando essa situação, você pode julgar conveniente manter certo contato permanente entre a Administração e o
grupo de físicos que trabalha com reações em cadeia nos EUA.
Uma maneira possível de fazer isso seria atribuir essa tarefa
a uma pessoa de sua confiança e que talvez pudesse atuar de
forma extraoficial. As funções incluiriam:

a) abordar os departamentos governamentais, informá-los
sobre novos desenvolvimentos e recomendar ações governamentais, dando atenção especial ao problema de garantir o suprimento de minério de urânio para os Estados Unidos;

b) agilizar o trabalho experimental, que atualmente é
executado nos limites orçamentários dos laboratórios das universidades, providenciando fundos, se solicitados, por meio de
seus contatos com pessoas privadas que se disponham a contribuir para a causa, e talvez também obtendo a cooperação de laboratórios industriais que possuem o equipamento necessário.

Sei que a Alemanha suspendeu a venda de urânio das
minas da Checoslováquia, tomadas pelo governo alemão. É possível presumir que o país agiu antecipadamente com base no fato
de que o filho do subsecretário de Estado alemão, von Weizsäcker, está vinculado ao Instituto Kaiser Wilhelm em Berlim,
onde parte do trabalho norte-americano sobre urânio é reproduzida.

Atenciosamente,

(Albert Einstein)

Roosevelt levou a sério o aviso de Einstein, provocando uma reação em cadeia por conta própria. O presidente fundou o Comitê Consultivo de Urânio, encarregado de estocar o material para pesquisa e desenvolvimento contínuos. O comitê permaneceu em relativo anonimato até março de 1941, quando Churchill pediu que F. D. R. concedesse "alta prioridade" ao programa. Os britânicos estudavam intensamente a física da bomba atômica sob supervisão do cientista Niels Bohr, mas suas instalações estavam sob ataque constante dos alemães. Assim surgiu a força-tarefa S-1, comandada por Groves.

Uma das primeiras contratações de Groves foi Oppenheimer, o diretor científico. Os melhores pesquisadores estavam espalhados pelo país, e Groves percebeu que precisava reuni-los em instalações onde pudessem trabalhar juntos para desenvolver a arma.

Ele decidiu que a maior parte do trabalho ocorreria em três locais, de codinome X, Y e W. Cada um se especializaria em um aspecto específico do projeto e suas bases enormes e seguras seriam construídas sob medida. O primeiro, Projeto X, foi alocado na área rural do Tennessee, cerca de 40km a noroeste de Knoxville. Em fevereiro de 1943, engenheiros e empreiteiras abarrotaram a área, conhecida como Oak Ridge, e construíram laboratórios de pesquisa, edifícios de escritórios e moradias para funcionários, todos protegidos por cercas e postos de vigilância.

O Projeto X consistia em uma instalação de enriquecimento, a fonte do urânio utilizado na produção de bombas atômicas. Os funcionários separavam pequenas quantidades do isótopo físsil U-235 de toneladas de urânio, um processo demorado. Um bloco pequeno de U-235 exigia milhares de toneladas da matéria-prima. O urânio enriquecido era armazenado em um aterro escavado próximo a uma fazenda abandonada. Groves queria estocar o máximo possível de combustível de fissão para armas nucleares, portanto, construiu o primeiro reator nuclear permanente do mundo em Oak Ridge, o qual utilizava urânio para gerar uma segunda fonte de combustível nuclear na forma de plutônio. O plutônio-239 tinha um potencial explosivo ainda maior do que seu composto original. O plutônio é raro na natureza, e o plutônio-239, que é físsil, não tem uso real a não ser como explosivo nuclear. Em poucos meses, Oak Ridge estava gerando estoques de U-235 e plutônio-239, mas o Projeto Manhattan necessitava de mais. Em setembro de 1944, o local W, outra instalação de processamento, foi estabelecido em Hanford, no estado de Washington. De repente, os EUA precisavam de urânio, e muito.

As únicas reservas de urânio conhecidas nos EUA estavam nas Montanhas Rochosas, mas o Colorado não tinha o suficiente para atender à necessidade. Groves recorreu ao Congo Belga. Em 1940, a Bélgica se rendera aos nazistas, mas o Congo ainda permanecia do lado dos Aliados. Em 1943, o Corpo de Engenheiros do Exército dos EUA forneceu serviços de construção gratuitos para uma empresa de mineração belga que detinha as minas de urânio congolesas.

Com um suprimento de combustível garantido, Groves ainda precisava de um lugar para montar a bomba. Oppenheimer levou-o a Los Alamos, onde o cientista passou parte de sua infância. O local remoto era perfeito e logo se tornou o Laboratório de Pesquisa e Desenvolvimento de Armas — de codinome Y.

Enquanto Oppenheimer e Groves se davam bem, o general insistia que os funcionários civis em Los Alamos operassem em total sigilo e demonstrassem eficiência militar.

Seu jeito ríspido ofendia muitos dos cientistas de pensamento livre, que temiam suas visitas a Los Alamos. O desprezo era recíproco. Groves os descrevia como "infantis, malucos e prima-donas". Dizia: "Sou o diretor de uma grande ópera de US$2 bilhões com milhares de celebridades temperamentais."

Agora, no dia 25 de abril, no Salão Oval, a "ópera" se aproximava da estreia. O general Groves entregou ao presidente um relatório de 24 páginas que descrevia o S-1 detalhadamente. Truman lia sua cópia, enquanto Stimson e Groves compartilhavam outra.

O memorando começava com o "Objetivo de Desenvolvimento": "O desenvolvimento bem-sucedido da bomba atômica de fissão nuclear fornecerá aos EUA uma arma de enorme poder, fator decisivo para vencer a guerra atual mais rapidamente, poupando as vidas e o tesouro norte-americanos."

Groves detalhava o poder inimaginável dessa nova superarma: "Estima-se que, atualmente, cada bomba tenha o efeito equivalente de 5 mil a 20 mil toneladas de TNT e, por fim, talvez de até 100 mil." O relatório explicava o poder explosivo da fissão atômica em detalhes técnicos consideráveis; descrevia como a bomba estava sendo fabricada; e revisava a história do Projeto Manhattan, incluindo sua origem em 1939, a transição para a fase de fabricação e as "medidas de segurança extraordinárias" que foram tomadas para manter toda a operação "ultrassecreta".

Ademais, discutia "atividades estrangeiras". Afirmava que, desde 1943, a Rússia "demonstrava grande interesse por nossas atividades e, por meio de seus grupos diplomáticos, de informação e de espionagem nos EUA, se esforçava para obter dados específicos sobre o projeto".

Em relação à Alemanha, mencionava o número de cientistas na área da física atômica e declarava que, desde 1941, acreditava-se que o país "estava prestes a usar uma bomba atômica de enorme força". Porém, alegava que, com o colapso do regime nazista: "Não haveria mais possibilidades de a Alemanha utilizar tal bomba nesta guerra."

O relatório concluía: "A energia atômica, se controlada pelas principais nações pacifistas, deve garantir a paz mundial nas próximas décadas. Se mal utilizada, pode exterminar nossa civilização."

Truman bombardeou Stimson e Groves com perguntas. Ficou surpreso com o fato de que um projeto desse porte, tão dispendioso e com instalações em todo o país, tenha permanecido em segredo. Ao questionar quando a bomba ficaria pronta, Stimson repetiu as palavras de seu memorando: "Em quatro meses."

Truman compreendeu como a bomba poderia encurtar significativamente a guerra. No entanto, estava preocupado com as implicações de curto prazo para as relações internacionais, principalmente com os russos, e as consequências de longo prazo para o planeta.

Enquanto lia o relatório extremamente técnico, Truman empacava várias vezes e dizia que era difícil assimilá-lo de uma só vez. "Não gosto de ler documentos", reclamou.

Groves respondeu que era impossível resumir de forma mais simples. "Não podemos explicar em uma linguagem mais concisa do que essa. É um projeto importante."

O presidente deixou claro que apoiava o S-1.

Todo o processo — o resumo e a leitura do memorando — demorou apenas 45 minutos. Truman decidiu descartar sua cópia do relatório de Groves, por achar que não era "aconselhável" mantê-la. Stimson deixou o Salão Oval e foi para casa a fim de tirar sua cotidiana soneca da tarde.

Porém, o presidente ficou abalado com as informações recebidas. Não parava de pensar na séria advertência de Stimson de que a bomba poderia ser "tão poderosa que acabaria destruindo o mundo inteiro".

Truman tinha o mesmo receio.

CONTAGEM REGRESSIVA:
90 DIAS

8 de maio de 1945

Washington, D.C.

O Salão Oval estava lotado de militares de alta patente norte-americanos e britânicos, membros do Gabinete, esposa e filha do presidente e um bando de correspondentes de jornais e rádios. Exatamente às 9h, os microfones iriam ao ar e Truman faria um anúncio importante para a nação.

Faltavam dez minutos e o grupo usualmente formal estava ansioso. Truman brincou com os jornalistas. Sim, era seu 61º aniversário, mas não, essa não era a grande notícia. Concordou em ler sua declaração para eles um pouco antes, mas não tinham permissão de registrar nada até que a transmissão terminasse.

"Não precisam ficar inquietos. Vocês terão tempo suficiente", disse o presidente.

Os repórteres riram. O presidente pigarreou e leu em voz alta: "Os alemães se renderam. A guerra na Europa acabou."

Ninguém ficou surpreso. Fazia quase um ano que as tropas aliadas invadiram as praias da Normandia. Desde então, os Aliados avançaram do oeste para Berlim, enquanto a União Soviética atacou pelo leste.

A Alemanha estava à beira da derrota há algum tempo, principalmente depois que as forças aliadas cruzaram o rio Reno em março, o que lhes deu caminho livre para o leste da Alemanha e Berlim. Ainda assim, Hitler não aceitava se render. O general Eisenhower advertiu:

"Ninguém sabe o que o alemão fará em seu próprio país, e ele está se esforçando muito."

Os nazistas fizeram uma última tentativa de resistência em seu próprio solo. Para a batalha final, Hitler se entrincheirou em um búnquer de concreto dezesseis metros abaixo de seu quartel-general em Berlim.

No início de abril, as forças aliadas tomaram os centros industriais no rio Ruhr. Cidades inteiras foram reduzidas a escombros por intensos bombardeios aliados. Em 16 de abril, as tropas norte-americanas chegaram a Nuremberg, palco dos enormes comícios do Partido Nazista do Terceiro Reich e de alguns dos discursos mais maníacos de Hitler. Ele ordenou que a cidade fosse protegida a todo custo, mas sucumbiu quatro dias depois, em 20 de abril, seu aniversário.

À medida que os Aliados avançavam para Berlim, descobriam o verdadeiro mal do Terceiro Reich: vários campos de concentração, fábricas de morte onde os nazistas exterminavam milhões de judeus, ciganos, homossexuais e "indesejáveis". As vítimas eram mortas em câmaras de gás, enforcadas, privadas de alimento ou espancadas até a morte; seus corpos magros, empilhados como lenha.

Em 30 de abril, enquanto bombas atingiam seu búnquer, Hitler e Eva Braun, sua noiva há dois dias, cometeram suicídio. (Soldados alemães queimaram o corpo de Hitler no jardim da chancelaria.) A Alemanha se rendeu uma semana depois. No dia 7 de maio, o marechal de campo Wilhelm Keitel assinou os termos formais e ordenou que as tropas alemãs depusessem suas armas.

Chegara a hora de Truman compartilhar a notícia com sua nação cansada da guerra. A multidão de oficiais e repórteres saiu do Salão Oval e foi para a Sala de Recepção Diplomática, onde F. D. R. fez muitas de suas transmissões de rádio. Como esperado, Truman leu sua declaração.

"Este é um momento solene, mas glorioso. Gostaria que Franklin D. Roosevelt estivesse vivo para presenciar este dia", disse.

Lembrou os norte-americanos do prejuízo terrível que os Aliados tiveram para "livrar o mundo de Hitler e seu grupo maligno".

"Não esqueçamos... da tristeza e do sofrimento que hoje habitam o lar de muitos de nossos vizinhos... Apenas seremos capazes de recompensar nosso Deus, nossos mortos e nossos filhos com trabalho e com devoção incessante à responsabilidade que temos pela frente."

"Se eu pudesse lhes dar uma única palavra de ordem para os próximos meses, seria trabalho. Trabalho e mais trabalho. Devemos trabalhar para finalizar a guerra. Nossa vitória ainda está pela metade."

Truman lembrou os norte-americanos de que a guerra na Europa poderia ter acabado, mas o Extremo Oriente "ainda estava sob o jugo da traiçoeira tirania dos japoneses. Somente quando a última divisão japonesa se render definitivamente é que nossa luta estará concluída".

Foi assim que Truman encerrou a transmissão, que durou 2min30s.

Dezenas de milhões de norte-americanos ouviram o anúncio de Truman e, em seguida, espontaneamente foram às ruas comemorar. Os bares abriram cedo e lotaram rápido. Estranhos se abraçaram e choraram de alegria. Jornais de todo o país publicaram edições especiais com grandes manchetes em negrito: o *Pittsburgh Press* começou com "Dia da Vitória na Europa Proclamado. Em breve, Japão". O *Hattiesburg American* anunciou: "Japas Tiram Medidas para Quimono Funerário." A manchete do *Daily News* era curta e simples: "Acabou."

Oak Ridge, Tennessee

Ruth Sisson ouviu gritos de comemoração na entrada da enorme fábrica militar em Oak Ridge. Perguntou-se o que estava acontecendo, e um colega de trabalho berrou no corredor: "Os nazistas se renderam!"

"Não é maravilhoso?", disse a mulher no assento mais próximo.

"Sim, é", respondeu Sisson, com um grande sorriso. "Graças a Deus."

Ruth sentiu seu coração palpitar por um momento. Da última vez que teve notícias, seu querido Lawrence estava na Alemanha. Talvez voltasse para casa! Certamente, com a derrota da Alemanha, as forças armadas não precisariam de tantos soldados. Porém, os Estados Unidos ainda lutavam no Pacífico. Pelo que os jornais e o rádio diziam, essa parte da guerra não estava melhorando.

Ruth queria celebrar com os outros, mas sua mente continuava a se desviar para os mesmos caminhos sombrios. E se os japoneses não se rendessem? E se os EUA tivessem que invadir o Japão? E se os homens que escaparam ilesos da Europa fossem enviados para *lá*? Sua alegria se dissipou. Naquele dia, o que ela não sabia era que estava trabalhando em uma arma secreta — que poderia acabar com a guerra e salvar a vida de seu namorado. Era tão secreta que os funcionários foram alertados a não fazer perguntas. Deveriam apenas aparecer para trabalhar, cumprir suas tarefas e ir para casa.

Enquanto seus colegas de trabalho faziam uma pausa para comemorar, Sisson acreditou na palavra do presidente e voltou ao trabalho, monitorando os mostradores e medidores da máquina gigante à sua frente. O trabalho era relaxante, embora um pouco enfadonho. Ele afastava sua mente das preocupações.

O namorado de Sisson, Lawrence Huddleston, costumava escrever duas ou três vezes por semana, mas as cartas diminuíram significativamente desde que fora para a zona de combate. Ele era médico do Exército e tinha participado de alguns dos confrontos mais sangrentos na frente ocidental, incluindo o Dia D e a Batalha do Bulge.

A Batalha do Bulge acabou sendo a última ofensiva alemã da guerra. Durou seis semanas em pleno inverno, de 16 de dezembro de 1944 a 25 de janeiro de 1945. Nos 136km da densamente arborizada Floresta das Ardenas, na Bélgica, trinta divisões alemãs atacaram as tropas norte-americanas já fatigadas. O plano de Hitler era abrir uma brecha, dividindo as forças aliadas que avançavam em duas. Quase funcionou. O Exército dos EUA derrotou os alemães, mas 100 mil soldados norte-americanos foram mortos ou feridos.

A função de Lawrence era manter os soldados feridos vivos. Ruth temia que testemunhar tanto horror e sangue abalasse a fé de seu amado. Ele era um homem muito quieto e devoto. Suas cartas mal mencionavam seu trabalho ou o progresso da guerra. Sempre pergun-

CONTAGEM REGRESSIVA: 1945

tava sobre a terra natal, sobre ela: o que faria no fim de semana? Como estavam sua mãe e seu pai? Ruth sempre respondia imediatamente e priorizava as notícias otimistas. Contava a ele sobre as músicas mais recentes no rádio, os filmes, os jantares em família, o ensaio do coral. Insistia que ele se mantivesse o mais seguro possível, para que, quando voltasse para casa, pudessem começar sua vida juntos.

Ruth não recebia uma carta há semanas. Teve um pressentimento de que talvez este grande dia para os EUA pudesse ser um dia de sorte para ela também. Talvez houvesse uma carta à sua espera.

Assim que seu turno terminou, Ruth se dirigiu ao ponto de ônibus do lado de fora dos portões da fábrica. O ônibus nada mais era do que um vagão de gado rebocado por um caminhão, com alguns bancos e um aquecedor no meio. Quando o vagão parou e os funcionários do turno seguinte desceram, ela embarcou e se acomodou em um banco. Os passageiros conversavam sobre as notícias da manhã.

Ruth observava as flores da primavera ao longo das estreitas estradas de terra e as belas folhagens das árvores. O ônibus parava para deixar as pessoas nos portões das fazendas ou nos caminhos sinuosos que levavam às colinas. Sua mente se desviou para Lawrence. Perguntou-se onde ele estava naquele dia, o que estaria fazendo.

Ela não tinha uma grande história de vida. Foi criada em Oliver Springs, uma pequena cidade próxima a Knoxville. Terminou o ensino médio em 1943 e mudou-se para Clinton, uma cidade vizinha, a fim de assumir um emprego em uma fábrica de meias. Ruth morava em uma pensão na rua principal, a um quarteirão do local. Economizava seu salário para poder ir para a faculdade e se tornar professora.

Ruth era mais alta do que a maioria das garotas de sua idade. Usava seu cabelo castanho, que era na altura dos ombros, preso para trás em cachos apertados, o que a fazia parecer mais madura do que seus 17 anos. Gostava de usar vestidos e batom, mas tinha que esperar suas saídas esporádicas para se dar ao luxo.

Certa noite, Ruth e sua melhor amiga, Chelsey Davis, se arrumaram e foram ao Ritz Theater assistir a um filme, depois à lanchonete na Hoskins Drug Store para comer algo. O lugar estava lotado; todos os assentos no balcão estavam ocupados. As meninas pegaram uma mesa vazia no fundo. Logo, dois jovens amigáveis se aproximaram.

"Podemos sentar com vocês?", perguntou um deles, apresentando-se como Lawrence. As meninas assentiram e logo o quarteto começou a tagarelar enquanto comia hambúrgueres e batatas fritas.

Ruth ainda se lembrava do que tocava na jukebox: "In the Blue of the Evening", de Frank Sinatra, e "Taking a Chance on Love", de Benny Goodman. Eles conversaram um pouco sobre o filme, mas principalmente sobre onde trabalhavam e quem conheciam em comum. Lawrence Huddleston era bonito, tinha cerca de 1,72m, peitoral largo, corte de cabelo militar, mãos fortes e um grande sorriso.

Ruth concordou em se encontrar com Lawrence na noite seguinte.

Eles assistiram ao mesmo filme da noite anterior e, em seguida, caminharam pela rua principal. Era uma bela noite de verão sem nuvens, com estrelas espalhadas por todo o céu. Subiram e desceram a rua, falando sobre suas vidas. Ruth contou que era a mais velha de sete filhos, a única menina. Seu pai administrava uma serraria e tinha uma pequena fazenda com uma grande horta, com fileiras de tomates, batatas e campos de milho. Durante a Grande Depressão, ele manteve seus trabalhadores com os alimentos da horta. Por ser a mais velha, Ruth ajudava seus pais a plantar, remover ervas daninhas, colher, ordenhar as vacas e trazer o feno. Era uma vida difícil. Ela queria algo melhor para si mesma. A faculdade era sua saída.

Lawrence contou que fizera faculdade. Conseguiu uma bolsa de estudos para jogar futebol americano na Tennessee Wesleyan College e integrou a linha ofensiva. Disse que era divertido, mas então seu pai morreu, deixando sua mãe para criar seu irmão e quatro irmãs sozinha. Seu irmão se alistou na Marinha. Lawrence largou a faculdade e conseguiu um emprego na fábrica de alumínio da Alcoa para ajudar a família a sobreviver.

Ele ficou em silêncio por alguns instantes. Disse que o pai morrera de desgosto. Assim como o de Ruth, o dele tinha uma grande fazenda que foi totalmente quitada. Porém a Tennessee Valley Authority — um dos ambiciosos projetos de F. D. R. para tirar o país da Depressão — usou a desapropriação para confiscar a propriedade e construir a barragem de Norris. O projeto levou eletricidade àquela parte das Montanhas Great Smoky, mas os ressentimentos permaneceram. Seu pai comprou outra fazenda, mas o governo também a pegou — dessa vez, para construir uma fábrica militar em Oak Ridge que "foi erguida da noite para o dia".

Ruth Sisson com Lawrence Huddleston.

"Não lhe pagaram o que a terra realmente valia", afirmou Lawrence.

Enquanto caminhavam, ele pegou na mão de Ruth. Precisava contar outra coisa a ela.

"Acabei de receber minha carta de convocação", falou.

Ruth parou.

"Ainda não fui incorporado. Não sei quando serei, mas estou com receio", disse Lawrence. "Não tenho medo de lutar. Só estou preocupado com minha mãe. Ela não está em uma situação muito boa. Precisa do meu salário da fábrica, para as meninas."

Foi nesse momento que Ruth começou a se apaixonar por ele. Um rapaz que se preocupa com a mãe dessa forma? Era um homem bom.

"Há alguma chance de nos encontrarmos de novo?", perguntou ele. Ruth não hesitou. "Eu adoraria", respondeu.

Eles começaram a namorar. Na chegada do outono, caminhavam pela mesma rua, cantando "Oh, What a Beautiful Morning", uma nova canção animada de Bing Crosby. Algumas noites, dirigiam para Knoxville no grande Chevrolet preto de Lawrence.

Após o Dia de Ação de Graças, Lawrence soube que seria incorporado em janeiro. Era hora de Ruth levá-lo para conhecer sua família. Sua mãe, Beulah Marie Sisson, nunca gostou de nenhum dos meninos que sua filha namorou, mas adorou Lawrence. Era um homem tranquilo e responsável. Seus pais deram sua bênção a ele.

Na noite anterior à incorporação, Lawrence pediu que Ruth se casasse com ele quando voltasse da guerra. Ela já preparara uma resposta.

"Preciso pensar", disse. Por mais que Ruth gostasse dele, era apenas uma adolescente. Não estava pronta para se casar. Ainda não.

Lawrence prometeu que não desistiria. Repetiria o pedido até que ela aceitasse.

O Exército logo descobriu que Lawrence tivera aulas de anatomia na faculdade, então o treinou para se tornar um médico. Em março de 1944, ele escreveu para contar que seria enviado à Europa. Perguntou se Ruth iria à base militar nos arredores de Gadsden, no estado do Alabama, para se despedir dele.

Ruth pediu permissão a seu pai. Ele concordou, mas apenas se levasse seu irmão W. D. para acompanhá-la.

Então, certa manhã, Ruth e seu irmão embarcaram em um ônibus da Greyhound para viajar o dia todo. Ela estava tão animada que não conseguia parar de falar. Contou a W. D. suas preocupações com a segurança de Lawrence. As notícias diziam que as forças aliadas estavam no Norte da África e na Sicília, na Itália — lugares que não significavam muito para as pessoas na área rural do Tennessee. Lawrence seria enviado para uma dessas zonas de guerra? Mais cedo ou mais tarde, teriam que ir para a França e depois para a Alemanha. Era muito assustador pensar nisso.

Quando desceram do ônibus, Lawrence estava esperando, imponente em seu uniforme marrom. As ruas estavam cheias de soldados.

Ruth e W. D. ficaram duas noites em um hotel no centro. Lawrence mostrou a cidade, levou-os a restaurantes e para assistir a filmes engraçados, tentando apaziguar a preocupação que via no rosto de Ruth. Ele garantiu que ficaria bem, que não tivera premonições assustadoras, como acontecia com alguns soldados. Não foi suficiente. Sentada na mesa de uma cafeteria, ela o fitou. "Você tem que se cuidar", disse.

Ele assentiu. "Irei."

A viagem passou rápido. No ponto de ônibus, quando chegou a hora de se despedir, Ruth sentiu um nó no estômago. Não sabia se veria Lawrence novamente. Ela lutou contra as lágrimas, pois não queria que ele a visse chorar. Abraçaram-se e se beijaram. "Vejo você quando voltar para casa", ele disse suavemente.

"Eu te amo", falou Ruth. Ela se virou e entrou no ônibus, passando rapidamente pelo motorista. Desabou em uma poltrona e caiu em prantos. W. D. se sentou ao lado dela, com o braço em volta de seus ombros.

Lawrence escreveu com frequência e também se atreveu a empregar aquelas três palavras.

"Sei que estamos a muitos quilômetros de distância, mas, querida, nossos corações estão próximos e talvez possamos nos reencontrar em breve", escreveu ele em 9 de julho de 1944. "Eu te amo, meu bem, a cada dia mais. Anime-se por mim, meu amor."

O tempo passava. Cartas chegavam, às vezes pacotes. Certa vez, ele enviou um frasco de perfume francês — D'Orsay Pino-Nice. Ruth não tinha muitas ocasiões para usá-lo, mas sempre que o fazia, pensava em seu soldado distante.

Porém, nem tudo era romance. Quando a mãe de Lawrence faleceu, foi Ruth quem lhe contou. Manteve a promessa de que o avisaria "se acontecesse algo com minha mãe". Enquanto escrevia a triste notícia, um sentimento estranho lhe ocorreu. Ruth percebeu que nunca mais conseguiria viver sem esse homem. Estava perdidamente apaixonada. Disse a ele — sim, se casariam assim que voltasse para casa.

Nesse ínterim, Ruth ouviu rumores sobre uma nova oportunidade de trabalho. Uma grande cidade de 30 mil habitantes surgira quase da noite para o dia, uma espécie de instalação militar. Ninguém sabia muito mais do que isso — exceto que precisavam de muitos e muitos funcionários, e imediatamente. Ruth se candidatou em agosto de 1944. Seu pai também.

Quando foram fazer as entrevistas, Ruth percebeu a forte segurança. Os Sissons passaram por um dos sete portões da cerca de vários quilômetros de extensão. Seu pai foi alocado para trabalhar na oficina mecânica, que ficava em uma das partes do amplo complexo. Ruth foi contratada também, mas ninguém podia lhe dizer o que seu trabalho implicava. Ela descobriu no primeiro dia.

Ruth e seus colegas de trabalho ajudariam a vencer a guerra, falou o supervisor, mas não podiam dizer nenhuma palavra sobre o que acontecia dentro da fábrica. Ruth já sabia disso. Ao entrar, viu outdoors com a foto do Tio Sam sobreposta a três macacos:

O que você vê aqui

O que faz aqui

O que escuta aqui

Ao sair daqui,

Deixe aqui.

Ruth se tornou uma "operadora de cubículo". Porém, os cubículos não eram como aqueles amontoados nos escritórios pelos EUA. O dela era uma banqueta posicionada em frente a um dos 1.152 calutrons — máquinas que usavam um processo eletromagnético para enriquecer urânio. Ruth monitorava uma etapa essencial da construção de bombas atômicas, mas ninguém disse isso a ela. As operadoras de cubículo nunca conheceram a ciência por trás de suas máquinas. Como diz a velha piada militar: "Meu trabalho é tão secreto que nem eu sei o que estou fazendo."

A maioria dos calutrons media mais de 2,4m, estendendo-se do chão ao teto. Cada um tinha painéis de controle semelhantes aos de uma cabine de comando, com mostradores e medidores para monitorar e manivelas e botões para ajustar. Ruth foi ensinada a como agir caso os ponteiros do medidor fossem muito para a esquerda ou muito para a direita. Ela precisava "colocá-los de volta onde deveriam estar".

As mulheres trabalhavam em turnos de oito horas, às vezes no diurno, outras vezes no da madrugada. As máquinas eram monitoradas 24h por dia, sete dias por semana. Ruth percebeu rapidamente que as operadoras de cubículo, assim como a maioria das funcionárias em sua parte do complexo, eram mulheres recém-saídas do ensino médio. Todas se sentavam em banquetas na frente de suas grandes máquinas, os olhos focados no equipamento.

Aos poucos, a vida entrou em uma rotina: aparecer para um turno, passar pela segurança, falar com o supervisor, ir para o cubículo. Ruth ficava sentada lá por oito horas, girando botões para manter os medidores equilibrados. Se não conseguisse, chamava seu supervisor. Se ele também não tivesse êxito, desligavam o calutron e solicitavam manutenção.

Ruth Sisson trabalhando em seu cubículo, em frente ao calutron. Ela é a terceira pessoa à esquerda.

Eles tinham que manter uma vigilância rigorosa. Ruth não sabia o que era a máquina, o que os botões significavam ou o que acontecia quando os girava. Não era problema dela. Não se importava muito.

O calutron foi desenvolvido por Ernest O. Lawrence apenas alguns meses antes, na Universidade da Califórnia em Berkeley. Os protótipos foram operados por doutores. Houve certa preocupação inicial sobre como mulheres sem treinamento científico manuseariam o equipamento, mas o General Groves logo descobriu que as "garotas" eram mais eficazes no trabalho do que os cientistas. Os físicos se preocupavam em descobrir qual processo atômico fazia com que um ponteiro ficasse à esquerda ou à direita, enquanto as "Garotas do Calutron" simplesmente alertavam seus supervisores quando havia um problema. Elas também se revelaram mais eficientes no ajuste dos mostradores. Os cientistas os desregulavam constantemente.

Manter-se ocupada era a melhor maneira de Ruth lidar com sua ansiedade. Quando estava monitorando o calutron, não tinha tempo a perder com pensamentos sombrios.

A guerra estava afetando o Tennessee. Há pouco tempo, Ruth comparecera a um funeral do soldado do Exército Virgil Goodman, um amigo de infância morto em combate na Europa. Eles correram juntos no pátio da escola, brincaram de pega-pega, cantaram no coro da igreja. Quando Ruth fechava os olhos, podia ver a família enlutada de Virgil ao lado do túmulo no cemitério.

Ruth não queria ser supersticiosa ou pensar no pior, mas como não fazê-lo? Em momentos de silêncio no trabalho ou na cama à noite, sussurrava uma prece: "Deus, por favor, mantenha Lawrence seguro. Não o deixe ser morto."

O ônibus deixou Ruth bem em frente à sua caixa de correio. Ela pegou diversas cartas. Nenhuma de Lawrence. Suspirou e caminhou pela estrada de terra que levava à porta da frente. Estava anoitecendo, o céu era uma profusão de laranja, vermelho e roxo. Uma brisa fresca soprava, o perfume de pinheiro e jasmim no ar. Como de costume, pelo trajeto, perguntou-se onde Lawrence estaria naquele momento.

Ela só esperava que não estivesse a caminho do Pacífico.

CONTAGEM REGRESSIVA:
70 DIAS

28 de maio de 1945
Washington, D.C.

O coronel Tibbets se exasperava silenciosamente em sua cadeira enquanto os generais ocupavam seus assentos para a reunião de alto nível do Pentágono. Onde diabos estava Beser? Era quase certo que alguém faria perguntas sobre radar, incluindo a possibilidade de o inimigo acionar antecipadamente o sistema de fusão da bomba. Era uma pergunta que ninguém, exceto Beser, seu principal especialista no assunto, poderia responder.

Tibbets sabia que precisava resolver todos os detalhes, responder a todas as perguntas. A bomba tinha que ser testada antes do final da Conferência de Potsdam, a próxima cúpula com o presidente Truman, o primeiro-ministro britânico Winston Churchill e o líder soviético Joseph Stalin. A "engenhoca" não era mais apenas uma arma. Também era um peão — talvez uma rainha fosse mais correto — em um delicado jogo de xadrez internacional.

Agora que a Alemanha se rendera, os três líderes deveriam se reunir para definir as fronteiras da nova Europa do pós-guerra, um assunto debatido pela primeira vez em fevereiro de 1945, em Yalta. Durante a conferência de uma semana, Stalin prometeu a F. D. R. e Churchill que a Rússia entraria na guerra contra o Japão após a derrota da Alemanha. Embora os líderes continuassem empenhados em travar uma guerra conjunta no Pacífico, as tensões entre as três potências se intensificaram. Churchill defendera eleições livres e justas no Leste Europeu. Porém, Stalin se mostrava obstinado. Ele relutava em se retirar de lugares que sua nação tomara da Alemanha, como a Polônia. Os Aliados temiam que Stalin nunca deixasse esses países, uma manobra que poderia desencadear outro conflito.

Uma arma nuclear operacional concederia aos Estados Unidos uma enorme vantagem quando as negociações fossem retomadas. Ninguém poderia afirmar que a bomba atômica funcionaria. No entanto, Tibbets, Groves e Oppenheimer tinham que presumir que o teste nuclear seria bem-sucedido. Precisavam enxergar além disso e elaborar um plano para usar a bomba em combate.

Era por esse motivo que Tibbets estava na sala de conferências do Pentágono. Ele e os outros presentes aguardavam o início da reunião em que continuariam uma terrível discussão burocrática. Qual cidade japonesa deveria ser sacrificada? Qual provocaria a destruição militar e os efeitos psicológicos mais eficazes no Império Japonês?

Em maio, o Comitê de Alvos se reunira duas vezes no escritório de Oppenheimer em Los Alamos. Todos concordaram que a primeira explosão atômica deveria ser espetacular o suficiente para que a importância da arma fosse plenamente reconhecida a nível internacional. Consideraram lugares intocados pelos bombardeios aliados — cidades ainda prósperas que os japoneses julgavam estáveis e seguras.

Cinco possíveis alvos foram escolhidos:

QUIOTO: *A antiga capital do Japão era uma área industrial urbana com uma população de 1 milhão de pessoas, de acordo com um memorando do Comitê de Alvos. "Muitas pessoas e indústrias estão sendo transferidas para lá à medida que outras áreas são destruídas. Do ponto de vista psicológico, há a vantagem de Quioto ser um centro intelectual para o Japão e a população estar mais apta a reconhecer a importância de uma arma como a engenhoca."*

HIROSHIMA: *Um importante depósito militar e porto de embarque no meio de uma área industrial urbana. "É de um tamanho tão considerável que uma grande parte da cidade pode ficar bastante danificada. Existem colinas adjacentes que são propensas a provocar um efeito de foco que aumentaria substancialmente os danos da explosão."*

Yokohama: *"Uma importante área industrial urbana que até agora permanece intacta. As atividades industriais incluem refinarias de petróleo, máquinas-ferramentas, docas, equipamentos elétricos e fabricação de aeronaves."*

Kokura: *Local de um dos maiores arsenais do Japão, era cercada pela indústria urbana. "O arsenal é importante para material bélico leve, antiaéreo e de defesa de cabeça-de-praia."*

Niigata: *Uma cidade portuária estratégica. "Sua importância aumenta à medida que outros portos são danificados."*

Assim que viu a lista, o secretário da guerra Stimson salvou Quioto. Tinha um apreço pela cidade, que visitara há muito tempo e considerava "o santuário da arte e da cultura japonesas".

Agora, nesta manhã de segunda-feira, o Comitê de Alvos se reuniria de novo. Exatamente às 9h, Tibbets avistou o general Thomas Farrell, o adjunto de Groves, com os arquivos de sua equipe na sala, na hora certa. Um oficial fechou as grandes portas e distribuiu os "arquivos de descrição de alvos". Cada pasta espessa continha mapas em grande escala, fotografias de reconhecimento e dados relacionados, bem como procedimentos de busca e salvamento — apenas no caso de algo dar errado na missão.

A poucos metros de distância, o tenente Jacob Beser disparou pelas escadas no final do corredor e parou no topo para recuperar o fôlego. Tibbets lhe dera um fim de semana de folga para visitar seus pais em Baltimore e o fez jurar que estaria na reunião das 9h. Ele pegara o primeiro trem, que atrasou. Ao chegar na Union Station, teve dificuldades para encontrar um táxi. Ainda assim, estava apenas cinco minutos atrasado. Aproximou-se da porta da sala de conferências, mas um guarda o deteve. "Área restrita", disse. A oficial do Corpo Feminino do Exército (WAC, na sigla em inglês) na recepção interferiu. Beser deveria estar enganado, afirmou. Não teria motivo para um tenente comparecer a uma reunião com "todos *aqueles* oficiais de alta patente".

Beser argumentou, mas ela tinha ordens e não cederia. "Vá tomar um café e esqueça que entrou aqui", declarou.

Beser preferiu se sentar. Sabia que não entraria na sala e que Tibbets estava lá, fervendo de raiva por sua ausência. O coronel o repreenderia assim que a reunião terminasse.

Uma situação típica, pensou Beser. Sempre encrencado sem ter culpa.

Beser era baixo e magro, tinha olhos e cabelos castanhos, penteados para trás e repartidos para o lado. Sua personalidade era forte — um cara inteligente que tinha opinião sobre tudo, uma "pessoa sociável" que se dava bem com todo mundo. Não era uma tarefa fácil com tantos machos alfa em seu esquadrão.

Beser torcia seu quepe e se perguntava sobre o que os homens dentro da sala estavam falando. Esperava não ser oficialmente repreendido, não quando estava tão perto de finalmente entrar em ação. Em 1939, na época em que a Alemanha nazista invadiu a Polônia, Beser era muito jovem para se alistar sem o consentimento de seus pais. Ele lembrou à mãe e ao pai de como se conheceram, um romance militar em um hospital durante a Primeira Guerra Mundial — uma enfermeira chamada Rose se apaixonou por Nicholas, um belo soldado ferido.

Jacob Beser em 1945.

Seus pais se recusaram. Beser voltou ao programa de engenharia mecânica da Universidade Johns Hopkins. Jogou-se nos estudos e na farra, ficando até tarde com seus amigos nos bares ao longo da orla de Baltimore. Tem a lembrança de ter passado a noite de sábado, 6 de dezembro de 1941, engolindo ostras com "grandes quantidades de Arrow Beer" e doses de Schenley Black Label.

Na tarde seguinte, Jacob estava na cama de ressaca quando o pai invadiu seu quarto. "Pearl Harbor foi atacada", disse. "A nação está em guerra."

Juntou-se aos seus pais ao lado do rádio da sala. O comentarista H. V. Kaltenborn afirmou que os japoneses atacaram com força e sem qualquer aviso. "Os EUA foram atacados e saberão como revidar", proferiu.

Beser tomou uma decisão. Pela manhã, iria para o centro e se alistaria como cadete aviador nas Forças Aéreas do Exército dos EUA. Ainda tinha menos de 21 anos, mas seus pais disseram que assinariam a papelada.

No dia seguinte, quando chegou ao escritório de recrutamento, Beser encontrou uma enorme fila de homens com a mesma ideia. Em outubro de 1942, ele terminou o treinamento básico e foi nomeado segundo-tenente. Formou-se entre os melhores de sua classe de 250 cadetes. Porém, em vez de entrar em combate, foi enviado à Flórida para um treinamento especial sobre um novo equipamento secreto chamado radar.

O radar, do inglês "Radio Detection and Ranging" [Detecção e Telemetria por Rádio, em tradução livre], era um sistema de alerta incipiente, que se tornara uma importante nova arma na guerra. Geralmente, as batalhas eram vencidas por quem localizava primeiro os aviões, navios ou submarinos inimigos. Para dar uma vantagem aos Aliados, cientistas britânicos e norte-americanos desenvolveram tecnologia de radar para "enxergar" por centenas de quilômetros, mesmo à noite.

O funcionamento do radar consistia em enviar uma onda de rádio e analisar a onda refletida depois que ela ricocheteava em qualquer objeto no ar. No início da guerra, a Inglaterra usou o dispositivo para formar uma rede de defesa aérea eficaz, o que lhe concedeu uma vantagem durante a Batalha da Grã-Bretanha, quando a Luftwaffe fez o possível para bombardear o país até a rendição. O sistema de radar não apenas detectava aeronaves inimigas se aproximando, mas também estimava distância, direção, força e altitude da força aérea.

O radar tinha outra utilidade importante, relevante para a bomba atômica. Durante a maior parte da guerra, os projéteis de artilharia tinham fusíveis de impacto. Ao atingir um alvo, essas cargas menores estouravam e detonavam os principais explosivos, formando uma nuvem de estilhaços. Mas então os cientistas desenvolveram o fusível de proximidade, que operava como uma unidade de radar em miniatura na ponta de um projétil. Se bombas e projéteis de artilharia fossem equipados com esse dispositivo, que usava ondas de rádio para detectar sua distância em relação a um objeto, poderiam ser detonados por radar em pleno ar, antes de atingirem um alvo inimigo, espalhando estilhaços letais em uma área maior. No caso de aviões inimigos, que eram difíceis de atingir com projéteis antiaéreos, um fusível de proximidade poderia transformar um erro em uma matança.

Os engenheiros em Los Alamos tentavam criar um fusível de proximidade para a bomba atômica. Com o dispositivo, a arma nuclear poderia ser detonada em uma altura predefinida. Eles já haviam feito os cálculos: desencadear uma explosão nuclear acima de uma cidade japonesa teria o máximo impacto destrutivo. Isso porque a força explosiva da bomba atingiria diretamente o chão, espalhando-se depressa para as áreas circundantes. Qual era a altura ideal para detonar a bomba? Provavelmente 610m acima de uma cidade.

No entanto, os comandantes e cientistas do Projeto Manhattan sabiam que um fusível de proximidade controlado por radar apresentava uma vulnerabilidade terrível. Uma onda de radar é basicamente igual a uma de rádio e, se a frequência for conhecida, pode ser interceptada ou bloqueada. Se isso acontecesse, a bomba atômica poderia explodir muito antes ou depois, ou nunca. O oficial de radar na missão de bombardeio tinha que estar por dentro de tudo. Ele precisaria do equipamento mais recente para detectar e desviar o radar japonês.

Não havia dúvidas de que Beser era um dos melhores operadores de radar das forças armadas. Destacou-se em suas aulas e passou a ensinar radar para novos oficiais. Com o tempo, tornou-se um solucionador de problemas. Durante a guerra, as empresas de defesa desenvolviam novos equipamentos eletrônicos para aprimorar a tecnologia. Quando um equipamento não funcionava corretamente, ele trabalhava com essas empresas para resolver o problema. Às vezes, isso significava projetar uma nova peça — como antenas especiais — e depois readaptar as unidades.

Porém, Beser sentia-se infeliz trabalhando atrás das linhas de batalha. Jornais e noticiários de rádio o deixavam louco. Na primavera de 1944, disse à família e aos amigos: "Há uma guerra total na Europa e não faço parte dela."

Seu esforço frenético por uma transferência para a linha de frente o levou a um esquadrão de B-29 em Wendover, Utah. Presumiu que não demoraria muito para que estivesse no meio da ação. Porém, em setembro de 1944, quando o trem da Western Pacific Railroad chegou a Wendover, ele se perguntou em que diabos havia se metido. Examinou os arredores desolados — quilômetros e quilômetros de vegetação desértica. Uma cidade desbotada pelo sol com algumas lojas ao longo de uma desorganizada avenida principal. Pensou: "Se os EUA precisassem fazer um enema, é aqui que colocariam o tubo."

Beser não teve tempo para se adaptar. Assim que chegou ao seu posto, o comandante convocou todos para uma reunião fora da sede. Tibbets não desperdiçou palavras. Apresentou-se e avisou aos homens que estavam prestes a começar um treinamento rigoroso. Aqueles que persistissem logo estariam no exterior, participando de uma missão para vencer a guerra. Receberiam mais informações depois, disse Tibbets, mas deveriam manter o sigilo. Então, para surpresa e alegria do grupo, ele deu a todos uma folga de duas semanas — exceto para Beser, que foi encaminhado ao escritório de Tibbets. Várias pessoas já estavam lá, todas uniformizadas. "Isso não parece bom", pensou.

"Tenente, você será entrevistado para um cargo confidencial", informou Tibbets.

Os homens fizeram as perguntas habituais: "Onde você estudou? Qual treinamento militar recebeu? Que experiência teve desde que entrou na ativa?" Então um dos homens fitou Beser diretamente nos olhos e perguntou: "Como se sente em relação a um combate aéreo?"

Beser se segurou para não gritar. "Combate é exatamente o que procuro", respondeu.

Os oficiais sorriram e pediram que ele esperasse do lado de fora. Quinze minutos depois, recebeu as boas-vindas à equipe.

Não disseram nada a Beser sobre qual seria sua função. Porém, ele não conseguia parar de pensar que o prêmio do seu seguro de vida provavelmente aumentaria.

Desde então, foi uma correria. No dia seguinte à reunião, Beser voou com Tibbets para a Base da Força Aérea de Kirtland, em Albuquerque. Ao desembarcarem, entraram em um sedã verde dirigido pelo coronel Lansdale, o oficial de inteligência do Exército dos Estados Unidos que estivera em Colorado Springs algumas semanas antes, quando Tibbets fora escolhido para liderar a missão. Lansdale os conduziu 97km ao norte, para o laboratório secreto em Los Alamos. Era a primeira visita de Tibbets e Beser. Enquanto Lansdale dirigia, lembrou-os do sigilo: "Não soltem nenhuma informação."

O carro parou em Santa Fé para pegar outro passageiro, um homem em traje civil. O físico Norman Ramsey era o assistente científico e técnico do projeto. Era alto, magro e bem-apessoado, com uma aparência jovial. "Não deve ser muito mais velho do que eu", pensou Beser. Nem todos os cientistas eram professores barbudos e grisalhos. Com o tempo, Beser descobriria que a maioria dos cientistas em Los Alamos tinha entre 20 e 30 anos.

Faltavam apenas mais 56km até Los Alamos, mas, à medida que se aproximavam do destino, Beser notou que a paisagem se tornava mais acidentada e íngreme. Dirigiram por estradas de terra estreitas, atravessando os buracos mais fundos, até o topo de uma chapada com uma vista deslumbrante dos Montes Sangre de Cristo. Quando chegaram ao ponto mais alto, estavam a 2.225m acima do nível do mar, em um local isolado e praticamente inacessível.

Sim, o cenário era espetacular. Mas Los Alamos? "Nem tanto", pensou Beser. Uma cerca alta com arame farpado cercava o que parecia uma espécie de prisão. Assim que passaram por um portão de segurança, Beser viu que muitos dos edifícios eram frágeis e construídos às pressas. Mas o lugar era enorme, movimentado com milhares de militares e civis.

O carro estacionou na frente de um prédio de aparência anônima. Lansdale acompanhou Tibbets ao escritório de Robert Oppenheimer. Ramsey convidou Beser para conhecer seu laboratório. Assim que adentraram o local, deu detalhes importantes sobre o projeto. Beser trabalharia com sua divisão, chamada de "Grupo de Entrega", responsável pela balística da bomba e por descobrir como fazer a arma chegar ao alvo. Eles não estavam tão adiantados quanto deveriam, admitiu Ramsey. O tempo estava se esgotando. Tinham problemas para projetar o sistema de disparo da arma. Havia tantas variáveis a serem consideradas ao detonar uma arma acima do solo: a geografia, as condições meteorológicas... e as ondas de rádio.

Beser logo conheceria todos os detalhes do mecanismo de disparo, que continha um minúsculo sistema de radar. Aprenderia a monitorar o radar inimigo para detectar as tentativas de bloqueio ou detonação do sistema operacional da bomba. Eles precisavam minimizar sua suscetibilidade à interferência de rádio, declarou Ramsey. Beser teria que saber como a bomba funcionava, passo a passo.

Enquanto ouvia, Beser percebeu rapidamente que aquela não era uma missão comum. Todas as missões eram perigosas, mas esta era a mais arriscada possível. Era evidente que, se não fizesse seu trabalho direito, a bomba poderia explodir a caminho do alvo.

Apenas alguns cientistas sabiam muito sobre o programa, afirmou Ramsey. Beser teria que voar em cada teste executado, depois em cada missão de bombardeio "até que os médicos digam que você já chegou no limite". A essa altura, ninguém conseguia prever quantas bombas seriam construídas, quantas seriam lançadas — ou se funcionariam.

Ramsey nunca disse as palavras "bomba atômica". Ele falou sobre "forças fundamentais do universo sendo liberadas" e "reações em cadeia ocorrendo". Mencionou outros cientistas envolvidos no projeto: Enrico Fermi, Niels Bohr, Hans Bethe e Lise Meitner — todos da realeza científica. Beser reconheceu seus nomes de suas aulas de física. Tinha lido alguns de seus trabalhos.

Após o resumo, Beser foi apresentado a vários cientistas que lhe deram uma visão geral de seu trabalho. Falaram sobre a criação de "armas" usando "balas atômicas" que, no impacto, poderiam desencadear uma explosão, cuja luz seria "mais brilhante do que mil sóis". No final do dia, Beser sabia que estavam construindo uma bomba atômica. *Uma bomba atômica.* Algo retirado de um romance de ficção científica. A parte incrível para Beser era que ele, um garoto judeu de Baltimore, faria parte da história — se não fosse morto primeiro.

Conforme os dias se transformavam em semanas, e as semanas se transformavam em meses, Beser aprendeu mais sobre a arma enquanto viajava entre Wendover e Los Alamos. As armas, para ser mais preciso. Havia duas delas, dois tipos: Little Boy e Fat Man [respectivamente, "Garotinho" e "Grandão", em tradução livre].

A Little Boy era uma bomba fina, de 3m de comprimento e 4.354kg, com um núcleo de urânio. A Fat Man pesava 4.672kg e tinha um núcleo de plutônio. Ambas funcionavam segundo a mesma teoria: se força suficiente pudesse ser aplicada ao núcleo radioativo de cada arma, ela provocaria uma reação em cadeia, liberando um imenso poder explosivo.

Dentro do invólucro da Little Boy, havia um mecanismo de disparo semelhante a uma arma, projetado para detonar a bomba. O urânio foi dividido em duas partes: a "bala" e o alvo. A bala era uma pilha cilíndrica de nove anéis de urânio em um revestimento de aço de 1/16 polegadas. O alvo era um cilindro oco de mais urânio. Assim que acionado pelo fusível de proximidade ativado por radar, o projétil dispararia contra o alvo por meio de um cano de alta potência de quase 2m de comprimento. Viajando a 1.100km/h, o projétil se encaixaria como um plugue no alvo. O impacto provocaria uma explosiva reação em cadeia nuclear. A Little Boy era uma arma terrivelmente instável. Assim que fosse carregada com o propelente cordite, qualquer coisa que a incendiasse causaria uma explosão atômica total.

A Fat Man tinha potencial para ser ainda mais poderosa do que a Little Boy, mas exigia um gatilho diferente. (Seria preciso um "cano" de 9m para atingir a velocidade de detonação.) Em vez disso, os cientistas projetaram um mecanismo de implosão para desencadear sua reação atômica. O núcleo de plutônio foi colocado dentro de 2.404kg de explosivos. Após ser ativado pelo fusível de proximidade, os 32 pares de detonadores seriam acionados simultaneamente. A explosão comprimiria o núcleo do tamanho de uma bola de softbol no tamanho de uma de bilhar, provocando a reação em cadeia necessária.

Poucas pessoas fora do Projeto Manhattan sabiam desses detalhes. Eram ultrassecretos. Porém, Beser, um mero tenente agora sentado do lado de fora da sala de conferências do Pentágono, tinha mais conhecimento sobre a arma do que a maioria dos homens lá dentro.

Com certeza, ele estaria em maus lençóis com Tibbets. "Não posso fazer nada", pensou. Beser ouviu sussurros. Olhou para a recepção e viu um major de pé em frente à mesa da oficial do WAC. O major olhou em sua direção. "Você é Beser?", perguntou.

Beser disse que sim.

"O que está fazendo sentado aí?", retrucou o homem. "Você é indispensável lá dentro." Ao se dirigir à sala de conferências, Beser sorriu docemente para a oficial do WAC.

Ele entrou e Tibbets indicou o assento ao seu lado. Beser tentou sussurrar uma explicação sobre o motivo do atraso, mas foi interrompido por um capitão que estava se dirigindo ao comitê. O oficial queria que a Marinha posicionasse um submarino a cinco quilômetros da costa japonesa e emitisse coordenadas pelo sistema LORAN — abreviação de Long Range Navigation, um novo sistema de orientação sofisticado — para ajudá-los a se aproximarem do alvo. Em caso de problemas, as coordenadas poderiam ser utilizadas a fim de guiar o B-29 até o submarino para um possível resgate marítimo.

Quando o capitão perguntou sua opinião sobre a proposta, Beser não hesitou: "É besteira", respondeu.

Farrell pediu explicações. Beser disse que não achava possível manter um submarino tão estável porque a maré o desviaria. Com a permissão do general, Beser foi até uma lousa, pegou um giz e recorreu a uma equação da física para provar seu argumento. Rabiscou alguns números e letras gregas, então calculou os efeitos do vento e das correntes marítimas. O submarino precisaria estar na superfície para o LORAN funcionar. "E não há como um submarino permanecer emerso a cinco quilômetros da costa japonesa sem ser atacado", disse. Farrell ficou impressionado. Tibbets expirou: Beser atendera às expectativas.

O comitê voltou a analisar os alvos. Depois de várias horas, o grupo concordou que Hiroshima era a melhor escolha para o primeiro lançamento da bomba. Era o lar de 285 mil pessoas e 43 mil militares, bem como a sede do Segundo Exército Geral, comandado pelo marechal de campo Shunroku Hata. Sua força de comando defenderia a ilha de Honshu se e quando as forças aliadas invadissem o território japonês. A área ao redor estava repleta de alvos militares: estaleiros, um aeroporto e uma fábrica de peças de aeronaves. Enquanto muitos dos prédios no centro da cidade foram construídos com concreto armado, as empresas e as casas na periferia eram em sua maioria estruturadas com madeira. Muitos detalhes ainda precisavam ser acertados antes mesmo que pudessem definir uma data para a missão. No entanto, assim como os outros, Tibbets sabia que Hiroshima seria o alvo perfeito.

CONTAGEM REGRESSIVA:
68 DIAS

30 de maio de 1945

Kimita, Japão

Ao alvorecer de mais um longo dia, Hideko Tamura e sua melhor amiga, Miyoshi, saíram do prédio da escola e desceram dezenas de degraus até um pequeno riacho. Como não havia água encanada, era lá que as crianças do Templo Zensho se lavavam. As meninas gritaram quando a água gelada espirrou em seus rostos e braços. Voltaram pelos longos degraus para se vestirem.

Um gongo soou, era o sinal para o sutra matinal. Hideko e Miyoshi pegaram seus textos do sutra, correram para a capela e se ajoelharam no tatame. Juntas, as crianças recitaram o cântico *Namu Amida Butsu*: "Salve-nos, Buda misericordioso." Feito isso, guardaram seus textos e, na longa fila de estreitas mesas do refeitório, se alinharam com suas tigelas de arroz para o café da manhã. Por mais famintas que estivessem, as meninas não tinham pressa para terminar. Não havia muito o que esperar no Templo Zensho, exceto outro dia de tarefas exaustivas.

Hideko odiava o lugar, mesmo que soubesse por que seus pais a mandaram embora de Hiroshima. Todos temiam os aviões de guerra dos EUA. Os B-29 bombardearam muitas cidades japonesas, mas Hiroshima ainda não havia sido atingida. Era só questão de tempo.

Quando o governo evacuou crianças de Hiroshima para áreas rurais a fim de protegê-las, os pais não protestaram. Embora não quisessem se separar de seus filhos e suas filhas, entendiam os riscos caso permanecessem. Consolaram-se com as garantias governamentais de que os evacuados seriam bem alimentados e escolarizados.

Porém, assim que se estabeleceram na vila de Kimita, Hideko logo descobriu que as crianças de 10 anos só iam para a aula em dias chuvosos. No restante do tempo, trabalhavam ao ar livre.

Um grupo era obrigado a escavar raízes de pinheiros gigantes no solo da floresta e construir braseiros embaixo a fim de extrair o óleo de pinho para os aviões. Outro grupo desenterrava pedras pesadas. Hideko e sua amiga carregavam as pedras em mochilas pela pedreira, mas as alças esfolaram os ombros de Hideko, deixando-os em carne viva. Por conta disso, ela foi colocada no serviço de escavação.

Quando a comida era escassa, as crianças formavam pequenos grupos e iam para as montanhas circundantes a fim de coletar plantas comestíveis. Hideko geralmente ficava exausta no final do dia. "Estou com fome" era uma frase habitual entre os alunos.

Após quase dois meses em Kimita, Hideko ainda sentia muitas saudades de casa. Sua mãe e seu pai eram gentis e carinhosos. O pai, Jiro Tamura, era o segundo filho do fundador da Tamura Industrial Group, uma empresa com sede em Hiroshima que produzia produtos de borracha em todo o Japão e no Extremo Oriente. Jiro se formara em Direito, mas queria muito ser artista. Seu cabelo castanho-escuro era ondulado e espesso, fazendo-o "parecer o pintor que sempre quis ser", lembrou sua filha. Um bom nadador, tinha ombros largos e fortes. Hideko sorria ao pensar nas noites após o jantar, quando ele a colocava nos ombros para andar pelas ruas olhando as mercadorias dos vendedores. Ela ficava orgulhosa de ser vista com seu papai.

Seus pais se conheceram em Tóquio, em um jogo de beisebol da faculdade. A Universidade Keio, onde Jiro estudava, estava jogando contra a Universidade Waseda, e lá estava ela — uma bela jovem sentada com sua mãe nas arquibancadas. Após o jogo, Jiro as seguiu até em casa e pediu permissão para cortejá-la. A mãe dela negou; não era adequado aceitar um pedido tão ousado sem uma apresentação formal. O namoro acontecia por acordo interfamiliar e, neste caso, as famílias eram de classes sociais distintas. Mas Jiro foi persistente.

Kimiko era linda, esbelta e alta, com olhos grandes e expressivos, e cílios longos e grossos. Ela trabalhava fora de casa para ajudar a mãe viúva a pagar as contas. Adorava a cultura e a moda ocidentais. Preferia chapéus e saltos a quimonos e obis apertados. Ia ao cinema e adorava ler livros e poemas de Liev Tolstói, Edgar Allan Poe e Henry Wadsworth Longfellow.

A família de Jiro se opôs ao cortejo de uma garota da classe trabalhadora, mas ele estava apaixonado. Quando se casou com Kimiko, sua família o deserdou. Jiro conseguiu um emprego de vendedor na Nissan Motors em Tóquio. Alguns anos depois, Hideko nasceu e a família dele se reconciliou. O jovem casal gostava de se divertir. A casa deles em Tóquio estava sempre cheia de amigos e risos.

A estante de livros incluía clássicos ocidentais. Hideko aprendeu a ler com Branca de Neve, Bela Adormecida e, depois, Robinson Crusoé e Huckleberry Finn. Sua mãe cantava canções de primavera para fazê-la dormir e, pela janela, a criança via seu pai de avental, trabalhando em seu estúdio de arte improvisado. Ele passava horas no pequeno cômodo, criando paisagens de cores suaves. Jiro admirava os impressionistas franceses. Seu pintor favorito era Paul Cézanne.

Kimiko segurando a bebê Hideko.

Então, em um dia sombrio de 1938, o temido "papel vermelho" chegou. Jiro foi convocado para o Exército Imperial Japonês, que invadira a China. Kimiko e a pequena Hideko mudaram-se para a propriedade da família de Jiro em Hiroshima a fim de esperar seu serviço de três anos.

Em 1941, o jovem oficial foi liberado do Exército, mas sua condição de veterano não o poupou da guerra. Anos depois, Hideko lembrou-se das vozes no rádio e dos adultos repentinamente sussurrando. Ouviu sua tia dizer que o Japão estava em guerra com os EUA e o Reino Unido. Eram inimigos agora. Hideko não entendeu. *Estão lutando contra nós?* Perguntou se ainda podiam assistir a filmes norte-americanos. A menina disse que adorava Charlie Chaplin. Porém, sua tia pediu que ela falasse baixo. "E se alguém ouvir e achar que não somos patriotas?"

Os adultos garantiram que não havia motivo para preocupação. Mas como não se preocuparia? Ela via a expressão em seus rostos.

Um mês após o ataque a Pearl Harbor, o papel vermelho chegou novamente. Jiro se apresentou na base militar em Hiroshima.

Mais uma vez, Hideko e a mãe foram morar com a família do pai. Ela foi matriculada na conceituada Seibi Academy, vinculada ao Exército japonês. Era uma época de grande patriotismo, com aulas sobre as origens místicas do Japão: como a terra do Sol Nascente foi criada quando um casal de deuses agitou águas turvas e as gotículas se transformaram nas ilhas. Seu neto celestial foi enviado à ilha Kyushu para reinar em todo o Japão. Os alunos entoavam canções folclóricas sobre japoneses se dedicando ao seu país.

Em 1944, os ânimos mudaram. Famílias perdiam entes queridos em lugares distantes, como Saipan e Guam. Cada vez mais navios eram destruídos. O governo estabeleceu um sistema de racionamento de alimentos e combustível. As mercadorias desapareciam rapidamente dos mercados. As fábricas fechavam. E as cidades japonesas eram incendiadas pelos incessantes ataques dos B-29 norte-americanos. Ainda assim, Hideko foi poupada da maioria das dificuldades. Hiroshima não foi bombardeada. Ela brincava com sua melhor amiga,

Miyoshi, e seus primos. Seu pai foi alocado em uma base militar próxima e voltava para casa todas as noites.

Porém, no início de 1945, Hiroshima era uma cidade diferente. Abrigos antiaéreos foram cavados em todos os lugares. Cisternas foram erguidas entre as casas dos bairros, para armazenamento emergencial de água. A vida familiar e as aulas na escola eram interrompidas para exercícios de segurança sobre como apagar incêndios causados por bombas incendiárias. As roupas tinham uma etiqueta com o nome e o endereço de quem as usava. Se o pior acontecesse, seus corpos poderiam ser identificados.

Em 1923, a mãe de Hideko sobrevivera ao grande terremoto de Kanto, que matou 140 mil pessoas. Ela apresentou um plano detalhado à filha caso o "ataque final" ao Japão chegasse a Hiroshima. O inimigo atacaria pelo ar, alertou. Se estivesse dentro de casa, Hideko deveria se agarrar a móveis pesados. Assim, se a casa fosse destruída, haveria espaço na parte inferior para proteção, instruiu sua mãe. Então, Hideko teria que encontrar uma maneira de deixar o prédio quanto antes para que o fogo das bombas incendiárias não a cercasse. Assim que saísse, a garotinha precisaria correr em direção ao rio o mais rápido possível, certificando-se de proteger a cabeça com um capuz ou almofada, pois, muitas vezes, os aviões voltavam para matar as pessoas que fugiam do ataque. Kimiko repetia essas instruções até que Hideko as memorizasse. Ela ouvia com certa descrença, nunca acreditando realmente que o amanhã não seria como o hoje.

Até o dia 10 de abril, quando as crianças de Hiroshima foram evacuadas da cidade.

A mãe de Hideko trabalhava incansavelmente em sua máquina de costura, fazendo roupas e embalando os pertences que sua filha levaria para Kimita. Na noite anterior, ela ficou acordada até tarde, preparando uma lancheira para a longa viagem de trem. Eles examinaram detalhadamente o conteúdo do pacote. Kimiko deixou uma pequena bolsa para o final, colocando-a nas mãos de Hideko.

"Isso é parte de nós", disse. "As unhas cortadas de seu pai e uma mecha do meu cabelo."

Hideko ficou confusa.

"Este é um momento de grande urgência", explicou sua mãe. "Precisamos nos preparar. Se acontecer algo comigo e papai, você terá uma parte de nós para recordar."

Hideko ficou atônita. Não sabia como processar a informação. Sabia que precisava ir embora porque cidades estavam sendo bombardeadas. Eram locais muito perigosos para crianças. Mas não tinha associado isso à *sua* cidade, a *seus* pais. Era algo impensável. Sentindo o medo de sua filha, Kimiko garantiu a Hideko que era apenas uma *possibilidade* extrema. Eles certamente estariam em Hiroshima esperando por ela quando a guerra terminasse.

"Quanto tempo você acha que vai demorar?", perguntou Hideko.

"Não sei", respondeu Kimiko, sorrindo. "Sobrevivi ao terremoto de Tóquio. Posso sobreviver a qualquer coisa. Prometo que estarei presente por muito tempo. E você também."

De madrugada, uma multidão de crianças e pais lotou a Praça da Estação de Hiroshima. Muitos choravam ou lutavam contra as lágrimas. As autoridades fizeram um discurso tranquilizador, elogiando aqueles que suportavam as adversidades até o alcance da vitória. Crianças como Hideko foram instruídas a prosseguir.

Hideko foi nomeada a líder de seu grupo de meninas, responsável por ajudar crianças menores a entrarem no trem. Quando chegou a sua vez de embarcar, ela se virou para se despedir e viu Kimiko segurando um lenço contra os olhos, tentando esconder as lágrimas. Hideko era independente e forte, assim como sua mãe, mas ainda era uma garotinha. Abalada, começou a chorar e soluçou pelo caminho até seu assento. Reuniu forças suficientes para cumprir seu dever. Chamou os nomes de suas colegas de classe, garantindo que todas estivessem presentes. O apito soou. Quando o trem saiu da estação, Hideko observou os adultos invadirem os trilhos, gritando e acenando como se não fossem mais ver seus filhos.

A viagem era longa. Hideko tentou confortar as outras garotas, mas, horas depois da partida do trem, algumas ainda choravam. Do lado de fora, passavam cordilheiras e casas com telhado de palha. O dia se transformou em noite, e o trem chegou à estação no Templo Zensho, em Kimita. Era como se o tempo tivesse parado. Hideko se perguntou quando tudo começaria de novo, quando voltariam para casa e se seus pais sentiam tanta saudade quanto ela.

Os dias eram monótonos e difíceis, e as coisas não estavam melhorando. Hideko decidiu agir.

Ela sabia que os funcionários da escola censuravam suas cartas para casa, que relatos tristes nunca eram enviados. Decidiu encontrar uma maneira de burlar a censura para contar a seus pais a verdade sobre o trabalho forçado, a fome e a miséria, e apelar por um resgate.

A vida poderia ser perigosa em casa, mas não pior do que essa situação, pensou Hideko. Ela precisava de sua mãe.

CONTAGEM REGRESSIVA:
66 DIAS

1º de junho de 1945
Washington, D.C.

Os velhos ossos de Henry Stimson doíam. Após dois dias repletos de mapas, café, logística e discussões, o Comitê Interino estava prestes a fazer sua recomendação final: usar a arma atômica ou insistir na guerra no Japão do jeito tradicional? A decisão definitiva acabaria sendo de Truman, mas o comitê tinha um grande peso.

Era uma situação extenuante. O respeitável secretário de guerra ouviu atentamente todas as implicações: o impacto econômico, o dano ambiental, a moralidade de usar uma arma tão devastadora contra o próximo. Quanto mais Stimson escutava, mais voltava à mesma questão: quantos civis morreriam? Cidades japonesas dizimadas, milhões de inocentes exterminados, a paisagem queimada e envenenada por décadas. As possibilidades eram perturbadoras.

Porém, parecia não existir outra maneira de fazer o Japão se render.

Os EUA estavam cansados da guerra. Mais de três anos após o ataque a Pearl Harbor, todos os aspectos da vida norte-americana continuavam a girar em torno do conflito. As fábricas produziam tanques e aviões. As escolas formavam jovens que ainda eram recrutados e enviados para o exterior. Mulheres e crianças se assemelhavam cada vez mais a refugiados, pois alimentos, tecidos, roupas e utensílios domésticos permaneciam em racionamento. Houve uma onda de otimismo quando a Alemanha se rendeu. Talvez a guerra com o Japão acabasse logo, talvez a maioria dos soldados e marinheiros estivesse em casa no Natal... mas, a cada dia, essa esperança esmaecia um pouco mais.

O presidente Truman não mediu palavras ao dizer ao Congresso: "Não há maneira fácil de vencer" no Japão. A vitória significaria dobrar o número de forças norte-americanas no Pacífico para 4 milhões. Os aliados prometeram contribuir, mas Truman reprimiu as expectativas. "Ainda não enfrentamos a principal força militar japonesa de 4 milhões de soldados armados e vários milhões de outros homens aptos que ainda não foram convocados."

A mensagem de Truman foi um balde de água fria nas esperanças norte-americanas. Cada vez que um cidadão cansado da guerra abria um jornal, ligava o rádio ou ia ao cinema, as notícias eram uma visão interminável de batalhas, bombas e relatórios de baixas.

O jornal sobre a mesa de Stimson noticiava que o antigo Primeiro Exército dos EUA, que liderara a viagem da Normandia a Berlim, seria enviado ao Pacífico. A American Baptist Foreign Mission encontrou evidências de crimes de guerra: aparentemente, 2 anos antes, soldados japoneses decapitaram 11 pastores e o filho de 9 anos de um pastor nas Filipinas. As páginas internas relatavam os US$280 bilhões que os Estados Unidos já haviam gasto no combate aos nazistas e japoneses. Outra reportagem se concentrava em Osaka, a última cidade a ser atacada com bombas incendiárias norte-americanas. O jornalista citou o general Curtis LeMay, o responsável pela implacável campanha aérea: "Independentemente de como for, você matará uma quantidade enorme de cidadãos."

Stimson abominava essa guerra de destruição em massa. Ele era um soldado, sim, mas também um humanista, um diplomata, um defensor do direito internacional e da moralidade. Acreditava que a guerra deveria ser "restringida dentro dos limites da humanidade". O poder aéreo deveria ser limitado a "alvos militares legítimos".

No entanto, a Segunda Guerra Mundial subverteu as nobres regras de engajamento. A Alemanha e o Japão atacaram impiedosamente civis em cidades e vilas e conduziram os "indesejáveis" para campos de extermínio. Os EUA não eram assim, afirmava Stimson. Investir contra civis de forma deliberada para executar um massacre em massa era imoral. Porém, seu país estava prestes a utilizar uma arma que mataria um número incalculável de pessoas. E esse era o seu enigma: ao mesmo tempo, ele estava impressionado e horrorizado com o poder destrutivo da arma. Descreveu a bomba como "um Frankenstein" e um "meio para a paz mundial".

Stimson expressara suas preocupações a Truman. Disse ao presidente que a reputação dos EUA de ser um país íntegro e humanitário era "o maior ativo mundial para a paz nas próximas décadas. Acredito que a mesma regra de poupar a população civil deve ser aplicada, na medida do possível, ao uso de quaisquer novas armas".

Com a data do primeiro teste da bomba atômica se aproximando, Stimson apressou-se em criar uma nova política, algumas diretrizes para o uso adequado de armas nucleares na guerra, bem como em tempos de paz. Com o aval de Truman, no início de maio, ele instituiu um Comitê Interino, até que uma organização de controle nuclear mais formal pudesse ser criada.

Stimson era o diretor, e oito figuras proeminentes dos setores industrial, científico e político integravam o comitê, incluindo Vannevar Bush, um engenheiro elétrico que supervisionou a mobilização governamental de pesquisas científicas durante a Segunda Guerra Mundial, e James Conant, presidente da Universidade Harvard. Quatro líderes do Projeto Manhattan, entre os quais estavam Oppenheimer e Enrico Fermi, representavam a comunidade científica.

O general Groves apoiava a ideia de Stimson. O comitê mostraria ao mundo que "a decisão importantíssima quanto ao uso da bomba não foi tomada apenas pelo Departamento de Guerra, mas, sim, por um grupo de indivíduos bem afastados da influência imediata de homens uniformizados".

O comitê, reunido pela primeira vez em 9 de maio, começou imediatamente a abordar as questões complexas. Stimson reconheceu o desafio que o grupo enfrentava. "Senhores, é nossa responsabilidade recomendar ações que possam mudar o curso da civilização", afirmou.

Era essencial considerar a bomba como algo além de uma nova arma. Ela consistia em uma "mudança revolucionária nas relações do homem com o universo", alertou, o que poderia significar "a condenação da civilização".

O velho soldado não era o único que se preocupava com a história e a moralidade. O comitê foi instituído para averiguar as dúvidas de um número significativo de cientistas que trabalhavam no projeto. Os críticos científicos eram liderados por Leo Szilard, o mesmo físico que incentivou Einstein a escrever para Franklin Roosevelt em 1939 alertando sobre a possibilidade de Hitler estar desenvolvendo armas nucleares. Agora, Szilard tinha sérias incertezas.

Ele era o físico-chefe do Laboratório Metalúrgico da Universidade de Chicago, um grupo encarregado de produzir plutônio para abastecer as bombas. Szilard se incomodava com o papel dominante dos militares na gestão do Projeto Manhattan. Dois meses antes, reuniu seus colegas para exigir limites ao uso de armas atômicas. Szilard redigiu uma carta aberta a Roosevelt, pedindo que ele restringisse o uso da bomba, e a divulgou nos diversos locais do Projeto Manhattan. No entanto, a carta nunca chegou à mesa do presidente.

Após a morte de Roosevelt, Szilard marcou uma reunião com Truman na Casa Branca, mas, de última hora, foi encaminhado para falar com James Byrnes, o representante do presidente no Comitê Interino. Szilard e dois colegas visitaram Byrnes em sua casa em Spartanburg, na Carolina do Sul. A reunião não ocorreu como planejado.

Szilard contou a Byrnes que passara muitas noites em claro pensando sobre "a sensatez de testar bombas e usá-las". Outras nações trabalhavam com afinco em seus próprios programas nucleares e, em alguns anos, provavelmente teriam suas próprias bombas. "Talvez o maior perigo imediato que enfrentamos seja a possibilidade de nossa 'demonstração' de bombas atômicas precipitar uma corrida entre os Estados Unidos e a Rússia no que diz respeito à produção desses artefatos", alertou.

Porém, Byrnes, ex-senador e juiz da Suprema Corte, que logo seria secretário de Estado de Truman, era um político nato. A seu ver, a bomba atômica representava o poder dos EUA sobre outras nações. Ele acreditava que ela derrotaria o Japão e impediria a União Soviética de expandir sua influência na Ásia e na Europa.

CONTAGEM REGRESSIVA: 1945

Szilard saiu da reunião desapontado, alegando que Byrnes estava mais preocupado com o comportamento dos soviéticos no pós-guerra do que com o preço moral do uso de uma arma de destruição em massa. Ele não desistiu. Coletou nomes de cientistas com opiniões semelhantes e iniciou a tentativa de persuadir o governo norte-americano a não usar a bomba contra populações civis.

Os cientistas do Projeto Manhattan, liderados por James Franck, o ganhador do Prêmio Nobel de Física em 1925, manifestaram-se em um relatório ultrassecreto. Afirmaram que seria impossível manter as descobertas atômicas dos Estados Unidos em segredo para sempre. Eles previam uma corrida armamentista nuclear, que forçaria os EUA a desenvolverem armamentos em um ritmo tão absurdo que nenhuma outra nação pensaria em atacar primeiro, por medo de sofrer uma retaliação avassaladora.

O Comitê Interino se reuniu quatro vezes em maio — incluindo o último dia do mês — e novamente em 1º de junho. A essa altura, seus integrantes haviam descartado as objeções de Szilard e Franck. Eles passaram a focar o potencial poder destrutivo da bomba e o efeito que ela teria sobre a determinação de lutar dos japoneses.

Em dado momento, um dos membros tentou desacreditar a capacidade de destruição da bomba, argumentando que "não seria muito diferente do efeito causado por qualquer ataque do Corpo Aéreo nas dimensões atuais".

No entanto, Oppenheimer discordava. Os cientistas ainda não tinham certeza sobre a força explosiva da bomba. Poderia ter a mesma potência de 2 mil a 20 mil toneladas de dinamite — mas o efeito visual "seria extraordinário", garantiu Oppenheimer. A explosão consistiria em uma "luminescência brilhante que alcançaria uma altura de 3.050 a 6.100 metros", colocando em risco todas as vidas em um raio de pelo menos 1,10km. Afirmou que a arma seria ideal para ser usada contra uma concentração de tropas ou fábricas militares e previu que a bomba poderia matar 20 mil pessoas.

Arthur Compton, membro da comissão científica consultiva e vencedor do Prêmio Nobel, perguntou se eles poderiam organizar uma demonstração não militar, para que os japoneses percebessem a futilidade de continuar a guerra.

Alguns rejeitaram a ideia. Byrnes argumentou que dizer aos japoneses onde uma bomba seria lançada os faria levar prisioneiros de guerra norte-americanos para a área.

Stimson estava preocupado com outra questão: e se a bomba não funcionasse? "Nada teria sido mais prejudicial ao nosso esforço para conseguir a rendição do que um aviso ou uma demonstração seguida de um fracasso. Era uma possibilidade real", recordou mais tarde.

Havia mais um fator. Eles não tinham uma bomba para desperdiçar. Não haviam produzido U-235 ou plutônio suficiente para fazer bombas de reserva. "Era essencial que obtivéssemos um efeito satisfatório rapidamente com o pouco que tínhamos", disse Stimson.

Posteriormente, Oppenheimer resumiu a discussão: "As opiniões de nossos colegas cientistas sobre o uso inicial dessas armas não são unânimes — variam entre a proposta de uma demonstração puramente técnica e a aplicação militar mais bem projetada para induzir a rendição. Os que defendem uma demonstração puramente técnica gostariam de banir o uso de armas atômicas e temem que, se as usarmos agora, nossa situação em negociações futuras seja prejudicada. Os outros enfatizam a oportunidade de salvar vidas norte-americanas com o uso militar imediato e acreditam que isso melhorará as perspectivas internacionais, na medida em que estão mais preocupados com a prevenção da guerra do que com a eliminação de uma arma específica. Estamos mais próximos do último ponto de vista. Não podemos propor nenhuma demonstração técnica que acabe com a guerra; não encontramos alternativa aceitável ao uso militar."

No final, Stimson concordou com Oppenheimer. A única maneira de fazer o imperador japonês Hirohito e seus conselheiros militares se renderem era causar "um grande impacto que acarretaria uma prova convincente do nosso poder de destruir o Império". Stimson acrescentou: "Um impacto tão eficaz salvaria muito mais vidas, tanto norte-americanas quanto japonesas, do que as que seriam perdidas."

Stimson sabia que os estrategistas militares previam enormes baixas caso as tropas norte-americanas invadissem o Japão. Não estava claro quantos japoneses morreriam defendendo sua pátria. A luta poderia durar anos. Ninguém queria isso.

Portanto, após a reunião de 1º de junho, Stimson estava pronto. Seu comitê e sua comissão científica haviam discutido todos os cenários possíveis e chegado a um consenso sobre três recomendações. Agora Stimson iria encaminhá-las para Truman:

- A bomba atômica deve ser usada contra o Japão assim que possível.

- Deve ser utilizada em uma instalação militar cercada por casas ou outras construções mais suscetíveis a danos.

- Deve ser usada sem qualquer aviso.

Se Stimson e os membros do comitê pensavam que esse era o fim da questão, estavam enganados. Era o início de uma controvérsia ampla e profunda que duraria décadas.

CONTAGEM REGRESSIVA:
53 DIAS

14 de junho de 1945

Omaha, Nebraska

Eles passaram uma semana longa e quente esperando o B-29 turbinado sair da linha de montagem em Omaha, uma semana regada a uísque, pancadaria e ao que era considerado diversão em quartos alugados. O capitão Robert A. Lewis e seus oito tripulantes estavam preparados para embarcar no Superfortress novinho em folha e voltar a Wendover por alguns dias. Lá, fariam as malas e, depois, se juntariam ao restante do 509º Grupo Composto na ilha Tinian.

Não era para acontecer dessa forma. Eles haviam aparecido no dia 7 de junho para receber o bombardeiro personalizado e retornar rapidamente. Como o avião não estava pronto, Lewis deu a seus homens uma chance de relaxar. E foi exatamente o que fizeram. Álcool, copos quebrados, maridos ciumentos, policiais. Lewis conseguiu mantê-los fora da prisão. Não foi a primeira vez e, apesar de sua própria reputação de imprevisibilidade, os homens de Lewis eram profundamente leais a ele.

Lewis nasceu na cidade de Nova York, foi criado em Nova Jersey e se alistou no Corpo Aéreo do Exército depois de Pearl Harbor. Caçador de aventuras, logo se tornou um piloto de testes renomado. Uma de suas realizações foi transportar Charles Lindbergh, uma lenda da aviação, em um B-29. Lindbergh ficou impressionado com a maneira como Lewis controlou o avião difícil e disse que ficaria feliz se ele o acompanhasse em seu primeiro voo histórico pelo Atlântico.

Depois, foi a vez do general Curtis LeMay, o efusivo comandante aéreo que sempre tinha um charuto na boca. Lewis o levou para voar pela primeira vez em um B-29 e mostrou os desafios decorrentes. Assim que pousaram, LeMay promoveu Lewis a capitão, ali mesmo, na pista.

Lindbergh e LeMay não eram os únicos que elogiavam Lewis. Tibbets, seu comandante no programa de teste do B-29, fazia o mesmo. O próprio Tibbets treinara Lewis e presenciara sua ascensão como um dos melhores pilotos do novo avião nas Forças Aéreas. Lewis pilotara o Superfortress inúmeras vezes e sobrevivera a duas quedas causadas por falhas mecânicas. Sempre mantinha a calma em circunstâncias angustiantes.

Quando Tibbets foi escolhido para liderar a missão da bomba atômica, recrutou Lewis imediatamente, pois respeitava suas habilidades. No entanto, os dois nem sempre se deram bem. Tibbets era um comandante sério, que seguia as regras e cujo uniforme sempre estava impecável. Lewis era sua antítese, um falastrão de 26 anos, atarracado e loiro, que usava uma jaqueta de aviador surrada. Era um rapaz vivido que resolvia disputas com socos, mas não era um valentão. Lewis defendia os oprimidos e cuidava bem de sua tripulação. Porém, nunca voara em combate — uma desvantagem que o irritava.

Lewis se aproximou de Tibbets durante os testes do Superfortress. Entretanto, a relação deles mudou assim que Van Kirk e Ferebee — os velhos amigos de Tibbets da Europa — chegaram a Wendover para o programa secreto. A antiga equipe se assemelhava aos Três Mosqueteiros, compartilhando memórias assustadoras e engraçadas dos céus da Alemanha, da França e da Inglaterra. Lewis tinha realizado voos notáveis, mas não conseguia acrescentar nada de heroico às conversas.

Ele se deu bem com Van Kirk e Ferebee. Jogavam cartas até tarde da noite, mas Ferebee era experiente, quase um profissional, e Lewis parecia sempre perder muito dinheiro. Tibbets, brincando, o aconselhou a não jogar com Ferebee. "Fique no seu próprio nível", disse. Isso o chateou. Lewis achava que Ferebee, com seu bigodinho e aparência de Clark Gable, era arrogante.

O capitão Robert A. Lewis em 1945.

Não ajudava o fato de Lewis não receber detalhes sobre a missão. Tudo que sabia era que estavam praticando para algo importante. Em uma carta de 24 de novembro de 1944 aos pais, ele expressou seu tédio e sua frustração: "Hoje foi um dia como todos os outros. Instruções matinais seguidas de prática de bombardeio, retorno para o almoço (bom), depois mais prática. Não questiono. Ninguém questiona."

Algumas semanas depois, Lewis se soltou. Queria visitar seus pais no Natal e sabia que o engenheiro de voo sênior do 509º precisava de uma carona para seu casamento. Em 17 de dezembro, eles pegaram "emprestado" um avião de transporte bimotor C-45 e decolaram em uma viagem de 4.025km para Newark, em Nova Jersey. Depararam-se com o tempo ruim. Ao passarem por Columbus, em Ohio, o rádio, o altímetro e a bússola do C-45 falharam. Lewis conduziu o avião em direção ao solo, tentando se guiar pelos postes de luz, mas uma nevasca praticamente anulou a visibilidade. Ele continuou a leste e conseguiu pousar em Newark. Quase não havia combustível no tanque.

Após o Natal, Lewis encontrou o engenheiro de voo e sua noiva no aeroporto. Regulamentos proibiam civis de voar em aeronaves militares, então Lewis colocou seu boné e sua jaqueta aviador na mulher e a infiltrou a bordo. Eles se depararam com outra nevasca no caminho de volta e foram forçados a pousar. Em 29 de dezembro, Lewis e o feliz casal finalmente retornaram à base. Tibbets ficou furioso e disse a Lewis que ele merecia a prisão, a expulsão ou ser julgado pela corte marcial. Lewis não achava que tinha feito algo tão sério.

Tibbets refletiu por uma semana. Reconheceu que era preciso ter nervos de aço para pilotar um avião defeituoso em condições climáticas terríveis. Sem dúvida, Lewis era um piloto excepcional e suas habilidades eram imprescindíveis para as Forças Aéreas. No final, decidiu não prestar queixa. O comandante disse que não queria arruinar a vida de Lewis, mas, de agora em diante, não tiraria os olhos dele. Se errasse de novo, não haveria mais chances.

Nos seis meses seguintes, Lewis se comportou da melhor forma possível. Esperava não ser responsabilizado pelo comportamento de sua tripulação em Omaha. Se fosse, talvez Tibbets entenderia que aquela era a última chance de aproveitarem um pouco antes de partirem para Tinian. Ninguém sabia o que poderia acontecer lá.

Lewis pensava que ele e sua tripulação poderiam muito bem estar no avião da missão secreta, seja lá qual fosse. Na maioria dos dias de treinamento, ele era o piloto-chefe, mas, quando Tibbets voava junto, Lewis era o copiloto.

É claro que a tripulação de Lewis achava que seu capitão merecia o lugar de honra. Tibbets raramente aparecia para voar; estava sempre ocupado com questões administrativas junto ao alto escalão. Ainda assim, sabiam que ele provavelmente seria o piloto do "primeiro ataque".

Era assim que o comando funcionava. Tibbets era um piloto de combate reconhecido — confiável para guiar o general Eisenhower em campo. Ademais, tinha ótimas habilidades organizacionais.

Um mês antes, Tibbets visitara a fábrica de bombardeiros Glenn L. Martin em Omaha para escolher o avião que pilotaria na grande mis-

CONTAGEM REGRESSIVA: 1945 **97**

são. Aconselhou engenheiros aeronáuticos a modificarem o projeto de B-29s do 509º para torná-los mais leves e rápidos. Eles removeram tudo, exceto as torres de artilharia traseiras e a maior parte da blindagem. Motores mais rápidos com hélices de passo reversível, que possibilitam que o avião taxie para trás, foram adicionados para melhorar a velocidade e a mobilidade da aeronave. As portas do compartimento de bombas foram ampliadas para acomodar a Little Boy e a Fat Man, e projetadas para serem controladas pneumaticamente, permitindo abertura e fechamento mais rápidos no ponto de lançamento.

Tibbets realmente não se importava se as tripulações de voo gostavam dele. Estava focado em deixar o 509º pronto para sua missão. Eles treinaram até acertar. Parte de seu esquadrão passou os primeiros três meses de 1945 em Cuba, praticando voos costeiros e oceânicos de alta altitude e navegação de longo alcance. O bombardeio a grande altitude era uma nova tática, e Tibbets instigava as tripulações incansavelmente para aumentar a precisão de seus lançamentos. Eles praticavam manobras de mergulho íngreme — segundo Tibbets, a única maneira de um B-29 conseguir escapar da explosão de uma bomba atômica. De volta a Wendover, as tripulações praticavam o lançamento de grandes bombas "falsas" modeladas com base no formato e tamanho das reais, a fim de se prepararem para o grande lançamento no Japão. No fim da primavera, quase todo mundo fez as malas e foi para Tinian, um minúsculo ponto no mapa que ficava do outro lado do Pacífico.

Nesse ínterim, Tibbets ia de reunião a reunião entre Wendover, Washington e Los Alamos. Ele era responsável por 1.800 homens, um grupo de elite encarregado de lançar a primeira bomba atômica da história. Estava muito ocupado para criar vínculo com os homens. Além disso, tinha informações preocupantes que nunca compartilhara com eles: assim que lançassem as bombas, as ondas de choque da explosão poderiam matar a tripulação. Não havia garantias de que a bomba não explodiria no caminho para o alvo final. Tibbets e seus homens voariam em direção a um perigo mortal.

Lewis e seus colegas em Omaha não sabiam de nada disso. Então, depois que o avião ficou pronto, a tripulação inspecionou seu B-29 novinho em folha. Eles se posicionaram em seus lugares e afivelaram os cintos. Lewis ordenou que o engenheiro de voo ligasse os grandes motores, que soavam perfeitamente. Nesse voo, e no longo voo seguinte para Tinian, Lewis sentaria na cadeira do piloto.

CONTAGEM REGRESSIVA:
49 DIAS

18 de junho de 1945
Washington, D.C.

Harry Truman estava morando sozinho na Casa Branca. Bess, Margaret e a sogra haviam partido duas semanas antes para passar o verão em Independence. O presidente se sentia solitário, algo que não lhe agradava.

Na casa grande e vazia, começou a imaginar que os ruídos que ouvia no meio da noite eram os fantasmas de Andrew Jackson e Teddy Roosevelt andando por aí e discutindo com F. D. R. Truman perambulou por quartos e até armários que ainda não tinha explorado, sentindo pena de si mesmo.

"Querida Bess", escreveu em uma de suas muitas cartas para a esposa. "Há apenas dois meses, eu era um vice-presidente razoavelmente feliz e satisfeito. Porém, as coisas mudaram tanto que isso dificilmente parece real (...) Fico aqui nesta velha casa, lidando com relações internacionais, lendo relatórios e elaborando discursos — o tempo todo ouvindo os fantasmas andarem para cima e para baixo nos corredores e até mesmo aqui no escritório."

No entanto, por mais que sentisse falta da família, havia algo muito maior incomodando — como encerraria a guerra no Pacífico? O presidente soubera do Projeto Manhattan e de seu potencial assustador. Conversara com os principais conselheiros e generais, recebendo muitas recomendações diferentes. Precisava decidir um caminho a seguir, mesmo que fosse apenas provisório.

Às 15h30 do dia 18 de junho, Truman convocou uma reunião do seu Gabinete de Guerra, que incluía o Estado-Maior Conjunto e as principais autoridades civis do Departamento de Guerra. Na sala estavam alguns dos expoentes norte-americanos de meados do século XX. George Marshall, general do Exército, que mais tarde serviria como secretário de Estado; Henry Stimson, secretário da guerra; e John J. McCloy, secretário adjunto que ocuparia cargos como alto-comissário dos EUA na Alemanha, presidente do Banco Mundial e membro da Comissão Warren, para investigar o assassinato de Kennedy.

Outros participantes eram igualmente qualificados: James Forrestal, secretário da Marinha; William Leahy, almirante da frota, que serviu a Roosevelt e agora a Truman como chefe de Gabinete; Ernest King, almirante da frota e chefe das operações navais; e I. C. Eaker, general de divisão das Forças Aéreas do Exército, representando o general Hap Arnold, que se recuperava de um ataque cardíaco.

A pauta da reunião era tão ambiciosa quanto os renomados indivíduos na sala: como forçar a rendição incondicional do Japão e terminar a Segunda Guerra Mundial? Durante semanas, Truman ouvira diferentes opiniões sobre a bomba atômica. O Comitê Interino recomendou usá-la contra o Japão assim que possível — e sem qualquer aviso — "para causar um impacto psicológico profundo no maior número possível de habitantes".

Truman considerava outra opção: encenar uma demonstração da arma antes de usá-la em combate. Mas essa abordagem poderia acarretar dois problemas. Se não funcionasse, a arma apenas fomentaria a determinação do Japão de continuar lutando. E os prisioneiros de guerra norte-americanos poderiam ser realocados para a linha de fogo.

Embora a maioria dos líderes militares fosse favorável ao uso da nova superarma norte-americana, havia exceções notáveis. O general Douglas MacArthur, comandante das Forças Armadas dos EUA no Pacífico, acreditava que a "derrota do Japão era inevitável", sendo insensato lançar uma nova arma de guerra tão destrutiva. O general

Dwight Eisenhower, comandante supremo das forças aliadas na Europa, apresentou o mesmo argumento.

Também havia o almirante Leahy, chefe do Estado-Maior do presidente, o oficial militar de mais alta patente do país, que se opunha categoricamente à bomba atômica por um motivo diferente: a "maldita coisa" nunca funcionará, afirmou. Ele a chamou de "a maior lorota do mundo".

Foi nesse contexto que Truman convocou seus principais conselheiros militares e civis no dia 18 de junho. O presidente abordou primeiro o general Marshall, que disse que a situação no Pacífico agora era "praticamente idêntica" à que enfrentaram na Europa antes do Dia D. Ele propôs uma estratégia semelhante — uma grande invasão terrestre ao território japonês, em 1º de novembro, que começaria pela ilha meridional de Kyushu e "reduziria ao mínimo o tempo de preparação das defesas dos japas".

Marshall discorreu sobre as baixas previstas. Ele salientou que o número de norte-americanos mortos, feridos e desaparecidos nos primeiros trinta dias na Normandia foi de 4 mil. As tropas dos EUA sofreram baixas semelhantes no violento combate em Okinawa. Porém, Marshall disse: "Há razões para acreditar que os primeiros trinta dias em Kyushu não devem exceder o preço que pagamos em Luzon", uma grande batalha, travada na campanha de MacArthur para retomar as Filipinas, que custara menos baixas norte-americanas: 31 mil.

Ele acrescentou: "É terrível o fato de que não haja um caminho fácil e incruento para a vitória na guerra. O ingrato dever dos líderes de manter-se impassível é o que sustenta a determinação de seus subordinados."

A proposta de invadir Kyushu já tinha um codinome: "Olympic". Marshall tinha um pedido extremamente preciso quanto ao número de soldados necessários — 766.700. Truman perguntou a Leahy, o chefe do Estado-Maior, sua estimativa das baixas. O almirante observou que as tropas norte-americanas em Okinawa sofreram 35% de perdas, o que significaria 250 mil baixas na invasão no Japão.

Algumas estimativas de potenciais perdas eram ainda maiores. O Estado-Maior do general Marshall acreditava que toda a campanha terrestre para derrotar o Japão — codinome "Downfall" — custaria de 500 mil a 1 milhão de vidas. A invasão na ilha de Honshu, a maior do arquipélago japonês, não começaria antes de março de 1946. Em outras palavras, a guerra se prolongaria por meses, talvez anos.

O presidente abordou o secretário Stimson, questionando se ele acreditava que "a invasão ao Japão por homens brancos faria os japoneses se unirem ainda mais". Stimson disse que provavelmente sim. O secretário Forrestal acrescentou que a operação completa poderia levar um ano, ou mesmo um ano e meio, para ser concluída.

Truman disse que esperava obter da Rússia um compromisso firme de que o país entraria na guerra em agosto e, assim, talvez encurtar a resistência do Japão. O almirante Leahy levantou a possibilidade de aceitar menos do que a atual demanda dos EUA — rendição incondicional dos japoneses —, pois temia que ela apenas tornasse o inimigo mais determinado a lutar e matar mais norte-americanos.

Entretanto, o presidente sabia que qualquer mitigação dos termos de rendição seria politicamente explosiva. Ele não estava pronto para tentar mudar a opinião pública sobre o assunto.

Era evidente para Truman o quão terrível seria o custo de invadir o Japão. A campanha vigente para conquistar Okinawa era uma prova viva. Os estrategistas militares dos EUA previram que levaria dois dias para assumir o controle da ilha. A batalha pelos $21km^2$ estava agora em seu 78º dia. Mesmo quando os japoneses perderam 100 mil de seus 120 mil homens na ilha, sendo claramente derrotados, milhares de soldados continuaram lutando, em muitos casos caindo sobre suas próprias granadas em vez de se renderem. Se o inimigo lutava tão intensamente por Okinawa, o que faria para defender sua pátria?

Ainda assim, o presidente encerrou a discussão ordenando ao Estado-Maior Conjunto que prosseguisse com seu plano de invadir Kyushu, acrescentando que ele "decidiria sobre a ação final mais tarde".

Quando a reunião estava se encerrando e o Gabinete de Guerra se preparava para partir, Truman percebeu que John McCloy, seu secretário adjunto da guerra, ainda não havia dito uma palavra.

"McCloy", anunciou, "ninguém sai desta sala até que seja ouvido. Você acha que tenho alguma alternativa plausível para a decisão que acaba de ser tomada?"

McCloy olhou para seu chefe, o secretário Stimson, que disse: "Pode falar."

McCloy era uma figura mais importante do que indicava seu título de secretário adjunto. Era um membro altamente respeitado da comunidade jurídica de Nova York. Stimson o trouxe a Washington como seu solucionador de problemas e tentava garantir que ele tivesse a chance de opinar sobre todas as decisões relevantes acerca da guerra.

Constatou-se que McCloy tinha muito a dizer. Durante a última hora, tinham ocorrido discussões detalhadas sobre invasões, número de tropas e baixas. Porém, não houve uma única menção à bomba atômica, que possivelmente encerraria a guerra mais de um ano antes e salvaria centenas de milhares de vidas norte-americanas.

"Bem, acho que você tem uma alternativa", disse McCloy ao presidente. "Seremos insensatos se não explorarmos algum outro método para encerrar esta guerra além de apenas outro ataque convencional."

Então, ele fez o que mais ninguém na reunião fizera — mencionou a bomba. Ainda que todos ali estivessem completamente informados sobre o Projeto Manhattan, instaurou-se um silêncio sepulcral. "Assim que pronunciei a palavra 'bomba' — a bomba atômica —, mesmo naquele círculo seleto, foi uma espécie de choque", lembrou ele mais tarde. "Não se pode mencionar a bomba em voz alta; era como comentar sobre a Skull and Bones [fraternidade secreta de estudantes da Yale] naquela alta sociedade. Era simplesmente proibido."

McCloy continuou. "Eu diria aos japoneses que temos a bomba e explicaria que tipo de arma ela é." Se ainda se recusassem a se render, "esse aviso específico melhoraria nossa posição moral".

A oposição foi imediata. E se a bomba não funcionasse? Os EUA se constrangeriam e os japoneses ficariam mais determinados do que nunca. McCloy se negou a recuar: "Todos os nossos cientistas afirmaram que a coisa vai explodir."

Tendo ouvido todos os presentes, Truman encerrou a reunião, dizendo que o grupo deveria "discutir o assunto". Ele aprovou planos para uma invasão terrestre com 766.700 soldados norte-americanos.

Estava claro que nenhuma decisão seria tomada sobre o uso da bomba atômica até que ela fosse testada com sucesso. Por enquanto, era um projeto científico ambicioso e assustador.

Oceanside, Califórnia

Oceanside era linda, limpa e segura, um oásis litorâneo da Califórnia. Após sobreviver a um ano inteiro de missões perigosas, Draper Kauffman achava difícil se adaptar ao silêncio.

Não era como se estivesse de férias — era o início de sua próxima grande tarefa. Havia muito planejamento para ocupar a mente. No entanto, por mais que tentasse, ele não conseguia tirar Okinawa da cabeça — o fogo constante de artilharia, o barulho de metralhadoras, os massacres por cargas banzai e os gritos de terror e morte.

Certa noite, em Okinawa, enquanto Kauffman estava com o capitão na ponte de comando do *Gilmer*, ele avistou um camicase se aproximando. Os canhões do navio dispararam sucessivamente e atingiram o avião, mas ele investiu contra o *Gilmer* como uma "tocha flamejante". O avião colidiu com a torre dianteira, matando um marinheiro e ferindo três. "A ideia de alguém literalmente se atirar em você junto com uma bomba causava uma sensação extremamente desconfortável", escreveu com considerável eufemismo após retornar aos EUA.

Depois de Okinawa, Kauffman foi enviado para Subic Bay, nas Filipinas, a fim de "ministrar aulas" — ou seja, treinar mais homens-rã. Ele achou ótimo, pois seu pai, um vice-almirante, estava baseado lá. Eles poderiam finalmente se encontrar.

James "Reggie" Kauffman trabalhava em estreita colaboração com o Estado-Maior do general Robert Eichelberger, cujo 8º Exército estava finalizando a longa e brutal batalha pelas Filipinas. O escritório do vice-almirante Kauffman ficava em um barracão Quonset, e seu filho se dirigiu para lá assim que desembarcou. Não se viam há anos. Kauffman sabia que seu pai tinha orgulho dele. Em 1940, ele largou o emprego e, sem contar ao pai, se juntou ao American Volunteer Motor Ambulance Corps. Na época, os EUA não estavam na guerra, e Kauffman se lembrou da longa carta que seu pai lhe escreveu, questionando por que ele havia ingressado e pedindo que voltasse para casa.

"A situação toda é incompreensível para mim", escreveu. Os militares não precisavam de seu filho. Ele estava com problemas, fugindo de algum segredo? "Reitero, não hesite em me procurar, pois nunca te deixei na mão", redigiu. Sabia que seu filho era um homem adulto, que seu apelo provavelmente seria em vão. Finalizou a carta dizendo que sempre o apoiaria. "Amo muito você, sempre o admirei e lhe concedi toda minha confiança. Independentemente do que pretenda fazer e o que eu possa pensar sobre sua decisão, saiba que, por você, farei tudo o que estiver ao meu alcance. Com amor, papai."

Kauffman sabia que seu pai acompanhara suas façanhas heroicas ao longo dos anos: os esquadrões antibombas britânicos e norte-americanos, depois os homens-rã. Foram cinco longos anos, mas parecia ainda mais tempo. Quando Kauffman viu seu pai, foi um reencontro taciturno. Ambos estavam exaustos. Sentiam saudades de casa, dos feriados e da família. E sabiam o que viria a seguir: a invasão no Japão.

Os planos ainda estavam sendo traçados, mas os dois Kauffmans sabiam que as equipes de demolição subaquática desempenhariam um papel importante. Draper estaria na linha de frente da luta. Ele sobrevivera até agora. Estava abusando da sorte.

Cinco dias depois, Draper Kauffman chegou em Oceanside, onde seus comandantes queriam que ele treinasse várias equipes de novos homens. Agora que Okinawa sucumbira, os EUA estavam construindo uma enorme base aérea e naval ali, uma plataforma de lançamento para a invasão inevitável ao Japão. Levaria tempo. Primeiro, precisavam de mais equipamentos, mais homens. Teriam que treinar todos eles, elaborar um plano e analisar cada detalhe.

O Japão consistia em um arquipélago, e as equipes de Kauffman eram preparadas para guerras insulares. Elas limpariam a costa para o desembarque das tropas nas praias ao mapear obstáculos subaquáticos, desarmar minas ocultas e espreitar o litoral em missões de reconhecimento. Kauffman se perguntava: Quantos de seus homens seriam mortos? Por quanto tempo a batalha duraria?

Ele sabia que a nação tentava encerrar a luta, via os sinais. Os jornais da Califórnia estavam repletos de notícias sobre projetos do pós-guerra, especulando sobre como a economia dos EUA reagiria quando todos os soldados fossem dispensados. Haveria moradias e empregos suficientes? A economia norte-americana estava a todo vapor, produzindo bens militares. Mas, em algum momento, as indústrias voltariam a fabricar carros, máquinas de lavar e sorvete.

Kauffman não fazia ideia de quando a invasão aconteceria. Também não tinha certeza se seus comandantes sabiam. Essa decisão seria tomada pelo pessoal do Pentágono. Ele precisava se preocupar com seu próprio trabalho. Começou a convocar cada uma de suas 24 equipes até Oceanside para um mês de treinamento, recuperando-as das missões por todo o Pacífico. O campo de batalha era tão amplo que os comandantes haviam criado uma nova flotilha de demolição subaquática. As embarcações seriam divididas em duas esquadras separadas, cada uma com seu próprio navio capitânia. Era um sinal claro de que a Marinha se preparava para uma longa batalha.

Kauffman contemplou a praia californiana, avistou um navio no horizonte, um avião no céu e outra horrível imagem de combate o tomou de assalto. Simplesmente não conseguia se livrar de seus medos. Sabia o quanto os japoneses haviam batalhado naquelas ilhas remotas. Só podia imaginar o quão arduamente eles lutariam em seu próprio território.

CONTAGEM REGRESSIVA:
36 DIAS

1º de julho de 1945

Los Alamos, Novo México

Faltavam apenas duas semanas para o dia do teste, e a pressão aumentava em Los Alamos. Em breve, Truman se encontraria com líderes britânicos e russos na Alemanha. A explosão da bomba Trinity estava marcada para 16 de julho. Era uma aposta. O resultado determinaria a força do presidente para encerrar a guerra com o Japão e lidar com a União Soviética.

Truman não toleraria um fracasso. Groves não acataria um atraso. Como Oppenheimer não conseguia nem sequer imaginar o desperdício de todos os anos de trabalho já realizado, pressionava a si mesmo e a sua equipe ainda mais. Não tinha escolha.

Duas semanas não eram suficientes para resolver todos os problemas mecânicos que ainda assolavam as bombas. O local de teste, uma região desértica a cerca de 370km ao norte de Los Alamos, ainda estava sendo preparado. Eles tinham que acertar de primeira.

Os cientistas e os engenheiros estavam apreensivos — e exaustos. Groves exigia celeridade. Sem desculpas. Assim, com a pressão do teste que se aproximava, trabalhavam em turnos intermináveis em Los Alamos e no local do teste, onde as temperaturas de 38°C queimavam no fim do dia. Ainda ajustavam moldes e peças fundidas para a bomba, e equipamentos para medir os efeitos nucleares da explosão. Alguns dormiam em suas mesas ou em tendas no deserto. Oppenheimer ficava sobrecarregado pelos detalhes e se esquecia de comer. Chegou aos 52kg, tão magro que Groves temia que desmaiasse.

A tensão não consistia apenas em pouco tempo e excesso de trabalho. À medida que a data do teste se aproximava, os cientistas enfrentavam questões existenciais sobre a bomba atômica e a moralidade de criar e viabilizar algo tão letal e irreversível. Em uma reunião do Comitê de Alvos, o físico Philip Morrison manifestou as preocupações dos cientistas a Oppenheimer, Groves e outros líderes militares. Morrison alegou que os japoneses deveriam ser avisados com antecedência sobre a arma, pois, assim, teriam todas as chances de se renderem. Sua ideia foi rejeitada pelos oficiais, bem como por seu próprio chefe, Oppenheimer. Morrison ficou desapontado. Saiu da reunião sentindo que os militares tinham o controle do programa e os cientistas não teriam influência em suas decisões.

A petição de Leo Szilard para exigir limites ao uso de armas atômicas circulou em Los Alamos, e muitos cientistas concordaram que os militares deveriam comprovar as possibilidades destrutivas da bomba em um teste de explosão, em vez de lançá-la em uma cidade repleta de civis inocentes. O físico Edward Teller mostrou a petição a Oppenheimer, mas ele se recusou a assiná-la. Os cientistas "não têm que se intrometer em pressões políticas desse tipo", retorquiu.

Vários colegas de Teller assinaram a petição. Outros ponderavam a questão, incluindo Lilli Hornig, uma das poucas cientistas em Los Alamos. Ela era uma química recém-chegada. Tinha se mudado para o local com seu marido, Donald, um líder de grupo no Projeto Manhattan, há apenas um ano. Assinar o documento poderia prejudicar sua carreira, mas Lilli já superara muitos obstáculos em sua área dominada por homens. Para ela, era uma questão de princípio.

Assim como muitos cientistas do Projeto Manhattan, Lilli Schwenk era estrangeira e judia, filha de um químico e de uma pediatra da República Tcheca. A família emigrou para os EUA e se estabeleceu em Montclair, no estado de Nova Jersey. Desde pequena, seus pais a incentivavam a seguir a carreira científica. Quando criança, Lilli visitou o laboratório de seu pai, uma sala enorme com béqueres, tubos de ensaio e frascos cintilantes. Seu pai a presenteou com vidrarias em miniatura para sua casa de bonecas e incutiu em sua filha um profundo amor pela química. Ela se formou na Bryn Mawr College e, em 1942, iniciou sua pós-graduação em Harvard.

Foto do crachá de segurança de Lilli Hornig em Los Alamos.

Donald Hornig, à esquerda, e Lyndon B. Johnson, à direita, em dezembro de 1964.

Na época, poucas mulheres faziam pós-graduação e um número ainda menor cursava ciências exatas. Em Harvard, Lilli constatou rapidamente que elas eram estudantes de segunda categoria. Seus professores deixavam claro que as poucas mulheres admitidas eram meras substitutas para os homens que tinham ido para a guerra. Não havia banheiro feminino na faculdade de ciências. O mais próximo ficava em outro prédio, e o professor com a chave tinha que ser encontrado.

Antes de assistir à primeira aula, Lilli foi convocada para se reunir com professores do departamento de ciências na apropriadamente nomeada "Sala da Divisão". Lá, havia uma comprida mesa de reunião vigiada por retratos de ex-presidentes, todos homens brancos solenes. Os professores se sentaram em uma extremidade e ela foi instruída a ocupar seu lugar na outra. Foram incisivos. Declararam que as garotas sempre tinham dificuldades com a físico-química. Portanto, antes que pudesse avançar, ela teria que cursar a disciplina em Harvard.

Lilli ficou surpresa. Disse a eles que era uma estudante de pós-graduação. Não estava em Harvard para fazer aulas de graduação. Os professores perceberam que ela não se intimidaria. Então fizeram um acordo. Lilli teria que fazer um exame de qualificação em físico-química. Se passasse na prova, poderia cursar a pós-graduação.

Foi quando Lilli recorreu a Donald Hornig, outro aluno que conheceu no primeiro dia em Harvard. Ele era um jovem sério e tranquilo de Milwaukee que fazia doutorado em físico-química.

Donald se interessou por Lilli de imediato. Ela era pequena e esbelta, com olhos bonitos. Ele ficou feliz em emprestar suas anotações e responder a todas as perguntas dela. Lilli passou no exame, provando que os professores estavam errados.

Lilli e Donald se apaixonaram e se casaram em 1943, ano em que ambos se formaram. A tese de doutorado de Donald foi intitulada "An Investigation of the Shock Wave Produced by an Explosion" [Um Estudo sobre a Onda de Choque Gerada por uma Explosão, em tradução livre], e ele foi contratado pelo Laboratório de Pesquisa de Explosivos Subaquáticos do Instituto Oceanográfico de Woods Hole, em Massachusetts. Pouco tempo depois, seu chefe fez um convite misterioso, pedindo que aceitasse um emprego indefinido em um local anônimo.

"Intrigante", afirmou Hornig. "Quem está me requisitando?"

"Não tenho autorização para contar", respondeu o chefe.

"Que tipo de trabalho é?", indagou.

"Não posso revelar nenhum detalhe. É um assunto muito secreto."

"Em que parte do país fica o local?", questionou Hornig.

De novo, sem esclarecimentos.

"Pode apenas me dizer se é no norte, leste, sul, oeste, algo do tipo?"

"Também não tenho essa permissão", explicou o chefe.

Então, Hornig recusou. Mais tarde naquele dia, o telefone do laboratório tocou e a voz do outro lado informou: "Ligação para Donald Hornig. É de Santa Fé, Novo México." Era o químico George Kistiakowsky, que, em Los Alamos, liderava os esforços de desenvolvimento de uma carga explosiva específica para armas nucleares. Ele assegurou a Hornig que a oferta era legítima, embora as informações fossem vagas até que chegassem a um acordo.

"Todo mundo ficou irritado com sua recusa", afirmou Kistiakowsky. "Você foi o primeiro a rejeitar o convite."

Hornig explicou a Kistiakowsky que precisava falar com Lilli primeiro, mas recebeu outro telefonema imediatamente. Era o presidente da Universidade Harvard, James Conant, um dos poucos civis que sabiam sobre o Projeto Manhattan. Ele foi nomeado por F. D. R. como um dos primeiros contatos científicos com o Reino Unido; além de ser membro do Comitê Interino. Conant queria saber "o que diabos estava acontecendo" e se Hornig era "antipatriota".

"Lembre-se, Hornig, o Tio Sam está apontando o dedo para você", declarou.

Hornig não precisava que Conant questionasse seu patriotismo. Foi direto para casa e contou a Lilli sobre as ligações. A esposa ficou indecisa sobre a mudança, mas, quando Kistiakowsky ofereceu a ela um cargo em Los Alamos, a decisão foi tomada. O casal comprou um Ford 1937 com pneus desgastados e dirigiu por 3.540km até o Novo México.

Assim que chegaram, Hornig iniciou sua colaboração no desenvolvimento do dispositivo de disparo que detonaria a bomba de plutônio.

No entanto, quando Lilli se encontrou com os responsáveis pela equipe de Los Alamos, eles perguntaram com que rapidez ela conseguia datilografar.

"Não é minha função", retrucou. Um curso de datilografia não fora parte do seu mestrado em química na Universidade Harvard.

Por fim, Lilli começou a trabalhar na química do plutônio, testando a solubilidade e a radioatividade de vários sais de plutônio — uma tarefa que, em sua opinião, era monótona. A preocupação de que a radioatividade pudesse causar danos ao sistema reprodutor feminino acarretou sua transferência para o grupo de explosivos, onde ajudava a produzir cargas para armas atômicas.

Com o tempo, os Hornig se adaptaram à vida em Los Alamos. Lilli tinha 23 anos e seu marido, 24. Eles descobriram que muitos dos cientistas do projeto tinham aproximadamente a mesma idade. Quando não estavam trabalhando, levavam uma vida social agitada, com jantares, caminhadas nas montanhas circundantes, acampamentos e passeios a cavalo. Havia até um grupo de teatro musical. Lilli ajudava a construir os cenários e Donald tocava violino na orquestra.

Porém, tais atividades eram apenas distrações. Os Hornig não podiam escapar do fato de que estavam maculados pela bomba, pelo projeto, pelo teste. À medida que o dia do teste se aproximava, Lilli pensava cada vez mais sobre as possíveis consequências de todos os seus trabalhos. Os cientistas tinham uma responsabilidade moral. Este era o momento de se posicionar. Os Hornig assinaram a petição.

CONTAGEM REGRESSIVA:
35 DIAS

2 de julho de 1945

Los Alamos, Novo México

Com a aproximação do teste, o general Groves se preocupava mais do que nunca com os espiões. Ele insistia no sigilo em todos os locais de pesquisa e desenvolvimento. A caixa postal 1663 consistia no único endereço existente para os funcionários de Los Alamos. A correspondência era inspecionada regularmente. Cartazes eram afixados com avisos ousados e às vezes enigmáticos: "Falar demais — o desencadeador da espionagem" ou "Quem, eu? Sim, você. Mantenha este trabalho em segredo!"

Os agentes de segurança eram uma presença habitual em todos os laboratórios, fábricas e instalações. Quando o programa começou, parecia lógico concentrar a segurança na possível espionagem da Alemanha. A inteligência militar presumia que apenas os nazistas tinham a expertise e a capacidade industrial para utilizar a tecnologia ou as informações secretas dos EUA. Japão e Itália careciam de infraestrutura industrial e matérias-primas para construir uma bomba atômica.

E havia a União Soviética, que cumpria todos os requisitos. Os soviéticos eram aliados dos norte-americanos, mas não eram confiáveis. Groves entendeu isso logo no começo. Em sua primeira semana como comandante militar do Projeto Manhattan, agentes soviéticos foram descobertos no Laboratório Nacional Lawrence Berkeley, na Califórnia. Eles usavam simpatizantes comunistas para tentar obter informações dos cientistas.

De imediato, Groves estabeleceu os objetivos de segurança dos EUA: deixar os alemães desinformados sobre as realizações científicas norte-americanas; garantir que o primeiro lançamento da bomba atômica fosse uma surpresa total; e, por fim, manter os detalhes do programa de armas nucleares dos EUA fora do alcance dos soviéticos.

Um dos portões de segurança em Los Alamos.

Verificações de antecedentes minuciosas eram uma parte crítica da operação de contrainteligência. Os militares queriam garantir que os cientistas e o pessoal de apoio não fossem vulneráveis à chantagem — o que significava examinar todos os detalhes de suas histórias pessoais. Qualquer relação com comunistas era suspeita.

Groves abominava o comunismo, mas sabia que muitos dos cientistas do Projeto Manhattan se interessavam pela ideologia. A Europa entreguerras estava repleta de anarquistas, socialistas e livres-pensadores de diferentes tipos — e vários eram professores universitários e cientistas. A Grande Depressão despertou simpatia pela doutrina comunista, e boa parte dos cientistas do programa fora exposta à propaganda ou tinha amigos na extrema-esquerda. Muitos fugiram da onda fascista e foram trabalhar no Ocidente, incluindo Oppenheimer.

Oppie só começou a se interessar por política depois que Hitler assumiu o poder em 1933 e professores judeus foram expulsos de seus empregos. Ele contribuiu para um fundo que ajudava físicos judeus deslocados. Leu *O Capital*, no qual o filósofo Karl Marx expôs sua teoria de como os sistemas capitalistas exploram os trabalhadores. Estava relacionado a membros do Partido Comunista, mas não havia nenhuma evidência de que ele próprio se afiliara. Apoiou a dessegregação e os direitos trabalhistas, e enviou dinheiro para as forças antifascistas na Guerra Civil Espanhola usando associados comunistas como canal. A esposa de Oppie, Kitty, era membro do partido e viúva de um ativista dos direitos trabalhistas que se voluntariou para a Brigada Abraham Lincoln e morreu lutando contra fascistas na Guerra Civil Espanhola. Quando a União Soviética assinou um pacto de não agressão com a Alemanha em 1939 e uniu forças com os nazistas para invadir a Polônia, Oppenheimer renegou o movimento comunista e se tornou um empenhado inimigo do fascismo.

Com tantos comunistas conhecidos ou suspeitos no círculo de Oppenheimer, o FBI manteve um grande dossiê sobre ele, rotulando-o de "professor com tendências comunistas". Quando Groves apresentou o nome de Oppie a um comitê militar como candidato à supervisão do Projeto Manhattan, vários membros se opuseram. Porém, ele garantiu a lealdade do físico. Além disso, onde o comitê encontraria alguém mais qualificado para administrar Los Alamos? O apoio inabalável de Groves acabou vencendo, mas os agentes de segurança ainda monitoravam Oppenheimer, apenas para garantir.

Groves era pragmático. Sabia que alguns dos cientistas do Projeto Manhattan podiam ter se sujeitado ao comunismo durante a Grande Depressão. O Partido Comunista dedicara a maior parte de sua energia à organização dos desempregados e à defesa dos direitos trabalhistas. No entanto, ele acreditava que seus homens eram capazes de desmascarar qualquer um que fosse mais leal à União Soviética do que aos EUA.

Um dos maiores problemas era investigar e monitorar o grande número de cientistas estrangeiros contratados ao longo do projeto. Era praticamente impossível averiguar muitas de suas atividades anteriores. Groves reconhecia que alguém com intenções desleais poderia passar despercebido no processo de análise.

Ademais, Los Alamos era um pesadelo em termos de segurança. Muitas pessoas colaboravam em um só lugar, em prol de um objetivo comum. Para evitar a espionagem, o general Groves insistia que os cientistas do projeto mantivessem seu trabalho compartimentado, limitando o número de pessoas que conheciam seu escopo geral e seu progresso.

Entretanto, Oppenheimer tomava a direção contrária. Ele encorajava cientistas de diferentes departamentos a se encontrarem, compartilharem suas atividades e cooperarem. Oppie costumava conduzir pessoalmente essas discussões em grupo. Incentivava a criatividade, a eficiência e o trabalho em equipe. Todavia, essa abordagem facilitava a obtenção de informações pelos espiões. Se isso acontecesse, Groves sabia que os EUA sofreriam as consequências por muito tempo após o fim da guerra.

CONTAGEM REGRESSIVA:

34 DIAS

3 de julho de 1945

Los Alamos, Novo México

Um homem desleixado passava lentamente pelos barracões Quonset e pelos laboratórios improvisados de Los Alamos, olhando para o bloco de notas em suas mãos, sorrindo para si mesmo. Não percebia as grandes sombras do crepúsculo, o reflexo do sol nos Montes Sangre de Cristo. Tanto o belo quanto o trivial passavam despercebidos.

William Laurence trabalhava enquanto caminhava, organizando, editando, deslocando as citações em sua mente. Tinha acabado de terminar uma longa entrevista com um importante cientista. Precisava ter certeza de que tinha entendido exatamente tudo o que o homem explicara.

Sua aparência parecia quase planejada para não chamar atenção. Laurence era um homem mais velho, com quase 60 anos, atarracado, com um leve sotaque do Leste Europeu e um nariz estranhamente achatado. Usava o cabelo escuro penteado para trás. Seu terno era grande demais, sua gravata, tão larga que estava fora de moda mesmo para os padrões de Los Alamos. Ele poderia ser apenas mais um cientista ou engenheiro, exceto pelo caderno e pela caneta — e a comitiva de seguranças do Exército que sempre o seguia.

Em dado momento, Laurence se sentava e escrevia sobre seu dia de trabalho, tentando encaixá-lo em um panorama geral. Porém, mesmo após meses de entrevistas em Los Alamos e em todos os outros locais de pesquisa do Projeto Manhattan, ainda era muito cedo para começar a escrever a grande notícia. Ele ainda estava ligando os pontos.

Sabia que havia grandes acontecimentos pela frente que moldariam sua narrativa.

William Laurence, correspondente do *New York Times*, em Tinian.

Laurence escrevia sobre ciência para o *New York Times* e fora escolhido a dedo pelo general Groves para cobrir o projeto histórico. Desde abril, tinha acesso exclusivo ao funcionamento interno do Projeto Manhattan e de Los Alamos — um mundo secreto que o repórter chamava de "Atomland-on-Mars" [Atomolândia em Marte, em tradução livre].

Ele tinha uma reputação excelente em sua área. Fazia parte de uma equipe de repórteres de vários jornais que, em 1937, dividiu o Prêmio Pulitzer por jornalismo científico. A inteligência do Exército investigara Laurence minuciosamente. Ele não representava um risco, mas sua história pessoal era digna de um filme noir.

Laurence nasceu na Lituânia e se chamava Leib Wolf Siew. Como um adolescente rebelde, participou da Revolução Russa de 1905, quando um grande número de trabalhadores indignados entrou em greve para protestar contra as más condições de trabalho. O czar reagiu com violência, e centenas de manifestantes desarmados foram mortos ou feridos pelas forças do governo. Seu nariz achatado era consequência da coronhada do rifle de um policial. Para evitar a prisão, sua mãe o contrabandeou da Rússia para a Alemanha em um barril de picles. Em seguida, ele fugiu para os Estados Unidos, onde começou uma nova vida com um novo nome: William Leonard Laurence. ("William" para Shakespeare, "Leonard" para Leonardo da Vinci e "Laurence" para a rua onde foi morar, em Roxbury, no estado de Massachusetts.) Frequentou Harvard, mas largou a faculdade de Direito para se alistar no Exército dos EUA durante a Primeira Guerra Mundial. Enviado à França, trabalhou como tradutor no Signal Corps, órgão responsável por transmitir mensagens entre comandantes e suas unidades de combate.

Assim que retornou aos EUA, Laurence decidiu se tornar um jornalista. Passou alguns anos no *World*, jornal nova-iorquino, antes de ingressar no *Times* em 1930, onde se tornou um dos primeiros jornalistas científicos do país. Fã ávido de romances de ficção científica, tinha uma curiosidade natural pela física e pelo Universo. Mais importante, era capaz de explicar conceitos complicados para seus leitores.

Nos anos anteriores à guerra, Laurence se manteve atualizado sobre a medicina e a física, a química e a astronomia. Como redator de ciências do principal jornal do país, tinha acesso a cientistas proeminentes. Em 1940, durante uma visita ao Instituto de Tecnologia de Massachusetts, ele assistiu a uma palestra abstrusa sobre matemática avançada ministrada por J. Robert Oppenheimer. Ao final, Laurence se aproximou do cientista e pediu-lhe que explicasse alguns aspectos abordados. Oppenheimer declarou categoricamente que o assunto "não era para o público leigo".

Laurence não recuou. Disse que, no caso, a opção seria prosseguir e escrever o artigo da maneira que compreendera.

"E o que você entendeu?", questionou Oppenheimer.

Laurence explicou partes da palestra em uma linguagem simples e clara, passível de compreensão para um leigo. Oppenheimer ficou impressionado. "Nunca pensei nisso dessa forma", disse.

Laurence nunca mais teve problemas com Oppenheimer. Desde o início, o repórter percebeu a importância da energia atômica. Em uma conferência da Universidade Columbia, em fevereiro de 1939, ele aprendeu sobre a fissão nuclear com os físicos Enrico Fermi e Niels Bohr e, de imediato, reconheceu o potencial militar de uma "reação em cadeia" atômica. Em um artigo da *Saturday Evening Post* publicado em setembro de 1940, "The Atom Gives Up", Laurence prenunciou o potencial brilhante e sombrio do aproveitamento da energia atômica. A história era tão assustadoramente presciente que, em 1943, Groves pediu à revista que o informasse "imediatamente" caso alguém solicitasse a edição com a matéria.

A principal tarefa de Laurence começou em abril de 1945, quando Groves entrou no prédio do *New York Times*, no centro de Manhattan. O general sabia que, em algum momento, o governo teria que divulgar os detalhes da bomba atômica ao público. Ele decidiu que Laurence era a pessoa ideal para o trabalho.

Groves disse a Edwin James, editor-chefe do *Times*, que Laurence era necessário para um projeto secreto. Esclareceu que o repórter "desapareceria" por meses e não poderia publicar nada até que o projeto fosse concluído. Ademais, os artigos resultantes não seriam exclusivos: deveriam ser distribuídos a outros veículos de comunicação.

James assinou o acordo e chamou Laurence em seu escritório. Groves repetiu seu discurso, salientando que a função exigiria "sigilo absoluto".

"Para todos os efeitos, você desaparecerá da face da terra", disse, acrescentando que Laurence trabalharia não apenas com a aprovação governamental, mas sob controle do governo. Nenhuma frase, nenhuma palavra, nenhum artigo seria divulgado sem a anuência de Groves. Laurence também escreveria notas à imprensa e outras comunicações oficiais conforme necessário.

Ele não gostou das condições, mas pressentia uma grande história, provavelmente relacionada a uma bomba atômica. O jornalista disse aos patrões que tinha uma exigência importante: acesso total. Groves assentiu e Laurence ficou entusiasmado com a oportunidade.

Ele explicou à esposa, Florence, que viajaria por um tempo e entraria em contato com ela assim que possível. Desde então, estava

CONTAGEM REGRESSIVA: 1945

na estrada, visitando imensas usinas de separação de urânio em Oak Ridge, no Tennessee; reatores para produzir plutônio em Hanford, no estado de Washington; o Laboratório Metalúrgico da Universidade de Chicago, onde, em 1942, Fermi realizara a primeira reação em cadeia controlada; e o epicentro de tudo, o laboratório de Los Alamos.

Ao longo do caminho, Laurence entrevistou muitos cientistas. Quanto mais aprendia, mais impressionado ficava com a dimensão e o escopo do projeto. Às vezes, tinha que conter seu entusiasmo, lembrar-se de manter a objetividade, afinal, não estava lá para ser um incentivador.

James Conant, presidente de Harvard e membro do Comitê Interino, falou com euforia sobre o projeto para Laurence: "As pessoas não vão acreditar quando souberem. É mais incrível do que Júlio Verne."

"Elas acreditarão se funcionar", replicou Laurence.

O repórter adorava a tarefa designada a ele. Consistia em uma viagem a um país das maravilhas científicas, à procura da reportagem do século. Ao seu redor havia coisas "da mesma matéria da qual são feitos os sonhos". Ele afirmava se sentir como um "visitante em Marte".

Seria difícil explicar os princípios por trás da bomba atômica para quem não era cientista, mas Laurence também não queria simplificar demais. Era um ato de equilíbrio. Ele estava sempre escrevendo em seu bloco, brincando com palavras e imagens, descomplicando o jargão. Quaisquer palavras escolhidas teriam que passar pela censura dos militares, então era preciso ter cuidado. Sentia a maior pressão de sua carreira, mas adorava. Para contar a história direito, teria que partir do início.

"O segredo para a energia atômica foi descoberto em 1939, quando constatou-se que o urânio de massa atômica 235 (U-235), uma forma rara do elemento, podia se dividir para liberar uma tremenda quantidade de energia a partir do núcleo de seus átomos", acabou por escrever.

"O problema era que os átomos do U-235, como encontrados na natureza, estavam intrinsecamente misturados com os átomos do urânio de massa atômica 238 (U-238), sendo que, da massa total desse urânio comum, apenas 0,7% é composta de U-235. Como ambas as formas de urânio são semelhantes (isótopos), com as mesmas propriedades químicas, elas não podem ser separadas por meios químicos, enquanto os métodos físicos para sua concentração eram, do ponto de vista prático, inexistentes, pois exigiriam mil dos melhores equipamentos da época e demorariam mil anos para produzir 28g."

Após finalizar as explicações técnicas maçantes, Laurence adotou uma linguagem mais solta. Escreveu que, durante três anos, cientistas e engenheiros criaram uma "Terra do Nunca" científica, onde "sob o estímulo de uma grande emergência nacional, as impossibilidades do passado eram transmutadas em realidades de dimensões surpreendentes por meio da magia da imaginação, da capacidade intelectual e da vontade de fazer".

Laurence não sabia quando seus artigos seriam publicados. Tudo dependia do que aconteceria em duas semanas, com a detonação da bomba atômica. Ele elaborou as histórias de fundo e os conteúdos explicativos da melhor forma possível, preparou-se para um período intenso de prazos e se permitiu sentir a alegria de noticiar um dos maiores furos da história.

Ele estaria em Los Alamos quando apertassem o botão para iniciar o teste. Testemunharia o surgimento da era atômica.

CONTAGEM REGRESSIVA:
21 DIAS

16 de julho de 1945
Potsdam, Alemanha

Na Alemanha, em sua primeira viagem ao exterior como presidente, Harry Truman acordou com uma emoção que raramente sentia. Estava intimidado. Assumira o cargo há mais de três meses, mas, ali, enfrentava um novo desafio.

Ele chegara à Alemanha na noite anterior para o início da Conferência de Potsdam, onde substituiria F. D. R. em uma cúpula dos Três Grandes com o primeiro-ministro britânico Churchill e o líder soviético Stalin. Apesar de todos os seus preparativos diligentes, não tinha certeza se estava pronto para o mais importante palco mundial.

Nesse ínterim, a inúmeros quilômetros de distância, em Alamogordo, no Novo México, após sete anos de pesquisa, desenvolvimento e construção, os cientistas estavam preparados para detonar a primeira arma nuclear do mundo.

Truman não conseguia parar de pensar no teste. Na Europa, estava oito horas à frente da equipe no Novo México. Tudo o que podia fazer era esperar. Porém, tinha plena consciência de que os resultados do teste — ainda altamente incertos — poderiam remodelar radicalmente a dinâmica das relações entre as grandes potências. "Se a bomba funcionar, com certeza terei um trunfo", pensou.

A simples expectativa de se reunir com Churchill e Stalin preocupou Truman durante semanas. Em 7 de julho, ao deixar os EUA, ele confidenciou em seu diário: "Falei com Bess nas duas noites passadas.

Meu encontro com o Sr. Rússia e o Sr. Reino Unido não a agrada — nem a mim." Acrescentou: "Como odeio essa viagem! Mas tenho que fazer isso — ganhar, perder ou empatar — e devemos ganhar."

Nos dias que antecederam a conferência, Truman solicitou informações detalhadas sobre a gama de questões que os líderes discutiriam: o domínio alarmante da União Soviética no Leste Europeu; o futuro de uma Alemanha arruinada; o sionismo; a estratégia para vencer a guerra contra o Japão. Esse último assunto era o que mais o preocupava. Stalin não cumprira a promessa que fez na cúpula de Yalta de se juntar aos esforços contra o Japão. Agora Truman queria um compromisso firme de que os russos entrariam na batalha.

Sobretudo, o novo presidente se preocupava em ter uma relação amistosa com os dois líderes. Roosevelt passou mais de cem dias com Churchill, geralmente na Casa Branca. Os dois ficavam acordados até tarde, conversando sobre planos militares e compartilhando histórias de suas vidas longas e agitadas. F. D. R. também acreditava que desenvolvera um bom relacionamento profissional com Stalin.

Truman confiava em sua habilidade de lidar com os outros. Achava que problemas "complicados" não eram realmente tão complicados. Quando as pessoas se encontravam e discutiam os problemas cara a cara, conseguiam resolver as diferenças. Ainda assim, a cúpula era o mais importante palco mundial, inédito para Truman e no qual nunca assumira um papel principal.

O presidente, seus principais conselheiros e uma equipe de mais de cem pessoas passaram oito dias em alto-mar, no cruzador USS *Augusta*. Na maior parte do tempo, Truman conferenciava pelo convés com seu novo secretário de Estado, James Byrnes. Todos os dias, recebia atualizações da Sala de Mapas Avançados, estabelecida no escritório do primeiro-tenente, com comunicação direta para a Sala de Mapas da Casa Branca. Exigia muito de sua equipe, revisando longos memorandos do Departamento de Estado sobre os vários grandes problemas que os EUA enfrentavam ao redor do mundo.

Todas as noites, às 18h, uma banda de trinta integrantes tocava antes do jantar. Às 20h, um filme era exibido nos aposentos de Byrnes. O presidente não comparecia, pois preferia jogar pôquer em seu quarto.

Truman e sua equipe conversavam em meio ao jogo, mas não era um diálogo típico de pôquer. Um dos assuntos era as chances de Churchill nas eleições gerais que o Reino Unido acabara de realizar. Os votos ainda estavam sendo contados, mas a maioria achava que ele venceria.

Outro assunto abordado era a bomba atômica. O almirante Leahy, chefe do Estado-Maior de Truman, insistia em sua ineficácia. "Esta é a maior idiotice que já fizemos", afirmou. "A bomba nunca explodirá, e falo como especialista em explosivos."

Na manhã de 16 de julho, Truman acordou em Babelsberg, um pequeno subúrbio arborizado de Potsdam, nos arredores de Berlim. Ele estava hospedado na Kaiserstrasse, nº 2, endereço de uma mansão de estuque com três andares no lago Gribnitz.

Desde o início, Truman se sentiu desconfortável. "Tem tons de amarelo e vermelho-sujo", escreveu em seu diário. "Um estilo arquitetônico de castelo francês, arruinado pelo esforço alemão de suprimir os franceses (...) A casa, como todas as outras, foi esvaziada pelos russos — não restou nem mesmo uma colherinha. No entanto, o comandante norte-americano, sendo um homem enérgico, capturou o trem do saque russo e recuperou móveis suficientes para tornar o lugar habitável. Nada combina." Apesar de sua cor, a mansão foi apelidada de "A Pequena Casa Branca".

As autoridades contaram ao presidente que a casa pertencera a um cineasta alemão, o responsável pela indústria cinematográfica nazista, que foi enviado para a Sibéria. A verdade era ainda mais sombria. Um proeminente editor morou lá com sua família. Dez semanas antes da chegada de Truman, os soviéticos saquearam a casa, estupraram as filhas e ordenaram que a família fosse embora em uma hora.

O presidente ficou em uma suíte no segundo andar que incluía um quarto, um escritório e um banheiro que dividia com seu chefe do Estado-Maior. Embora tenha descrito o interior como um "pesadelo", havia um problema maior: não havia telas nas janelas. No calor do verão, os mosquitos do lago "devoravam" a comitiva presidencial até que o clima refrescasse.

O presidente Harry S. Truman na mansão em Potsdam, "A Pequena Casa Branca".

A conferência deveria começar no final do dia, mas isso não aconteceria, pois Stalin ainda não chegara, e os russos não compartilhavam nenhuma informação de quando ele apareceria. Churchill estava hospedado em outra mansão do complexo. Ele visitou os aposentos de Truman às 11h. Sua filha disse que fazia dez anos que ele não levantava tão cedo. Truman acordara às 6h30.

Truman nunca encontrara Churchill, mas, como quase todo o mundo, conhecia-o bem dos noticiários e das transmissões de rádio — sua voz comovente, suas palavras poderosas, sua rebeldia exultante à máquina de guerra nazista. Porém, o Churchill que foi à Pequena Casa Branca tinha um aspecto diminuto, aparentemente mais velho do que seus 70 anos, cansado e desanimado, o líder de uma nação e império em declínio.

Eles conversaram por duas horas e foi, em grande parte, um encontro social. Truman disse que preparara uma pauta para a conferência e perguntou se Churchill também o fizera. O primeiro-ministro explicou que não precisava de uma. Ele pareceu impressionado com o novo

CONTAGEM REGRESSIVA: 1945

presidente e, depois, salientou seu "poder evidente de decisão" e sua "grande dose de autoconfiança e resolução". Antes de partir, os dois líderes "brindaram à liberdade" com uísque. Um assessor de Churchill observou que o primeiro-ministro estava "encantado" com Truman.

Truman não tinha tanta certeza. "Ele desatinou a falar sobre como meu país é incrível, o quanto gostava de Roosevelt e pretendia gostar de mim etc. etc.", escreveu em seu diário naquele dia. "Sei que nos daremos bem se ele não ficar tentando me persuadir com elogios."

Naquela tarde, com Stalin misteriosamente ausente, o presidente decidiu fazer um passeio não programado por Berlim. Isso causaria uma ótima impressão.

Ele saiu em um carro aberto com o secretário de Estado Byrnes e o almirante Leahy. Na metade do caminho, encontraram toda a 2ª Divisão Blindada dos EUA enfileirada em um lado da Autobahn. Era uma demonstração de força notável — 1.100 tanques, caminhões e jipes. O presidente inspecionou as tropas em uma meia-lagarta de reconhecimento. A fileira de homens e equipamentos era tão longa que levou 22 minutos para percorrer toda a extensão da formação.

"Esta é a força terrestre mais poderosa que já vi", afirmou Leahy. "Não vejo possibilidade de alguém impedi-la caso realmente queira ir a algum lugar." O general comandante respondeu: "Ninguém conseguiu ainda."

De lá, Truman foi até o centro de Berlim. A destruição era espantosa. A quarta maior cidade do mundo tinha desaparecido, estava repleta de escombros provenientes dos bombardeios britânicos e norte-americanos e, depois, da artilharia russa. A caravana presidencial passou lentamente pelo pouco que restava da capital de Hitler — a chancelaria do Reich e a varanda onde o líder nazista se dirigia a seus seguidores, a Coluna da Vitória, o Portão de Brandemburgo, o Tiergarten.

"O desvario de Hitler", registrou Truman em seu diário. "Ele ultrapassou os próprios limites ao tentar ocupar tantos territórios. Não tinha escrúpulos e seu povo o apoiava. Nunca presenciei uma cena tão lamentável, nem testemunhei uma retaliação tão extrema."

O presidente Harry S. Truman, o secretário de Estado James Byrnes e o almirante da frota William Leahy inspecionando os escombros de Berlim em 16 de julho de 1945.

Como oficial de artilharia durante a Primeira Guerra Mundial, Truman vira destruição, mas nunca algo assim. Havia longas filas errantes de civis alemães desabrigados — velhos, mulheres e crianças —, carregando tudo o que restava de seus pertences. Os homens mais jovens haviam morrido, sacrificados na tentativa de realizar os sonhos perversos de Hitler. O fedor avassalador da morte predominava no calor de julho. Porém, ao mesmo tempo que Truman ficou chocado com a devastação, ele também teve uma percepção realista. "Nunca vi tanta desolação. Não sei se tiraram alguma lição disso."

O presidente aguardava notícias do primeiro teste da bomba nuclear, uma arma tão destrutiva que, se funcionasse, mudaria para sempre a natureza da guerra e a capacidade do homem de destruir o próximo. Isso martelava sua mente enquanto refletia sobre o que viu em Berlim.

"Pensei em Cartago, Balbeque, Jerusalém, Roma, Atlanta, Pequim, Babilônia, Nínive —, Cipião, Ramsés II... William Tecumseh Sherman, Genghis Khan, Alexandre... Espero certa paz — mas temo que as máquinas estejam à frente da moral por alguns séculos, e, quando a moral recuperar o atraso, tudo terá sido em vão."

Alamogordo, Novo México

No deserto do Novo México, posicionado como um vigia em um abrigo no topo de uma torre de aço de trinta metros de altura, Donald Hornig se encolhia para escapar da chuva que escorria dos beirais. Na plataforma ao lado estava a "engenhoca" — a primeira bomba atômica do mundo. Os trovões retumbavam. O pequeno local chacoalhava.

A torre ficava isolada como um para-raios gigante no amplo deserto. O que aconteceria se um raio a atingisse? Hornig não queria pensar nisso. A arma nuclear de quatro toneladas estava conectada e pronta para explodir. Se a tempestade parasse, o teste poderia começar. Assim como Truman, que estava a vários quilômetros de distância, tudo o que Hornig podia fazer era esperar.

A 10km da torre, Oppenheimer caminhava pela central de controle. A engenhoca deveria ser detonada ao amanhecer, mas a forte tempestade ameaçava atrasar o teste. O meteorologista do Exército afirmou que a tempestade logo passaria, mas isso não diminuiu o estresse insuportável. As pessoas roíam as unhas ou fumavam um cigarro atrás do outro — qualquer coisa para aliviar a tensão. A cada minuto, o general Groves ficava mais furioso, responsabilizando o meteorologista pela tempestade.

Ninguém queria mais atrasos. Todo mundo se esforçara para chegar a esse ponto. Desde o início, Oppenheimer insistia na realização do teste, enquanto o general Groves afirmava que não havia plutônio suficiente para desperdiçar em experimentos. Porém, Oppenheimer se mostrou irredutível. Argumentou que, sem um teste em grande escala, a dúvida sobre a eficácia da arma permaneceria, principalmente em combate. O mundo nunca presenciara uma explosão nuclear, e as estimativas sobre a energia liberada variavam muito. Alguns cientistas em Los Alamos mantinham seu próprio ceticismo de que funcionaria.

A "engenhoca" na parte inferior da torre de aço de 30m de altura no local do teste Trinity.

A "engenhoca" antes do teste Trinity, em 16 de julho de 1945.

CONTAGEM REGRESSIVA: 1945

Testar a bomba de plutônio era essencial. Acreditava-se que a Little Boy — a bomba atômica com núcleo de urânio — funcionaria, mas os cientistas não tinham certeza sobre a Fat Man. Era necessário confirmar seu novo projeto implosivo. Várias bombas de plutônio estavam em fase de preparação e estariam disponíveis nas semanas e nos meses seguintes.

Na torre, a arma próxima a Hornig era uma bomba atômica com núcleo de plutônio. Em maio de 1944, Oppenheimer começou a procurar um local de teste. Os líderes do Projeto Manhattan vasculharam o Novo México, o Texas e a Califórnia em busca de uma área plana e isolada onde a bomba pudesse ser testada com segurança. Por fim, Kenneth Bainbridge, um físico experimental encarregado de desenvolver um local para explodir a primeira bomba atômica, encontrou o lugar perfeito no deserto do Novo México — a cerca de 370km ao sul de Los Alamos, em uma parte remota da Base Aérea de Alamogordo, uma região desértica chamada Jornada del Muerto, ou "Jornada do Morto". Oppenheimer apelidou o teste de "Trinity", em homenagem a um verso de um poema de John Donne.

A função de Bainbridge era montar um laboratório científico totalmente operacional no meio do deserto — uma tarefa difícil. As equipes construíram a torre de aço para abrigar a engenhoca, bem como três búnqueres de concreto de onde os pesquisadores do Projeto Manhatan poderiam observar o teste em segurança. Bainbridge alugou uma fazenda e a transformou em laboratório de campo e batalhão da polícia militar. Estradas acidentadas foram niveladas e pavimentadas para transportar homens e materiais até o local de teste. Quilômetros de fios e cabos foram dispostos para fornecer energia à detonação e à pesquisa que se seguiria.

Os cientistas no marco zero estavam prontos para medir os principais aspectos da reação, a simetria da implosão e a energia liberada. A maior preocupação era a radioatividade da explosão. Eles não podiam confiar que o clima transportaria toda a radiação para a atmosfera superior, então o Exército estava a postos para evacuar os residentes da área circundante. Os técnicos nos búnqueres receberam mapas de possíveis rotas de fuga, só por precaução.

Com a aproximação da Conferência de Potsdam, Oppenheimer agendou o teste Trinity para 16 de julho, segunda-feira, às 4h. Na manhã de 11 de julho, ele se despediu de sua esposa, Kitty, e não voltou mais do trabalho. No dia 14, em Albuquerque, encontrou-se com líderes militares que saíram de Washington para testemunhar a história. Naquela noite, os cientistas testaram o dispositivo de disparo de Hornig, que não apresentara problemas — até o momento. George Kistiakowsky, o chefe de Hornig, garantiu a Oppenheimer e ao alto escalão que o dispositivo funcionaria perfeitamente na engenhoca.

Na manhã de 15 de julho, um caminhão estacionou de ré na torre, com sua carga diretamente abaixo da estrutura de aço. O motorista puxou a cobertura de lona, revelando a bomba sob o sol forte. Era uma esfera de aço esquisita, repleta de fios, interruptores, parafusos e dispositivos de diagnóstico. Dentro de sua cápsula de 3.628kg havia cerca de 6kg de plutônio envolto em uma camada de explosivos. Os funcionários deslocaram a bomba cuidadosamente até sua posição e colocaram colchões por baixo.

No alto da torre, no chão do abrigo de aço corrugado, um alçapão se abriu e cabos de aço foram lançados. Os trabalhadores prenderam a bomba nos cabos e um guincho elétrico a içou lentamente. Quando chegou ao topo, um dos cabos se soltou e a engenhoca balançou, deixando os espectadores sem ar. Porém, a arma foi endireitada e passou pela porta no andar de cima. Assim que foi posicionada, os técnicos iniciaram o delicado trabalho de inserir os detonadores elétricos nas aberturas do invólucro de aço.

Lá embaixo, Oppenheimer estava uma pilha de nervos. A arma era tão complicada e tantas pessoas presentes sabiam exatamente como ela funcionava que seria fácil sabotá-la. Ele não podia deixar a bomba sem supervisão durante a noite. Oppenheimer pediu a Hornig que "se oferecesse" para vigiá-la até de manhã.

Hornig tinha muitas horas para refletir sobre a razão pela qual Oppenheimer incumbira-lhe essa função. Talvez porque ele desenvolvera o mecanismo de disparo que falhara mais cedo naquele dia. Talvez porque fosse um dos mais jovens líderes de grupo do Projeto Manhattan, o que o tornava o mais descartável. Ou talvez porque fosse o único cientista capaz de escalar a torre de trinta metros. Seja qual fosse o motivo, Lilli não ficou feliz ao saber da tarefa.

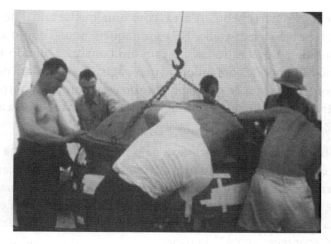

Oppenheimer (ao fundo, o segundo à direita) inspecionando a "engenhoca" antes do teste Trinity de 16 de julho de 1945.

Ao anoitecer, Hornig escalou a torre e se instalou no abrigo de aço corrugado. O local era aberto de um lado, mas não tinha janelas nos outros três. Havia um telefone, uma lâmpada de sessenta watts pendurada em um soquete e uma cadeira dobrável. Ele levou um livro de bolso: *Desert Island Decameron* [sem publicação no Brasil], uma coleção de ensaios humorísticos de H. Allen Smith. Sentou-se e abriu o livro.

Hornig nunca tinha sido vigilante. Se um sabotador aparecesse, ele não teria nada além de um telefone e uma obra literária para detê-lo. Quando a escuridão se instaurou e os relâmpagos começaram a cintilar no horizonte, Hornig sentiu o primeiro arrepio de medo. Então o temporal começou, e ele concluiu que a torre e o chão estavam tão encharcados que a energia de um raio seria conduzida direto para o solo do deserto. Porém, outro cenário o afligia: uma explosão repentina de eletricidade poderia disparar a bomba. Se isso acontecesse, ele jamais saberia.

Enfim, o telefonema esperado: desça da torre e junte-se a Oppenheimer no búnquer de comando. Hornig deu uma última olhada no interior do abrigo e tocou o objeto feio presente ali. Ninguém veria a engenhoca novamente.

Chovia torrencialmente. A área, com uma média anual de 76mm de chuva, já havia registrado 102mm naquele ano. Todo o deserto estava submerso e as estradas viraram um lamaçal. Quando Hornig entrou no búnquer de comando, viu que a água se acumulara no chão. Ele tomou uma xícara de café no refeitório e se juntou aos outros para aguardar o acontecimento seguinte. Sentia-se exausto. Estava acordado há 72 horas.

Às 4h30, Hornig se posicionou para realizar sua próxima tarefa: colocar o dedo em um botão que interromperia a explosão caso algo desse errado. Ele era o único responsável por parar a detonação. O canal de comunicação começou a chiar. Uma voz operística entoava uma ária espanhola — interferências de sinais de rádio do México. "O que falta acontecer agora?", pensou.

Para aliviar a tensão, os técnicos organizaram um bolão para prever o tamanho da explosão. Edward Teller arriscou alto — 45 mil toneladas de TNT. Oppie chutou modestas 3 mil toneladas. Groves ficou irritado quando Enrico Fermi começou a fazer apostas paralelas sobre a possibilidade de a bomba incendiar a atmosfera e, nesse caso, se destruiria apenas o Novo México ou o mundo inteiro.

Groves temia que alguns dos cientistas mais cautelosos convencessem Oppenheimer a adiar o teste. Fermi alertou Oppenheimer sobre o momento ser inadequado para detonar uma bomba nuclear. A tempestade poderia ensopá-los de chuva radioativa. Os ventos sopravam com rajadas de 48km/h. "Pode acontecer uma catástrofe", disse. Jack Hubbard, o meteorologista do Exército, garantiu a todos que a tempestade passaria ao amanhecer, mas Groves não acreditava nele.

Oppenheimer e Groves precisavam tomar uma decisão. Nenhum dos dois queria mais atrasos. O que Groves diria a Truman? Oppenheimer se preocupava com seus homens. Esforçaram-se tanto para cumprir o prazo. Estavam estressados e cansados. Seriam capazes de se reagrupar rapidamente caso o teste fosse adiado? Ambos decidiram agendar a explosão para 5h30 e torcer pelo melhor.

Como Hubbard previu, o vento e a chuva pararam com o amanhecer. Pouco depois das 5h, Groves foi para outro búnquer a fim de monitorar a contagem regressiva final. Groves e Oppenheimer se posicionaram em búnqueres diferentes, caso algo desse errado. Ninguém queria perder dois importantes líderes de projeto ao mesmo tempo.

Nesse ínterim, em uma colina a 32km a noroeste do marco zero, William Laurence, repórter do *New York Times*, assumiu sua posição com espectadores VIP de Washington. Eles haviam chegado de Albuquerque em uma caravana de três ônibus, três automóveis e um caminhão cheio de equipamentos de rádio. Laurence notou que estavam no meio do deserto do Novo México, "a quilômetros de distância do nada, nenhum sinal de vida, nem mesmo uma luz piscando no horizonte distante". Compania Hill seria seu acampamento até "a hora zero".

Eles se reuniram em um círculo para obter instruções sobre o que deveriam fazer no momento do "disparo". Um soldado leu as orientações à luz de uma lanterna. No breve sinal de sirene indicando que faltavam cinco minutos, todos deveriam encontrar um lugar adequado para se deitar. No longo sinal de sirene apontando dois minutos remanescentes, a exigência era "deitar de bruços no chão imediatamente, com o rosto e os olhos voltados para o solo".

"Não olhe diretamente para o clarão", diziam as instruções, "mas, após sua ocorrência, vire-se e contemple a nuvem. Permaneça no chão até que a onda de choque passe (dois minutos)".

Laurence observou vários cientistas passarem protetor solar em seus rostos e mãos na escuridão da noite, a 32km de distância do clarão esperado. Mais do que qualquer pessoa, eles sabiam das "potencialidades da energia atômica liberada".

Na central de controle, a contagem regressiva soava no sistema de som. Os observadores no acampamento base a captavam por um sinal de rádio FM. Thomas Jones, o oficial de inteligência do Exército, sabia que logo estaria ocupado. Sua função era garantir que ninguém notasse a enorme explosão. Ele tinha homens situados ao redor do local de teste, indo mais para o sul, em El Paso e Amarillo, no Texas. Se cidadãos comuns relatassem algo estranho, sua equipe os despistaria. Essa era a única maneira de tentar manter o teste em segredo. Ele esperava que fosse tudo com que precisasse lidar. Com essa bomba, simplesmente não tinha como saber.

Com apenas poucos minutos restantes, alguns cientistas colocaram óculos de solda e ficaram de bruços no chão do búnquer, seus pés apontados para o local da explosão. Ninguém sabia o que aconteceria ao final da contagem, a hora da verdade. Poderia ser o fim de tudo.

Nos últimos dois minutos da contagem, Oppenheimer murmurou: "Senhor, estas questões pesam o coração." Os segundos derradeiros tiquetaqueavam.

A mão de Hornig estava posicionada no "botão de emergência". A ignição era controlada por um temporizador automático. Às 5h30, um pulso elétrico iria do búnquer até a torre e acionaria o dispositivo de disparo da bomba. Em um centésimo de milionésimo de segundo, uma sequência de 32 cargas seria detonada ao redor do núcleo, comprimindo a esfera de plutônio, que passaria do tamanho de uma laranja para o de um limão. A engenhoca explodiria. Hornig era o único que poderia impedir a explosão. Ele sentiu uma descarga de adrenalina. Não estava mais cansado. Acompanhou a contagem regressiva. Trinta segundos antes da detonação, quatro luzes vermelhas piscaram no painel à sua frente e um ponteiro de voltímetro balançou da esquerda para a direita, mostrando que seu dispositivo de disparo estava com carga total. Um bom sinal. Ainda assim, os segundos finais se arrastavam.

Em outro búnquer, Groves cerrava e pressionava a mandíbula. O silêncio era pesado. Enquanto aguardava, só conseguia pensar no que ocorreria se "a contagem chegasse ao fim e nada acontecesse".

Então uma sirene soou no búnquer de comando. Era isso. Na marca 05:29:45, um pulso elétrico percorreu os fios e atingiu os detonadores. Todos os 32 dispararam ao mesmo tempo, comprimindo o núcleo de plutônio no centro da bomba e desencadeando uma reação nuclear catastrófica.

Em trinta milionésimos de segundo, os observadores na escuridão da madrugada avistaram um clarão intenso, seguido por uma onda de choque imensa e um estrondo ensurdecedor. Com a força explosiva de 20 mil toneladas de TNT, uma luz "mais brilhante que o sol do meio-dia" foi vista a 321km de distância, enquanto o som se propagou por cerca de 160km. Uma bola de fogo amarela e laranja emergiu e se espalhou pelo céu. Então, uma nuvem espetacular em forma de cogumelo se ergueu a quase 12.000m de altura. O calor se espalhou pelo deserto, dissipando a torre de aço e abrindo uma cratera de aproximadamente 2m de profundidade e mais de 300m de comprimento no solo. Uma manada de antílopes que pastava perto da torre desapareceu. Não havia sinais de vida em um raio de 1,6km da explosão. Nem uma cascavel, nem uma folha de grama. Ninguém podia ver a radiação gerada pela explosão, mas todos sabiam que estava lá.

A enorme bola de fogo e nuvem em forma de cogumelo do teste Trinity, em 16 de julho de 1945.

Os homens amontoados nos búnqueres sentiram um misto de espanto, alegria e alívio. A engenhoca funcionou! Os espectadores do Exército ficaram chocados com a exibição de poder absoluto. O general Thomas F. Farrell, posicionado no búnquer de comando, ouviu um "barulho incrível, um alerta para o dia do Juízo Final". Para Groves, a explosão foi um despertar. Naquele momento, soube que a indústria da guerra mudara para sempre. "Não considero mais o Pentágono um abrigo seguro contra tal explosão", disse.

Em Compania Hill, o clarão foi tão forte e durou tanto que James Conant pensou que "o mundo inteiro arderia em chamas". Edward Teller afirmou que a explosão foi como "abrir as cortinas de uma sala escura para uma inundação de sol". No búnquer de comando, Kistiakowsky disse: "Estou certo de que, no fim do mundo, no último milissegundo de existência da Terra, o último homem verá o que vimos."

Do céu, a visão foi igualmente impressionante. Ajoelhado entre o piloto e o copiloto em um B-29, o físico Luis Alvarez estava a 9 mil metros de altitude e a 24km de distância do marco zero. Sem qualquer aviso, "a luz intensa invadiu o campo de visão". Então ele viu uma bola de fogo e uma nuvem em forma de cogumelo. Queria tirar fotos, mas esquecera de trazer uma câmera. Assim, usando suas habilidades de "desenho mecânico", esboçou a nuvem nuclear.

Preocupadas com o clarão e o estrondo ensurdecedor, as pessoas que moravam perto da base aérea ligaram imediatamente para as autoridades militares. Jones já tinha uma história falsa. Os militares disseram aos moradores e à polícia que um depósito de munição explodira, mas tudo estava sob controle. O repórter da Associated Press em Albuquerque recebeu inúmeros telefonemas de pessoas questionando o que teria acontecido na base. Afirmou que, se os militares não respondessem aos comentários, ele divulgaria sua própria história. Por fim, o Exército emitiu uma declaração:

> Recebemos muitas perguntas sobre uma intensa explosão que ocorreu na reserva da Base Aérea de Alamogordo pela manhã. Um depósito de munição isolado, com uma quantidade considerável de explosivos e artigos pirotécnicos, explodiu. Não houve mortos ou feridos (...) As condições climáticas que afetam o conteúdo das bombas de gás detonadas podem tornar aconselhável a evacuação temporária de alguns civis pelo Exército.

Nesse ínterim, o repórter William Laurence estava perplexo.

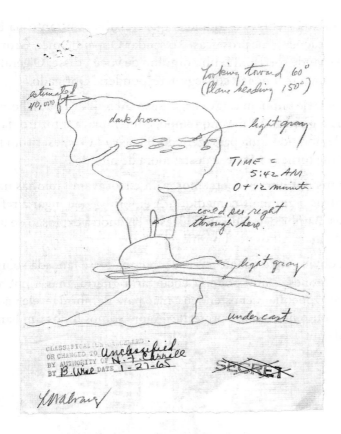

O esboço feito por Luis Alvarez da nuvem em forma de cogumelo do teste Trinity, em 16 de julho de 1945.

"A Era Atômica começou exatamente às 5h30 no Horário de Guerra da Montanha, na manhã de 16 de julho de 1945, em um terreno semidesértico a cerca de 80km de Alamogordo, no Novo México, alguns minutos antes do amanhecer de um novo dia na Terra", escreveu.

"Neste grande momento da história, que se assemelha ao controle do fogo pelos seres humanos, iniciando sua marcha à civilização, a vasta energia contida no núcleo dos átomos da matéria foi liberada pela primeira vez em uma explosão de chamas inédita neste planeta, iluminando o céu e a terra por um breve período que, com a luz de vários supersóis, parecia eterno."

Ao mesmo tempo, os homens que trabalharam tanto na bomba tiveram reações mais prosaicas. Ao saudar Oppenheimer, Groves exibiu um grande sorriso. "Tenho orgulho de você", disse. O geralmente loquaz Oppenheimer só conseguiu responder: "Obrigado."

Porém, ele também estava orgulhoso. Acreditava que a bomba encurtaria a guerra. Ao mesmo tempo, contemplava o futuro da civilização, lembrando uma passagem do *Bhagavad Gita*, escritura hindu: "Agora me tornei a Morte, a destruidora de mundos."

Alguns dos homens comemoravam e trocavam tapinhas nas costas. Outros eram mais comedidos. A euforia cedeu lugar a reflexões sensatas. Bainbridge, o diretor de teste, chamou a explosão de um "espetáculo maravilhoso e abominável".

Era óbvio o que aconteceria se a bomba fosse lançada sobre uma cidade japonesa. Sim, poderia encurtar a guerra, mas a que custo? Quando Oppenheimer estendeu a mão para Bainbridge, ele não retribuiu. Fitou-o nos olhos e proferiu: "Agora somos todos um bando de filhos da put*."

J. Robert Oppenheimer e o general Leslie Groves ao lado dos restos carbonizados da torre de aço, no local do teste Trinity.

CONTAGEM REGRESSIVA:
20 DIAS

17 de julho de 1945
Potsdam, Alemanha

Na manhã seguinte, no segundo andar da Pequena Casa Branca, o presidente Truman trabalhava em sua mesa — o mesmo lugar em que recebera a grande notícia na noite anterior.

Pouco depois das 20h, Stimson, secretário de guerra, e George Marshall, general do Exército, apareceram para tratar de um assunto importante, na opinião de seus assessores. O fato de Stimson estar na Alemanha era um pouco surpreendente. Truman não o convidara a Potsdam. Antes da viagem, ele disse a Stimson, com quase 78 anos, que queria resguardá-lo do "esforço excessivo". O secretário não acatou. Ofereceu-se para obter uma carta do cirurgião geral atestando sua boa saúde. Truman cedeu, reconhecendo a importância da viagem para o estadista idoso.

Quando Stimson e Marshall chegaram, o presidente estava em uma reunião com o secretário de Estado Byrnes. Stimson entregou a Truman um cabograma de Washington — o primeiro relatório sobre o teste nuclear que aguardara com tanta ansiedade.

"Realizado nesta manhã. O diagnóstico ainda não foi concluído, mas os resultados parecem satisfatórios e já superam as expectativas. A imprensa local é essencial, pois o interesse é amplo. O Dr. Groves ficou contente. Ele retorna amanhã. Enviaremos novas informações."

Truman ficou entusiasmado. Uma das questões centrais que pesavam sobre sua breve presidência estava resolvida: a bomba atômica funcionava. Ele deixara de ser o elo mais fraco nesta cúpula. Começaria a Conferência de Potsdam consideravelmente fortalecido. O êxito do teste Trinity deu-lhe uma nova confiança e um novo otimismo. A arma mais poderosa já criada integrava seu arsenal.

No dia 17, pouco antes das 12h, sentado em sua mesa, Truman levantou os olhos e lá estava ele: Joseph Stalin, "o Homem de Aço", o ditador da União Soviética, aquele que — o presidente ouvia nos noticiários — se elevava sobre generais, líderes do Partido Comunista e camponeses. Porém, pessoalmente, com todo o seu 1,65m, ele parecia "um pouco insolente".

Stalin vestia um uniforme cáqui simples. O peito de sua túnica militar era decorado com uma única estrela dourada — do título de Herói da União Soviética — e as calças tinham listras vermelhas nas laterais. Seu cabelo estava penteado para trás, revelando a testa proeminente. Seu bigode era grosso e eriçado. Seus olhos, amarelados, como se estivessem manchados pela fumaça do cigarro. Sua pele, esburacada e descorada — o que em Moscou era conhecido como "tez do Kremlin". Seus dentes eram trincados e escuros. O ex-dono de armarinho do Missouri o recepcionou com um claro terno trespassado, sapatos bicolores, gravata de bolinhas e lenço combinando.

Stalin se desculpou por chegar um dia atrasado. Truman tentou contar uma piada que agradasse o "Tio Joe", como F. D. R. costumava fazer, mas não conseguiu arrancar nem mesmo um sorrisinho. O russo era muito sério.

Truman explicou a Stalin que não recorria a manobras diplomáticas. Geralmente dizia sim ou não após ouvir todos os argumentos sobre um assunto. O líder soviético pareceu satisfeito.

Então, Stalin disse a Truman que manteria a promessa feita em Yalta: declarar guerra ao Japão em meados de agosto. O presidente ficou surpreso — e muito aliviado. Esse era o principal objetivo de Truman ao ir a Potsdam. E ele o atingira antes mesmo de a conferência começar. Truman escreveu abertamente em seu diário: "Ele entrará na Guerra Japa em 15 de agosto. Quando acontecer, será o fim dos japas."

CONTAGEM REGRESSIVA: 1945

O Palácio Cecilienhof, local da Conferência de Potsdam, em julho de 1945.

Era hora do almoço, e Truman decidiu convidar Stalin para se juntar a ele. De início, o russo recusou. "Você pode ir se quiser", pressionou o presidente. Stalin finalmente concordou, e a equipe da cozinha aumentou as quantidades de comida que já estavam no cardápio. O primeiro prato era creme de espinafre e pão de centeio; e o prato principal, fígado com bacon. Stalin acariciou o bigode como gesto de satisfação. Elogiou tanto o vinho que, mais tarde, Truman mandou mais de 24 garrafas para sua mansão.

Quando o presidente perguntou como Stalin achava que Hitler morrera, o generalíssimo disse que provavelmente ainda estava vivo, escondido "na Espanha ou na Argentina". Ele não revelou que os russos tinham um relatório de autópsia indicando que Hitler cometera suicídio em seu búnquer. Conversaram sobre a Espanha e as colônias italianas na África. Enquanto ouvia, Truman pensou que poderia lidar com Stalin. Sua impressão sobre o russo: direto, honesto e "muito inteligente".

Naquela tarde, a Conferência de Potsdam começou formalmente às 17h. A reunião, batizada de "Terminal" por Churchill, foi realizada no Palácio Cecilienhof, a antiga casa de veraneio do príncipe herdeiro da Alemanha. As bandeiras das três nações tremulavam na portaria — as Estrelas e as Listras, a Union Jack e o Martelo e a Foice. Porém, os soviéticos eram os anfitriões da conferência e não deixaram dúvidas. Soldados do Exército Vermelho com rifles e baionetas se enfileiravam pelo extenso caminho. No pátio havia uma enorme estrela vermelha de sete metros de altura com gerânios, rosas e hortênsias.

O palácio contava com 176 quartos e 4 alas, de modo que cada delegação tinha sua própria entrada e seus próprios aposentos. A conferência em si foi realizada na sala de recepção ampla e escura, com painéis de carvalho, pé-direito alto e uma grande janela com vista para o lago. No meio da sala havia uma mesa redonda de madeira de 3,5m de diâmetro, revestida de tecido, com pequenas bandeiras das três nações no centro. Havia cinzeiros para os participantes.

Cada delegação tinha cinco cadeiras na mesa, com os funcionários sentados atrás delas. Truman sentou-se no centro da equipe dos EUA. À sua direita estavam o secretário Byrnes e o almirante Leahy, e à sua esquerda, Joseph Davies, o ex-embaixador em Moscou, e Chip Bohlen, o especialista em questões relacionadas à Rússia do Departamento de Estado, que atuaria como tradutor.

A delegação britânica se destacava, pois Churchill convidara Clement Attlee, seu concorrente do Partido Trabalhista nas eleições gerais, no caso de ele se tornar o novo primeiro-ministro depois que todos os votos fossem contados.

Truman se sentiu confortável com a distribuição dos lugares — lembrava uma grande mesa de pôquer. No entanto, tinha plena consciência de que era o novato daquele grupo, alguém que fora juiz do condado apenas uma década antes, e Churchill e Stalin talvez achassem que poderiam se aproveitar dele.

CONTAGEM REGRESSIVA: 1945

A primeira ordem do dia era nomear um dirigente. Como alguém à vontade em jogos de apostas altas, Stalin tomou a iniciativa. Ele indicou Truman, ressaltando que era o único chefe de Estado presente. Churchill concordou sem hesitar.

A função não agradava o presidente, mas, como sempre, estava preparado. Disse que gostaria que a pauta da reunião seguinte fosse definida antes do encerramento de cada dia. "Não quero apenas debater", informou. "Quero decidir." E, apesar do fato notório de Churchill e Stalin acordarem tarde, ele desejava que as negociações começassem às 16h, e não às 17h. Os outros assentiram.

Entretanto, as nítidas divergências logo começaram a surgir. Truman mencionou as promessas que Stalin fizera a F. D. R. e Churchill em fevereiro, na Conferência de Yalta — especialmente a de estabelecer governos com eleições livres em países do Leste Europeu libertos dos nazistas. Na verdade, à medida que os soviéticos avançaram em direção à Alemanha, eles instituíram regimes fantoches na Polônia, na Hungria, na Checoslováquia e em outros países. Stalin também queria sua parte da Marinha alemã, que agora estava sob domínio britânico. Truman encerrou a sessão após 1h45min.

Finalizada a reunião, os russos conduziram as delegações a um elaborado jantar que incluía fígado de ganso, caviar, infinitas variedades de carne e queijo e opções impressionantes de vinho e vodka. Truman descobriria que esse era um banquete típico dos soviéticos.

Pouco depois das 19h, Truman estava a caminho da Pequena Casa Branca, mas, durante o percurso de dez minutos, o carro do presidente foi parado por soldados russos em um posto de controle. Um tenente soviético logo apareceu e gritou com eles por incomodarem o líder norte-americano. O almirante Leahy sussurrou para Truman: "Aposto que este tenente levará um tiro pela manhã."

O presidente estava satisfeito com o dia que se passara e, naquela noite, escreveu para Bess, de quem já sentia saudades. "Eu estava com tanto receio que não sabia se as situações estavam ocorrendo como deveriam. De qualquer forma, o primeiro passo foi dado e consegui o que precisava — Stalin entrará na guerra em 15 de agosto, sem quaisquer exigências... Agora, posso afirmar que finalizaremos a guerra um ano antes e pensaremos nas crianças que não serão mortas. Isso é o mais importante."

A bomba atômica fora testada. E, até o momento, tudo indicava que tinha sido um sucesso. Porém, nos pensamentos de Truman, permaneciam a invasão terrestre no Japão e o conflito duradouro e sangrento.

CONTAGEM REGRESSIVA:
19 DIAS

18 de julho de 1945

Potsdam, Alemanha

Na manhã seguinte, o secretário Stimson foi às pressas para a mansão de Truman e entregou-lhe um cabograma enviado durante a noite por George Harrison, seu assistente especial do Projeto Manhattan em Washington.

"O doutor acabou de retornar. Ele está mais entusiasmado e confiante de que o garotinho é tão robusto quanto sua irmã mais velha. O brilho de seus olhos é perceptível daqui até Highhold e eu poderia ouvir seu choro mesmo se estivesse na minha fazenda."

Os funcionários de decodificação do centro de mensagens do Exército ficaram intrigados, especulando se Stimson se tornara pai aos 77 anos. Porém, o secretário traduziu o cabograma para Truman.

Na verdade, o "doutor" era o general Groves, que acreditava que a bomba de plutônio testada dois dias antes era tão potente quanto a de urânio ainda não testada. O clarão da explosão foi visível por 402km, a distância de Washington a Highhold, a propriedade de Stimson em Long Island. O estrondo pôde ser ouvido a 80km, a distância de Washington, D.C., até a fazenda de Harrison na Virgínia.

Truman, que almoçaria com Churchill, ficou animado com os novos detalhes. Caminhou por seis minutos até a mansão do primeiro-ministro com o cabograma dobrado no bolso. Os dois líderes comeram sozinhos. Desde o início, Churchill e F. D. R. estabeleceram uma parceria no Projeto Manhattan. Na noite anterior, Stimson divulgara o relatório inicial sobre o teste bem-sucedido para o primeiro-ministro. Agora Truman o informava das últimas notícias.

Churchill parecia tão entusiasmado quanto o presidente. Truman sabia que seu homólogo detestava a ideia de invadir o Japão, temendo que isso custasse 1 milhão de vidas norte-americanas e talvez 500 mil britânicas. Agora existiria uma saída e o pesadelo de outro ano ou mais de conflito sangrento poderia ser evitado. Churchill achava que essa "arma sobrenatural" seria capaz de encerrar a guerra com "um ou dois impactos violentos".

Os dois líderes discutiram se ou quando deveriam contar a Stalin. Truman disse que era melhor esperar até o final da conferência. Churchill sugeriu informar o generalíssimo antes, para esclarecer que não escondiam nada dele. O presidente concordou em compartilhar a notícia após uma das sessões, mas Churchill advertiu que Stalin deveria ser informado da "Grande Novidade", mas não dos "detalhes".

O primeiro-ministro acrescentou que a bomba tornava irrelevante a entrada prometida dos soviéticos na guerra. O combate seria finalizado antes que chegassem à Manchúria, dominada pelo Japão. Truman concordou, pelo menos por enquanto. Naquela noite, escreveu em seu diário: "Acredito que os japas se renderão antes da entrada da Rússia. Sei que o farão quando a bomba aparecer sobre seu território."

Após o almoço, Truman fez uma visita à mansão de Stalin. Apesar de ter acabado de comer, encarou outro elaborado bufê russo e vários brindes. Finalmente, os dois líderes saíram sozinhos.

Stalin entregou a Truman um bilhete que recebera do Japão. O embaixador de Tóquio em Moscou disse que o imperador Hirohito queria negociar o fim da guerra. Os norte-americanos e britânicos esperavam que os japoneses tentassem dividir os Aliados, com o intuito de conseguir o melhor negócio possível. Stalin sugeriu pedir mais detalhes, para "tentar amansá-los". O presidente respondeu que não confiava na boa-fé do Japão.

Truman ficou impressionado com a disposição de Stalin em revelar a mensagem dos japoneses e discutir como respondê-la. Talvez os soviéticos estivessem prontos para lidar honestamente com seus aliados. Entretanto, durante a Conferência de Potsdam, os lados não foram nada transparentes uns com os outros. Os criptógrafos norte--americanos já haviam decifrado o código japonês e Truman lera a mensagem de Tóquio, mas, com Stalin, fingiu estar surpreso.

Às 16h, horário antecipado que o presidente exigiu, os Três Grandes retornaram à mesa de conferência. Truman mantinha o profissionalismo de sempre, como se estivesse trabalhando com seu próprio Gabinete. Um observador descreveu sua conduta: "Concisa e sem rodeios. Enquanto Roosevelt era caloroso e amigável com Churchill e Stalin, Truman era agradavelmente reservado."

Todavia, se Truman era sucinto, Churchill era o oposto. Ele fazia discursos longos e desconexos e parecia despreparado. Um dos tópicos principais era como os aliados lidariam com a Alemanha do pós--guerra. "O que queremos dizer com Alemanha?", questionou Churchill. Stalin já conquistara uma grande área na parte leste do país.

O líder soviético respondeu de forma incisiva. A Alemanha, disse, "é o que se tornou após a guerra. Não existe nenhuma outra". Truman ficou impressionado e elogiou seu homólogo russo, dizendo a um assessor: "De todos que conheço, Stalin é o mais parecido com Tom Pendergast", comparando-o favoravelmente ao chefe político de Kansas City.

A certa altura da sessão, Truman escreveu um bilhete e o passou ao ex-embaixador Davies. "Joe, como estou me saindo?", perguntou. Ele escreveu de volta: "Excepcionalmente bem. Você está mantendo sua postura da melhor forma possível nesta mesa."

No entanto, com apenas dois dias de conferência, o exigente e resoluto presidente já estava frustrado com a lentidão da diplomacia das grandes potências. Em sua opinião, Churchill falava o tempo todo, enquanto "Stalin só grunhe, mas é possível entender o que ele quer dizer".

Truman reclamou em seu diário: "Não ficarei neste lugar horrível durante todo o verão apenas para ouvir discursos. Posso simplesmente retornar aos EUA e fazer o mesmo no Senado."

Winston Churchill, Harry S. Truman e Joseph Stalin em Potsdam, em julho de 1945.

CONTAGEM REGRESSIVA:
18 DIAS

19 de julho de 1945
Oak Ridge, Tennessee

Vozes vindas do rádio ecoavam pela sala de estar. Ruth Sisson ouvia o noticiário da noite enquanto passava a ferro as blusas e camisas da família. Os aviões dos EUA transformavam as cidades japonesas em verdadeiros infernos. Bombardeiros norte-americanos atingiam alvos por 480km Japão adentro. Tóquio fora reduzida a escombros. Parecia que tudo acabaria em breve, mas o Japão se recusava a se render.

"Por que o imperador não desiste?", questionou uma culta voz ianque. Os japoneses lutariam até o último homem? Ruth queria desligar o rádio, mas seu pai estava atento a cada palavra, curvado em seu lugar habitual no sofá.

Ela examinou a gola do vestido floral rosa estendido na tábua de passar. Era o que estava usando quando Lawrence se despediu. Agora, estava puído ao longo da costura, quase todo desgastado. Talvez sua mãe pudesse remendá-lo. Não havia dinheiro para comprar um novo.

Da cozinha, sua mãe, Beulah, ouvia o rádio enquanto preparava o jantar. As crianças entravam e saíam correndo de casa, batendo a porta mosquiteira. "Apenas mais alguns anos e meus irmãos serão convocados", pensou Ruth.

"Acho que logo ele voltará para casa", disse William Sisson a Ruth.

Ela sorriu para ele, pendurou o vestido e desligou o ferro. Na varanda da frente, olhou para a fileira de árvores na extremidade da fazenda. Lawrence Huddleston, seu noivo, estava por aí, em algum lugar. Suas últimas cartas vieram da Inglaterra, mas ele não sabia por quanto tempo ficaria lá. "Talvez eu a veja em alguns meses", escreveu. Lawrence mal podia esperar para chegar aos EUA, para abraçar Ruth, para se casarem. Ela tentou ler nas entrelinhas. Ele presenciara muitas atrocidades, e o futuro poderia trazer mais. Seu noivo não deu muitos detalhes, o que a preocupava.

Quase três meses após a rendição dos nazistas, a maioria dos soldados e marinheiros norte-americanos que lutara na Europa ainda estava lá. Nas fábricas militares e em todas as comunidades montanhosas no leste do Tennessee, as mulheres diziam que seus maridos, namorados, irmãos e filhos estavam sendo enviados diretamente da Europa para o Pacífico, sem voltar para casa. Seria por isso que Ruth não soubera mais de Lawrence? Talvez ele não quisesse dar as más notícias a ela.

Pais, primos, amigos, o rádio, as pessoas no ônibus — todos conversavam sobre a guerra. Ruth estava farta. Quando a batalha na Europa terminou, ela achou que não precisariam de tanta gente na fábrica, mas se enganou. Eles ainda estavam contratando, assim como muitas das fábricas que produziam armas para os militares. Alcoa, a antiga empregadora de Lawrence, anunciava vagas no *Knoxville Journal*, procurando pessoas para trabalhar 48 horas por semana. Os adolescentes tinham várias opções de empregos de meio período.

Era evidente que os soldados não retornariam tão cedo. O governo estava se preparando para uma última ofensiva mortal no Japão. Lawrence estaria lá, outra vez na linha de frente. Esse pensamento paralisava Ruth de medo. Como médico, quantos jovens mais teria que salvar? Quanto tempo demoraria para ser ferido? Ou morto? Era tudo tão sigiloso. Como todos se esforçavam para descobrir o que se sucederia, os rumores circulavam sem parar.

O pai de Ruth foi até a varanda, se espreguiçou e bocejou. "Você está bem?", perguntou.

Ela assentiu.

Ele ficou perto da filha, em silêncio. Palavras não eram necessárias. Ela sabia que seu pai se importava. Nada que dissesse a animaria.

Mary Lou e Thelma, primas de Ruth, logo a visitariam. Talvez conseguissem distraí-la.

Ruth voltou para dentro e pegou o jornal a fim de conferir os anúncios de cinema. Conforme virava as páginas, só havia mais guerra: Conferência de Potsdam, União Soviética. Ela evitava a política. Queria fazer faculdade, se formar na área da educação, se tornar professora. Desejava assistir a filmes, se casar, comprar uma casa, constituir uma família. No futuro, quando a guerra tivesse fim. Se esse dia chegasse.

Ruth Sisson (à direita) com suas primas.

CONTAGEM REGRESSIVA:
17 DIAS

20 de julho de 1945
Potsdam, Alemanha

O humor de Truman piorara ainda mais. À medida que a conferência se desenrolava com decisões ínfimas, o prolixo Churchill continuava a divagar, enquanto Stalin era sucinto e incisivo na recusa de fazer concessões a seus aliados. Truman estava "cansado de toda essa situação".

Ele escreveu para Bess: "Pelo menos uma vez por dia preciso deixar bem claro para eles que, na opinião deste presidente, Papai Noel está morto e minha prioridade são os EUA. Então, quero que a Guerra Japa seja vencida e que ambos participem."

Conforme as discussões sobre a Europa estagnavam, Truman despendia cada vez mais tempo na questão de como dar um ultimato ao Japão. E o assunto central era qual seria o status do imperador Hirohito caso o inimigo se rendesse.

Usando o que era denominado equipamento "mágico" para decifrar códigos, Truman lia comunicações "ultrassecretas" de Shigenori Togo, ministro das Relações Exteriores, para Naotake Sato, embaixador do Japão em Moscou. Os japoneses esperavam que Stalin firmasse um acordo de paz, enfraquecendo a influência dos EUA e do Reino Unido. Togo estabeleceu os termos: "Se hoje, quando ainda mantemos nossa força, os anglo-americanos respeitassem a honra e a existência do Japão, salvariam a humanidade com o fim da guerra. Se, no entanto, insistem implacavelmente na rendição incondicional, os japoneses são unânimes na decisão de travar uma guerra absoluta."

155

"A honra e a existência" significava permitir que o imperador permanecesse em alguma posição de poder, o que acarretaria "o fim da guerra". Porém, se os EUA insistissem na "rendição incondicional" e em remover o imperador do Trono do Crisântemo, os japoneses continuariam a "travar uma guerra absoluta".

A equipe de Truman estava muito dividida sobre o que fazer. O posicionamento EUA–Reino Unido em relação ao Japão sempre fora de "rendição incondicional" — assim como com os nazistas na Europa. Sem exigências, sem concessões. Apenas rendição. No entanto, o secretário Stimson e o almirante Leahy aconselhavam o presidente a abandonar essa imposição. Eles sabiam que qualquer decisão dos japoneses de finalizar a guerra teria de ser aprovada pelo imperador. E seria muito menos provável que ele concordasse se sua própria posição estivesse em perigo.

O secretário de Estado Byrnes discordava. Desde a "infâmia" do ataque japonês a Pearl Harbor, os EUA sempre exigiram a rendição total, sem quaisquer condições — foi o posicionamento de F. D. R. durante todo o longo e sangrento conflito no Pacífico. Byrnes achava que, se Truman abrandasse os termos em seus primeiros meses no cargo, o povo norte-americano o "crucificaria".

A outra questão era a entrada da Rússia na guerra. A preocupação consistia na possibilidade de os soviéticos irem para a China e a Coreia, e depois para o Japão, e estabelecerem, na Ásia, o mesmo tipo de domínio que consolidavam no Leste Europeu. O secretário Byrnes insistia principalmente no esforço máximo dos EUA para finalizar a guerra antes da participação dos soviéticos.

Todavia, para tanto, seria preciso usar a bomba atômica. E as dúvidas de Truman permaneciam: ela funcionaria em um cenário de guerra? Nesse caso, forçaria os japoneses a se renderem? Para garantir a vitória, ele ainda queria que Stalin e os soviéticos se juntassem à luta, independentemente das possíveis consequências de longo prazo.

Devido à falta de progresso na mesa de conferência e às principais questões ainda pendentes sobre o Japão — uma combinação que, associada ao calor intenso na mansão, deixava o presidente ainda mais rabugento —, Truman convidou os generais Dwight Eisenhower e Omar Bradley para almoçar.

Na Europa, Ike era o rosto da vitória dos Aliados. Ele liderou as campanhas bem-sucedidas no Norte da África e na Itália antes de, em 1943, ser nomeado comandante supremo da Força Expedicionária Aliada. Nessa função, foi responsável pela invasão no território europeu ocupado pelos nazistas, que começou em 6 de junho de 1944, no Dia D. A invasão de 150 mil soldados nas praias da Normandia inverteu o curso da batalha na Europa de forma decisiva para os Aliados. Eisenhower se tornou um dos verdadeiros heróis norte-americanos da guerra.

Apesar de não ser tão conhecido, Bradley também era um líder militar formidável. No Dia D, atuou como comandante de campo dos soldados norte-americanos. Suas forças foram as primeiras a invadir a Alemanha e, ao final da guerra, controlaram grande parte do país. Bradley tinha outra coisa a seu favor. Assim como Truman, ele era do Missouri e gostava de seu novo comandante-chefe, considerando-o "direto, despretensioso, lúcido e enérgico".

Durante o almoço, os três discutiram a estratégia no Pacífico e a possibilidade de lançar a bomba. Truman passou a Bradley a impressão de que já decidira usar a nova superarma. O presidente não pediu conselho a nenhum dos dois, mas Eisenhower decidiu dar o seu mesmo assim.

Três dias antes, quando Stimson o informou sobre a bomba, Eisenhower foi tomado por um "sentimento de depressão". Ele contou seus "grandes receios" ao presidente. Primeiro, o Japão já fora derrotado. Usar um explosivo tão terrível era desnecessário. Em segundo lugar, ele achava que os EUA "não deveriam chocar a opinião mundial" por ser a primeira nação a intensificar de forma tão radical a natureza da guerra, utilizando uma verdadeira arma de destruição em massa.

Eisenhower também aconselhou Truman a não ter pressa para fazer Stalin entrar na guerra. Assim como outros conselheiros, Ike se preocupava com o que os soviéticos fariam no Extremo Oriente, mas o presidente ainda queria os russos na batalha.

A conversa com dois de seus principais generais trouxe mais reflexões a Truman. Além de suas dúvidas sobre a bomba ser usada fora das condições rigorosamente controladas em Alamogordo e o êxito do ataque ter um "impacto" suficiente para forçar a rendição do Japão, ele ainda tinha que lidar com a observação feita por Eisenhower. Queria ser o responsável por inaugurar uma nova era de conflito humano com uma nova tecnologia aterrorizante?

Por enquanto, Truman seguiria os planos de invadir o Japão. Porém, sabia que teria que decidir — e logo — se usaria sua nova arma.

CONTAGEM REGRESSIVA:
16 DIAS

21 de julho de 1945

Tinian

O coronel Tibbets acabara de finalizar suas anotações para outra importante reunião. Esfregou os olhos, bocejou e se esticou no beliche para cochilar. Todo dia, outra maldita situação; alguma nova complicação, algum novo conflito ou contratempo. O ritmo só aumentou depois que Tibbets recebeu a mensagem codificada do general Groves.

O teste no Novo México foi um sucesso. Até então, todo o projeto era teórico; um investimento de US$2 bilhões em equações e fórmulas. Agora a bomba atômica era uma realidade. Como todas as dúvidas de Tibbets tinham se dissipado, ele começou a treinar ainda mais seus homens. Sabia que a próxima explosão atômica seria para valer.

As equipes de Tibbets realizavam missões aéreas sobre o Japão, lançando "abóboras explosivas" — esferas alaranjadas com 2.495kg de explosivos e um fusível de proximidade que detonava no ar, acima do alvo, assim como a bomba atômica. Era um ótimo treino.

Apenas um homem estava de fora: o tenente Jacob Beser.

Sempre que Beser pedia para participar, Tibbets negava, pois ele era o melhor especialista em radar do Exército e não era aconselhável colocá-lo em risco antes da missão principal. Beser era uma garantia contra sinais de rádio japoneses que poderiam acionar a bomba antes de ela atingir o alvo.

Beser não aguentava mais observar os colegas se dirigindo para a linha de voo, deixando-o para trás. Decidiu tentar mais uma vez. Irrompeu nos aposentos de Tibbets, pronto para argumentar. "Coronel, é apenas um ataque", disse, próximo à porta, vendo o chefe estirado em sua cama.

Tibbets ergueu os olhos e suspirou. Gostava de Beser. No último ano, eles passaram muito tempo juntos em Wendover, Los Alamos e no Pentágono. Porém, ultimamente, Tibbets estava sob mais pressão do que o normal. Sentia-se assim desde maio, quando o 509º Grupo Composto chegou a Tinian, uma ilha cujo terreno parecia um parque, com arvoredos e extensos canaviais. Sua paisagem ampla era ideal para bases aéreas. Em julho de 1944, poucos dias depois que a ilha foi conquistada, os batalhões de construção da Marinha, conhecidos como Seabees, chegaram com escavadeiras.

Um dos Seabees de Nova York percebeu que, do alto, a ilha tinha uma semelhança geográfica com Manhattan, então ele planejou as ruas com base no mapa da Big Apple. A Broadway com a Forty-Second Street era o cruzamento mais movimentado, e muitos soldados com saudades de casa ficavam maravilhados ao se verem morando na Park Avenue, na Madison Avenue ou na Riverside Drive. O 509º Grupo Composto residia na esquina da 125th Street com a Eighth Avenue, no bairro que seus membros chamavam de "Universidade Columbia", embora o endereço na verdadeira Nova York fosse no centro do Harlem.

A ilha logo se tornou quase tão estressante, barulhenta e congestionada quanto uma cidade grande. Era uma importante base aérea militar dos EUA, perfeitamente posicionada para lançar ataques aéreos contra o Japão.

Os militares norte-americanos se referiam a Tinian pelo codinome "Destination". E foi, de fato, o destino de 1.200 homens de Tibbets e seus dezoito B-29s especialmente modificados. O 509º era uma unidade independente, composta do 393º Esquadrão de Bombas, do 320º Esquadrão de Transportadores de Tropas, do 390º Grupo de Serviços Aéreos, do 603º Esquadrão de Engenharia Aérea e do 1027º Esquadrão de Equipamentos Aéreos. Uma unidade especial chegou depois, batizada de 1º Esquadrão de Artilharia: especialistas que lidariam com as bombas atômicas.

CONTAGEM REGRESSIVA: 1945

Desde o dia em que desembarcou, Tibbets estava ocupado reunindo-se com o alto escalão, incluindo o general LeMay, então comandante da 20ª Força Aérea, e o almirante Nimitz, comandante supremo da Frota do Pacífico. Seus homens viviam em relativo isolamento perto de North Field, uma das duas bases aéreas da ilha. A pista de 2.590m de comprimento era a maior do mundo — o tamanho necessário para aviões com cargas pesadas de bombas realizarem voos noturnos de 12 horas a fim de atingir o inimigo.

Vista aérea de Tinian.

Os últimos meses haviam sido os mais atribulados da carreira de Tibbets. Problemas sérios e outros nem tanto surgiam todos os dias, e cada um parecia exigir sua atenção. Como consequência, ele estava frustrado e exausto, e era raro conseguir dormir mais do que algumas poucas horas.

Muitos dos problemas eram provenientes do véu de sigilo sob o qual o 509º vivia. Mesmo os oficiais de alta patente tinham que ser informados de modo geral. A missão de Tibbets era muito diferente dos bombardeios de rotina que os outros esquadrões realizavam. Os outros comandantes não entendiam o que se passava. Ninguém entendia. As outras unidades em Tinian consideravam os homens do 509º um "bando de dândis mimados". Eles eram insultados. Alguém até escreveu um poema sarcástico que foi mimeografado e divulgado na ilha. Incluía os seguintes versos:

O segredo para o céu eles levaram,

Ninguém sabe o destino que alcançaram,

Amanhã retornarão novamente,

Mas jamais saberemos onde estiveram realmente

Deveríamos estar em casa há um mês ou mais,

Pois o 509° está vencendo a guerra pela paz

O general de brigada John Davies, comandante da 313ª Ala de Bombardeio, ficou intrigado com o grupo de Tibbets e continuou a fazer perguntas sobre sua missão. Quando o coronel explicou que não podia falar sobre o assunto, ele ficou com raiva. A presença de Tibbets o ofendia. Como suas tripulações tinham muita experiência em combate no Japão, Davies afirmou que os homens do 509º se beneficiariam com as instruções oferecidas por seus oficiais mais competentes. Tibbets deu de ombros e enviou três de suas tripulações para uma das palestras. Naquela tarde, Davies pediu para falar com ele.

"Todas as suas equipes são semelhantes às tripulações que vieram hoje de manhã?", perguntou.

Tibbets disse que sim.

"Caramba", resmungou. "Elas estão desmoralizando todo o meu treinamento, pois sabem mais de aeronaves do que meus instrutores."

CONTAGEM REGRESSIVA: 1945

Foi o fim das instruções. Porém, havia muitas outras rivalidades a serem resolvidas. Uma delas era Bill Irvine, diretor de materiais do general LeMay. Ele centralizou a manutenção de centenas de B-29s na ilha e não entendia por que a unidade espertalhona de Tibbets deveria ter suas próprias instalações. Afinal, em sua opinião, um B-29 era um B-29. Insistia para que Tibbets juntasse sua equipe de manutenção às outras e enviasse os aviões do 509º à central para ajustes e reparos, mas o coronel queria que seus mecânicos fossem os únicos a mexer em suas aeronaves especializadas. Mais uma vez, manteve-se firme.

Em apenas um mês, Tibbets retornou aos EUA três vezes para se reunir com líderes militares. Ele foi escolhido para testemunhar o teste Trinity no Novo México, mas Tom Ferebee, piloto de bombardeiro de sua confiança, pediu que ele voltasse a Tinian com urgência.

A mensagem chegou assim que Tibbets pousou no aeroporto Lunken, em Cincinnati. Ele planejava visitar seu antigo mentor, o Dr. Alfred Harry Crum, o homem que o aconselhou a esquecer a medicina e seguir carreira na aviação.

Ferebee não deu detalhes, mas Tibbets largou tudo e voltou correndo para Tinian. Quando desceu do avião, o piloto de bombardeiro estava esperando. "É uma má notícia, Paul, uma péssima notícia", revelou. Uma manobra para dar a missão da bomba atômica a outra unidade fora iniciada. Tibbets afirmou que descobriria o motivo.

O general LeMay estava por trás do complô. Tibbets sabia que ele não entendia o treinamento, o tempo e o esforço despendidos nessa missão. LeMay ficara a par do segredo atômico recentemente e recebera apenas informações básicas: a arma existia e seria usada em breve. O general foi autorizado a contar sobre a bomba atômica para seu oficial de operações, o coronel William Blanchard, que, na opinião de Tibbets, significava problemas. Ele era um homem inteligente, ambicioso e político o suficiente para entender que a bomba atômica, se bem-sucedida, daria o mérito pelo fim da guerra a uma unidade desconhecida que acabara de chegar ao Pacífico. Era evidente que Blanchard queria um pouco da glória para si mesmo e seus homens.

Blanchard não conhecia a técnica de lançamento da arma, desenvolvida ao longo de meses de prática. Tibbets tinha dezoito pilotos infinitamente mais habilidosos nesta tarefa específica do que qualquer um sob o comando de LeMay. Tibbets poderia falar com o superior do general, o que talvez resolvesse a situação de imediato, mas decidiu enfrentá-lo pessoalmente. Não deixaria que ele assumisse o controle. Foi até seu escritório e perguntou se o boato era verdadeiro. LeMay confirmou.

Se ainda fosse um jovem oficial impetuoso, Tibbets teria levantado a voz e manifestado sua raiva. No entanto, ao longo dos anos, aprendera a lição. Respirou fundo e, "educadamente, mas com firmeza", disse que pretendia ele mesmo realizar a missão. O 509º deveria atuar conforme pretendido desde sua formação, sem interferência externa. Se alguém da equipe do general LeMay quisesse conferir a competência de sua tripulação, seria bem-vindo a participar de uma de suas práticas de voo.

No dia seguinte, Blanchard foi designado para se juntar a Tibbets em um voo de treinamento até a ilha vizinha de Rota, que ainda estava sob domínio japonês. Eles lançariam abóboras explosivas em uma base aérea. Blanchard afivelou o cinto. Tibbets ligou os motores e deu sinal verde para seu grupo de elite — ele no assento do piloto, Robert Lewis como o copiloto. Levariam Blanchard a um passeio que ele nunca esqueceria.

O B-29 chegou ao ponto de mira na hora exata que o navegador Dutch Van Kirk estimou. Ferebee lançou a bomba, que atingiu em cheio o alvo. Naquele momento, Tibbets fez uma arrepiante curva de 155º — a mesma que usaria na missão secreta para escapar da explosão. Blanchard praticamente paralisou quando a força g o prendeu em seu assento. Ele ficou pálido. "É o suficiente", arquejou. "Vocês já me convenceram."

"Ainda não terminamos", informou Tibbets.

Para garantir, ele deu ao coronel uma amostra do desempenho do avião turbinado, como se fosse um piloto acrobático em um set de filmagem. Apesar dos truques, o B-29 voltou a Tinian apenas quinze segundos depois do previsto por Van Kirk. Blanchard desceu assim que a porta se abriu.

Tibbets nunca mais ouviu Blanchard ou LeMay contestarem as qualificações do 509º.

E quanto a Beser? Ele era persistente. Tibbets sabia que Beser se alistara para sobrevoar a Alemanha em missões de combate. Ele contou sua história inúmeras vezes para diversas pessoas, mas ainda não conseguira voar em nenhuma.

"Paul, só quero fazer esta missão para ver como é!", suplicou.

Tibbets explodiu. Pulou da cama e vociferou: "Caramba, tenente Beser, eu disse que não é *não*! Agora, dê o fora do meu quarto e vá cuidar da sua vida! E da próxima vez que me pedir algo, lembre-se de que é coronel Tibbets! Entendeu?"

Beser deu meia-volta e disparou para fora do barracão.

A notícia logo se espalhou pela base: "O chefe está tendo um ataque de fúria."

CONTAGEM REGRESSIVA:

13 DIAS

24 de julho de 1945

Potsdam, Alemanha

O tempo estava se esgotando para Harry Truman. Era a manhã de seu décimo dia em Potsdam, e ele sabia que, se fosse usar a bomba atômica, tinha de resolver logo. Os militares não podiam avançar sem sua ordem, mas o presidente ainda enfrentava a fatídica decisão.

Pouco depois das 9h, o secretário da guerra Stimson chegou à Pequena Casa Branca e foi conduzido ao escritório de Truman no segundo andar. Ele tinha uma mensagem codificada de Washington:

ULTRASSECRETO
PRIORIDADE OPERACIONAL

WAR[1] 36792 MENSAGEM CONFIDENCIAL DE HARRISON RESTRITA AO SECRETÁRIO DA GUERRA.

A partir de 1º de agosto, dependendo do estado de preparação do paciente e da condição atmosférica, talvez seja possível realizar a operação. Considerando apenas o paciente, há alguma chance de 1º a 3 de agosto, boas chances de 4 a 5 de agosto e, exceto no caso de uma recaída inesperada, quase certamente antes de 10 de agosto.

---

1 Indicador de comunicação militar. (N. da T.)

Truman entendeu o significado da mensagem: em oito dias, a bomba estaria pronta para ser usada contra o Japão. Era a tão esperada notícia. No entanto, o presidente revelou a Stimson que ainda cogitava dar um aviso aos japoneses. Mesmo a essa altura, com tudo pronto — as tripulações de voo, a ciência, todos os milhões de horas de trabalho e todos os bilhões de dólares gastos desde que F. D. R. autorizou o Projeto Manhattan em 1942 —, Truman ainda queria oferecer aos japoneses uma última chance de se renderem.

Três dias antes, na Pequena Casa Branca, Truman recebera outro informativo de Stimson, dessa vez um relatório do general Groves. Era a primeira descrição completa do teste da bomba realizado há uma semana. O documento demorou para chegar até o presidente, pois Groves se recusou a enviá-lo por cabograma, optando por mandar um mensageiro transportá-lo de avião pelo Atlântico.

Stimson leu o relatório em voz alta para Truman e o secretário de Estado Byrnes. Tinha quatorze páginas com espaçamento duplo, e ele estava tão animado que não parava de tropeçar nas palavras. Levou quase uma hora para finalizar a leitura.

No memorando, Groves afirmou que o teste superou todas as expectativas. "Pela primeira vez na história houve uma explosão nuclear. E que explosão! (...) Estimo que a energia gerada tenha sido maior do que 15 mil a 20 mil toneladas de TNT."

Entretanto, o mais impressionante foi a descrição física da explosão. "Por um breve período, houve um efeito de luz em um raio de 32km, equivalente a vários sóis do meio-dia; formou-se uma enorme bola de fogo que durou vários segundos (...) O clarão da explosão foi visto em Albuquerque, Santa Fé, Silver City, El Paso e outros pontos, geralmente a cerca de 290km de distância (...) Formou-se uma nuvem imensa que se elevou com tremendo poder, alcançando a subestratosfera a uma altitude de 12.497m."

A fim de explicar o que a bomba significava para a guerra com o Japão, Groves citou seu adjunto, o general Thomas Farrell, chefe das operações de campo em Los Alamos. "Agora temos os meios para garantir uma conclusão célere e salvar milhares de vidas norte-americanas."

Enquanto o presidente ouvia o fim da leitura do relatório, ele sentiu "uma confiança inteiramente nova". No dia seguinte, Stimson mostrou o documento de Groves para Churchill. O primeiro-ministro reagiu com seu inigualável senso de história e teatro: "Stimson, o que era a pólvora? Trivial. O que era a eletricidade? Insignificante. A bomba atômica é a segunda vinda da ira."

Todavia, ao mesmo tempo que a bomba deu a Truman maior segurança de que ele poderia encerrar a guerra em seus próprios termos, sua esperança de nunca precisar usá-la permaneceu. O presidente ainda procurava uma saída. A solução foi formular criteriosamente um ultimato a Tóquio, que seria emitido como a Declaração de Potsdam pelas três nações em guerra com o Japão — Estados Unidos, Reino Unido e China.

A declaração mantinha a exigência de rendição incondicional do Japão. E, embora Truman não mencionasse a bomba expressamente, o documento decretava a seguinte ameaça: "A aplicação total de nosso poder militar, apoiada por nossa determinação, significará a destruição completa e inexorável das forças armadas japonesas e, igualmente inevitável, a devastação absoluta do Japão."

Mais uma vez, Stimson tentou convencer Truman a desistir da "rendição incondicional". Ele argumentou que o Japão interpretaria a declaração como uma exigência para que abdicasse de seu imperador. Queria mudar a linguagem para algo mais ambíguo: os Aliados "continuariam a guerra contra os japoneses até que parassem de resistir". Achava melhor deixar o imperador fora disso.

No entanto, o secretário Byrnes não concordava. Advertiu que Truman reafirmara a "rendição incondicional" como política dos EUA em seu primeiro discurso ao Congresso, apenas quatro dias depois de se tornar presidente. Foi a condição sob a qual os nazistas se renderam. E a opinião pública norte-americana contrária aos japoneses e a seu imperador ainda estava em alta.

Os jornais estavam repletos de notícias sobre as atrocidades do inimigo. Em maio, foi amplamente divulgada uma foto de um prisioneiro de guerra norte-americano vendado, de joelhos, as mãos amarradas nas costas, prestes a ser decapitado por um soldado japonês.

Em junho, uma pesquisa de opinião constatou que apenas 7% dos norte-americanos acreditavam que o imperador deveria permanecer no trono, ainda que como um fantoche. Um terço dos participantes queria que ele fosse executado como criminoso de guerra. A rendição incondicional era a exigência desde Pearl Harbor. Qualquer outra coisa seria considerada apaziguamento.

Antes de enviar o ultimato a Tóquio, o presidente precisava obter a aprovação dos chineses. O Japão teria a última chance de evitar uma destruição sem precedentes na história humana.

Apesar de todas as suas apreensões, Truman sabia que precisava lançar a bomba. O Projeto Manhattan dera a ele uma arma que poderia finalizar a guerra. E, por mais devastadores que fossem os prejuízos, os japoneses se recusavam a se render. Não restavam alternativas.

Contudo, isso não tornava a decisão menos dolorosa. No dia seguinte, o registro em seu diário expressava a plena consciência do quão significativa era sua escolha. "Nós descobrimos a bomba mais terrível da história mundial. Pode ser a destruição pelo fogo profetizada na Era do Vale do Eufrates, depois de Noé e sua fabulosa Arca." Eram pensamentos para suas longas noites de insônia.

Na manhã de 24 de julho, sentado em seu escritório na Pequena Casa Branca, o comandante-chefe se dedicou às considerações operacionais. Posteriormente, Truman recordaria: "Esta arma deve ser usada contra o Japão entre hoje e 10 de agosto. Eu disse ao secretário da guerra, o Sr. Stimson, para usá-la de modo que os alvos sejam os objetivos militares, os soldados e os marinheiros, e não as mulheres e as crianças. Mesmo que os japoneses sejam selvagens, implacáveis, impiedosos e fanáticos, nós, como líderes mundiais em prol do bem comum, não podemos lançar esta bomba na antiga ou na nova capital (Quioto ou Tóquio)."

Às 11h30, Churchill e sua equipe militar foram à sala de jantar da mansão para participar de uma conferência do Estado-Maior dos EUA e do Reino Unido. Talvez Truman ainda tivesse dúvidas persistentes sobre o lançamento da bomba, mas o que ouviu apenas reforçou sua decisão de prosseguir.

Truman recorreu mais uma vez ao general do Exército George Marshall. O presidente pediu a estimativa mais recente do que seria necessário para derrotar o Japão em suas principais ilhas. Marshall relatou a sangrenta campanha que tinham acabado de travar em Okinawa, onde as forças dos EUA mataram mais de 100 mil japoneses sem uma única rendição. O general disse que até os civis cometeriam suicídio em vez de serem capturados.

A história se repetia nos bombardeios norte-americanos das cidades japonesas. Marshall contou que o fato de os EUA mataram mais de 100 mil pessoas em Tóquio em uma única noite "aparentemente não surtiu efeito. As cidades do Japão foram destruídas, mas, pelo que sabemos, o moral não foi afetado".

Marshall disse a Truman que o ideal era "abalar os japoneses". Uma forma de impactar o inimigo seria invadir o território principal do Japão. Marshall disse que "custaria" entre 250 mil e 1 milhão de baixas norte-americanas, com uma perda semelhante do lado japonês. Os outros líderes militares concordaram com a estimativa. O objetivo, disseram, seria finalizar a guerra em novembro de 1946.

Então, Truman abordou a outra opção. Ele perguntou a Stimson quais cidades japonesas se dedicavam exclusivamente à produção bélica. O secretário percorreu a lista, mencionando Hiroshima e Nagasaki. Truman avisou os homens na sala de que tomara uma decisão: usaria a bomba atômica. Passara "um bom tempo pensando com prudência" e "não gostava da arma", mas sentia que, se ela funcionava, a disposição de usá-la era inevitável.

E havia o custo aterrador de não fazê-lo. Quanto mais as forças dos EUA se aproximavam do território japonês, mais ferozmente o inimigo lutava. Nos três meses desde que Truman assumiu o cargo, as baixas norte-americanas no Pacífico atingiram quase a metade da quantidade dos três anos anteriores de guerra. Nem uma única unidade japonesa se rendeu. E a pátria inimiga se mobilizava para uma invasão e a batalha mais sangrenta de todas. O Japão tinha mais de

2 milhões de soldados posicionados. E todos os civis estavam armados e haviam sido treinados para lutar.

Truman disse mais tarde: "Ocorreu-me que 250 mil de nossos jovens na flor da idade valiam algumas cidades japonesas."

Com a decisão tomada, o presidente não podia adiar mais: precisava contar a Stalin sobre o Projeto Manhattan e a existência da nova superarma. Às 19h30, após a sessão daquele dia no palácio, ele foi até a delegação soviética e conversou com o líder da URSS por meio do tradutor russo. O presidente não solicitou uma reunião privada, apenas mencionou "casualmente" que os EUA tinham uma nova arma de excepcional força destrutiva.

Truman se preparou, pois não sabia como Stalin reagiria. Ele ficaria com raiva de os EUA terem empreendido um grande projeto de pesquisa e desenvolvimento, criado uma nova bomba devastadora e mantido a arma em segredo de um aliado por anos?

Stalin disse que estava contente com a notícia e esperava que os EUA fizessem "bom uso da arma contra os japoneses".

Só isso. Nenhum questionamento sobre sua natureza. Nada sobre compartilhá-la com os russos. Oficiais norte-americanos e britânicos ficaram chocados. O tradutor dos EUA não tinha certeza de que a mensagem de Truman fora transmitida.

Depois, Churchill foi até Truman e indagou: "Como foi?" O presidente respondeu: "Ele não fez uma única pergunta."

Entretanto, Stalin estava interessado, só não ficou surpreso. Os soviéticos conduziam suas próprias pesquisas há três anos. E tinham um espião dentro do Projeto Manhattan. Klaus Fuchs, um físico alemão em Los Alamos, fornecera informações valiosas a Moscou.

Fuchs era comunista há anos, desde que sua família foi perseguida por se pronunciar contra o Terceiro Reich. (Seu pai foi enviado para um campo de concentração e sua mãe, induzida ao suicídio.) Ele se juntou ao Partido Comunista da Alemanha, pois sentia que o grupo era o único que podia se opor efetivamente aos nazistas. Fuchs acabou fugindo e concluiu seu doutorado em física na Inglaterra. Em 1942,

CONTAGEM REGRESSIVA: 1945

foi com vários outros cientistas britânicos a Nova York para trabalhar com uma equipe do Projeto Manhattan na Universidade Columbia. Lá, conheceu Raymond, um membro do Partido Comunista que era mensageiro de espiões soviéticos.

Em 1944, Fuchs começou a trabalhar em Los Alamos. Em 2 de junho de 1945 — seis semanas antes de Truman contar a Stalin sobre a arma —, o físico encontrou Raymond em Santa Fé. Sentado em seu carro, Fuchs abriu sua pasta e entregou ao mensageiro um envelope cheio de detalhes confidenciais sobre a "Fat Man", incluindo o núcleo de plutônio, o iniciador, o sistema de detonação dos explosivos e um esboço da própria bomba atômica. Embora tenha sido bem recebido pelos cientistas norte-americanos em Los Alamos, era um verdadeiro adepto da causa comunista; leal à União Soviética, e não aos EUA.

Apesar de toda a aparente indiferença de Stalin a respeito da revelação de Truman, um membro da delegação russa ouviu o líder soviético e Vyacheslav Molotov, ministro das Relações Exteriores, discutirem o assunto naquela noite. Molotov disse que era o momento de "apressar" o desenvolvimento de uma bomba russa. Posteriormente, um historiador constatou: "A corrida armamentista nuclear do século XX começou em 24 de julho de 1945, às 19h30, no Palácio Cecilienhof."

CONTAGEM REGRESSIVA:
12 DIAS

25 de julho de 1945
Los Alamos, Novo México

Ao receberem a notícia do teste Trinity, realizado em Alamogordo, as pessoas começaram a festejar nas ruas de Los Alamos. O uísque fluía, os bongôs soavam e os cientistas e os técnicos dançavam naquele primeiro grande dia.

À medida que o tempo passava, testemunhas oculares contavam com entusiasmo o que tinham visto e sentido naquela manhã no deserto. Um clarão repentino, uma luz forte e brilhante, seguida por uma enorme bola de fogo que, conforme crescia, mudava de amarelo para laranja e, depois, vermelho. Uma nuvem em forma de cogumelo que ascendeu milhares de metros. Um estrondo maciço acompanhado pelo barulho de um trovão artificial que pôde ser ouvido por quilômetros.

Os cientistas, engenheiros e soldados trabalharam por tanto tempo e com tanto empenho que precisavam conversar sobre o acontecimento. Eram tempos memoráveis, e eles haviam presenciado algo absolutamente maravilhoso. Liderados por Oppenheimer, o homem que consideravam o gênio da época, tinham unido forças para desvendar um segredo do universo.

E então a euforia diminuiu.

Alguns dos cientistas passaram a enfrentar a dura verdade: eles criaram um meio de destruição em massa. Muito provavelmente, o dispositivo concebido com tanto entusiasmo logo incineraria uma cidade japonesa cheia de homens, mulheres e crianças.

O trabalho diminuiu em Los Alamos. Os cientistas começaram a debater abertamente a moralidade do uso de armas atômicas. Kistiakowsky, o químico que ajudou a desenvolver uma carga explosiva específica para a arma nuclear, afirmou que a nova bomba não era pior do que o bombardeio contínuo de cidades japonesas. Outros argumentavam que era uma troca: uma população japonesa morreria para que outra população de soldados aliados sobrevivesse.

O físico Robert Wilson estava passando por um momento particularmente difícil. "Fizemos uma coisa terrível", disse a um colega. Outros se sentiam culpados por esperar tanto para assumir uma posição moral — deveriam ter apoiado Szilard e Franck. Alguns acreditavam que ainda havia tempo de convencer os líderes militares a não usar a bomba atômica sem antes avisar os japoneses.

Durante a maior parte de sua vida, Oppenheimer lutou contra a depressão e agora sentia a escuridão familiar se aproximando. Nas reuniões em que líderes militares discutiam detalhes das cidades-alvo japonesas, ele imaginava o que aconteceria no solo abaixo da explosão, como o holocausto se desdobraria pelos quarteirões e bairros da cidade. Sua secretária, Anne Wilson, notou a mudança. Oppie caminhava de sua casa até a Área Técnica, murmurando: "Aqueles pobres coitadinhos. Pobres coitadinhos." Ela entendia o que ele queria dizer.

Entretanto, de alguma forma, Oppenheimer era capaz de compartimentalizar suas reconsiderações. Ele continuou trabalhando com Groves para garantir que a explosão causasse o maior impacto psicológico possível nos japoneses. O general Thomas Farrell e o coronel John Moynahan, oficiais encarregados do bombardeio de Hiroshima, receberam instruções.

Oppenheimer escreveu: "Não permitam que lancem a bomba por entre as nuvens ou enquanto estiver nublado. O alvo precisa estar visível. Claro, ela não deve ser lançada sob chuva ou neblina (...) Não deixe que a detonem tão alto, do contrário, o alvo sofrerá menos danos."

O monstro de Oppenheimer estava quase solto. Ao contrário do Dr. Frankenstein, não havia como destruí-lo agora. Tentar conter os danos era a única alternativa possível.

Potsdam, Alemanha

Harry Truman se orgulhava de sua capacidade de decisão. Porém, ninguém jamais precisou tomar uma decisão como essa. E até mesmo o presidente se encontrava em dificuldades agora. Tinha problemas para dormir na Pequena Casa Branca em Babelsberg. Talvez fosse o calor insuportável ou o ambiente estranho. Talvez não.

Ele sentia saudades da família. Após um telefonema com Bess, escreveu: "Tento inventar motivos para finalizar a Conferência e voltar para casa." Reclamou que não recebia muitas cartas dela ou de sua filha, Margaret. Escreveu à esposa, pedindo para "dizer à jovem que o pai dela ainda sabe ler". Outras vezes, instruía Bess: "Mande um beijo para minha menina." Na época, Margaret era uma mulher de 21 anos.

Quando recebia notícias de sua esposa, sentia uma enorme satisfação. "Não, seu gosto para chapéus não é esquisito", respondeu a uma de suas cartas. No entanto, o alívio logo passava. Durante esse período, Truman reclamava de fortes dores de cabeça — uma condição da qual sofria sempre que estava sob estresse excessivo.

A escolha parecia óbvia. O general Marshall expusera as terríveis baixas caso os EUA invadissem o território japonês: outro ano de guerra e centenas de milhares de norte-americanos mortos ou feridos. Porém, o lançamento da primeira bomba atômica implicava o extermínio de toda uma cidade japonesa e dezenas de milhares de civis. Mais do que isso, significa a instauração de uma nova força destrutiva para a humanidade. Truman reconhecia as consequências. Naquele dia, escreveu em seu diário: "Nós descobrimos a bomba mais terrível da história mundial."

Apesar do desassossego profundo que sentia, o presidente deu ordem de prosseguimento ao secretário Stimson — uma decisão fatídica reduzida à linguagem burocrática.

Instruções ultrassecretas foram enviadas aos principais líderes militares dos EUA: general Carl Spaatz, comandante das Forças Aéreas Estratégicas do Exército; general Douglas MacArthur, comandante das Forças do Exército do Pacífico; e o almirante Chester Nimitz, comandante da Frota do Pacífico.

"Após cerca de 3 de agosto de 1945, assim que o tempo permitir, o 509º Grupo Composto, parte da 20ª Força Aérea, lançará a primeira bomba especial em um dos alvos: Hiroshima, Kokura, Niigata e Nagasaki. Para transportar os cientistas, civis e militares do Departamento de Guerra a fim de que observem e registrem os efeitos da explosão, aeronaves adicionais acompanharão o avião de transporte da bomba. Esses aviões de observação ficarão a vários quilômetros de distância do ponto de impacto."

Truman sabia que, se a primeira bomba atômica não finalizasse a guerra, os EUA tinham mais uma em seu arsenal. E o núcleo da segunda era de plutônio, e não de urânio, ou seja, consistia em uma arma ainda mais destrutiva.

Todavia, mesmo agora, o presidente achava que, quem sabe, poderia existir uma chance de não prosseguir com o uso da bomba. Talvez os japoneses se rendessem. Essa esperança explicava por que Truman ficou tão furioso ao saber que diplomatas norte-americanos na China ainda não haviam recebido a minuta da Declaração de Potsdam, enviada por cabograma no dia anterior. E, quando finalmente receberam, não conseguiram encontrar Chiang Kai-shek, o líder chinês que precisava aprovar o ultimato antes que fosse remetido aos japoneses.

Todas essas questões martelavam a mente do presidente. Ele escreveu em seu diário: "Transmitiremos uma mensagem de alerta aos japas pedindo que se rendam e salvem vidas. Sei que não aceitarão, mas teremos dado a chance. Sem dúvida, é benéfico para o mundo o fato de que o grupo de Hitler ou de Stalin não tenha criado a bomba atômica. Ainda que pareça a coisa mais terrível já descoberta, pode se tornar a mais útil." Mais uma vez, Truman usou a palavra "terrível".

Naquela manhã, houve ainda mais drama na conferência. Para saber os resultados das eleições gerais realizadas três semanas antes, Churchill precisava voltar a Londres e estava preocupado. O formidável primeiro-ministro contou a seu médico o sonho que tivera na noite anterior. "Sonhei que a vida tinha acabado. Eu vi — era muito nítido — meu cadáver sob um lençol branco em uma mesa de uma sala vazia. Reconheci meus pés descalços, que estavam destapados. Foi muito real." Churchill fez sua própria análise: "Talvez seja o fim."

No entanto, se Churchill estava preocupado, seu possível sucessor, Clement Attlee, líder do Partido Trabalhista e membro da delegação britânica desde o início, também estava. Attlee era um sujeito tímido, calvo, com um bigode bem aparado e óculos redondos. Usava um terno de três peças, mesmo no verão alemão. Churchill gostava de chamar seu oponente de "um cordeiro em pele de cordeiro". Depois de avaliá-lo na conferência, Stalin disse: "Sr. Attlee não me parece um homem sedento de poder."

Ao final da sessão, os Três Grandes foram até a parte externa do palácio para tirar uma foto, que se tornaria a última. Truman ocupou seu lugar no centro, os braços cruzados para que pudesse apertar a mão de ambos os seus homólogos. Todos eles sorriram para os estáticos fotógrafos dos noticiários, mascarando suas emoções.

Truman retornou à sua mansão, junto com o ex-embaixador Davies. A conferência não estava correndo bem. Stalin se recusava a fazer concessões na definição de rumo da Europa do pós-guerra.

Contudo, essa questão era somente mais uma das muitas que ocupavam a mente de Truman. Ele estava estressado e exausto. E agora se preocupava com a reação do Congresso à falta de progresso em Potsdam. Revelou a Davies que, se a Câmara e o Senado não apoiassem a forma como conduzira a diplomacia em sua primeira atuação no cenário mundial, cogitava renunciar à presidência.

Era apenas a conferência? Ou a inquietação devido à decisão tomada sobre como finalizar a guerra no Pacífico? Em uma tentativa branda de amenizar a tensão, Davies disse ao presidente que era um assunto "digno de ponderação".

CONTAGEM REGRESSIVA:
11 DIAS

26 de julho de 1945

Tinian

O capitão James Nolan e o major Robert Furman não se ambientavam no USS *Indianapolis*. Fazia dez longos dias que haviam deixado São Francisco, navegando 14.485km por águas infestadas de submarinos japoneses, fingindo que não eram realmente um médico e um engenheiro. Revezavam-se, caminhando ao redor de uma cabine, que continha um estranho cilindro acoplado à antepara interna do navio.

Apenas Nolan e Furman sabiam o que o cilindro de chumbo abrigava. As ordens eram simples: um deles tinha que vigiá-lo o tempo todo. Dentro havia US$300 milhões em urânio-235, destinado a abastecer a primeira bomba atômica dos EUA pronta para o combate.

A tripulação do navio desconhecia as especificidades da misteriosa carga, mas sua importância era evidente. As instruções eram estritas: se o *Indianapolis* começasse a afundar — antes mesmo que pudessem se salvar —, os tripulantes deveriam colocar o cilindro a bordo de um bote e deixá-lo à deriva. Para manter o sigilo absoluto, o antigo cruzador viajava sozinho, isolado de quaisquer outros navios ou aeronaves.

Os cruzadores não eram projetados para procurar submarinos — uma tarefa dos contratorpedeiros — e o *Indianapolis* não estava equipado com sonar, tornando-o ainda mais vulnerável a ataques furtivos.

Nolan e Furman eram vigilantes inusitados. Nolan era médico, especialista em radiologia, obstetrícia e ginecologia. Alistou-se no Exército em 1942 e foi recrutado para o Projeto Manhattan. Em Los Alamos, montou um hospital, onde deu à luz dezenas de bebês, incluindo a filha de Oppenheimer. Com o tempo, assumiu outra função: avaliar e compreender os efeitos da radiação atômica na saúde humana.

Furman, formado em Princeton, era um engenheiro que colaborava com o general Groves no Pentágono. Mais tarde, Groves o nomeou chefe de inteligência estrangeira no Projeto Manhattan. Comandava a espionagem, sendo responsável por espreitar a dimensão dos esforços nazistas para construir a bomba atômica. Coordenava missões arriscadas para sequestrar cientistas alemães e confiscar depósitos de minério de urânio. Certa vez, levou uma unidade de elite até a Bélgica, onde, sob o fogo de franco-atiradores alemães, apreendeu 31 toneladas de urânio. De algum modo, Furman conseguiu levar o minério com segurança ao porto e enviá-lo para os EUA.

Em 14 de julho, a estranha dupla se conheceu em Los Alamos e enfrentou uma série de quase desastres no caminho para São Francisco. Ao se aproximarem de Albuquerque, um pneu estourou, fazendo o carro derrapar em direção à beira de uma estrada na montanha. Após saber do êxito do teste Trinity, eles embarcaram no *Indianapolis* com os materiais de fabricação da bomba. Viajavam disfarçados de oficiais de artilharia do Exército, mas tinham dificuldade em manter o disfarce. A tripulação do navio logo começou a suspeitar.

Quando um marinheiro questionou Nolan sobre o tamanho dos projéteis com os quais trabalhava no Exército, ele não soube responder. Apenas gesticulou com as mãos. O médico se sentia mareado e ficava na cabine durante grande parte da viagem. Nesse meio-tempo, uma caixa de 4,5m, que continha o mecanismo de disparo da bomba, foi amarrada ao convés e protegida por fuzileiros navais armados. Boatos se espalharam. A carga era alguma arma secreta? Nolan e Furman não contariam a ninguém. O capitão Charles McVay II sabia quase tanto quanto os outros.

Terminada a viagem, o *Indianapolis* ancorou a 800m de Tinian e içou a caixa do convés até uma lancha de desembarque. Nolan e Furman desceram do navio por uma escada, lutando com o cilindro pesado ao entrarem no barco que os esperava. Quando chegaram à costa, os funcionários já estavam lá, prontos para receber a entrega especial.

O urânio e o mecanismo de disparo foram descarregados, colocados em um caminhão e levados para o local de montagem, onde seriam inseridos no invólucro da bomba.

Foto aérea do USS *Indianapolis*, em 1944.

Uma segunda quantidade de urânio ainda não havia chegado — a "bala" que seria disparada contra o cilindro maior e desencadearia a explosão. Estava a caminho de Tinian em um B-29 da Base Aérea de Hamilton, na Califórnia. Dois outros B-29 decolariam ao mesmo tempo, carregando o plutônio para a segunda bomba.

Tendo terminado sua parte da missão secreta, o respeitável *Indianapolis* se dirigiu às Filipinas, onde navios de guerra se reuniam para invadir o Japão. O cruzador nunca chegou ao seu destino. Quatro dias após a entrega do urânio, o *Indianapolis* foi torpedeado por um submarino japonês e afundou no Pacífico. Apenas 317 dos 1.200 marinheiros a bordo sobreviveram.

Nesse ínterim, Truman e outros líderes se depararam com notícias políticas surpreendentes: Churchill perdera as eleições gerais. O homem que liderou o Reino Unido em seus piores momentos não era mais o primeiro-ministro. Clement Attlee chefiaria o governo britânico. Stalin adiou a conferência por alguns dias.

Apesar da reviravolta, a Declaração de Potsdam foi divulgada, alertando os líderes japoneses de que a recusa da exigência de rendição incondicional acarretaria sua "destruição completa e inexorável".

Talvez os japoneses tenham achado que era apenas uma ameaça exagerada, mas Truman estava pronto para utilizar a arma que poderia transformá-la em uma realidade assustadora.

CONTAGEM REGRESSIVA:
8 DIAS

29 de julho de 1945
Tinian

Na escuridão da madrugada, na beira da pista de North Field, a maioria dos aviadores, engenheiros de voo, navegadores e pilotos de bombardeiro do 509º ouviam um oficial de inteligência vociferar detalhes da missão do dia: os alvos militares no Japão. Refinarias de petróleo. Fábricas. O fogo antiaéreo provavelmente seria "moderado a leve", disse.

Robert Lewis abriu seu mapa e o mostrou para Van Kirk. O alvo era um complexo industrial em Koriyama. Ele substituiria o navegador regular de Lewis na missão do dia. Obra de Tibbets, pensou o piloto, com certo ressentimento.

Enquanto Lewis tentava se concentrar na incumbência atual, seus pensamentos insistiam na missão secreta seguinte. Van Kirk e Ferebee com certeza estariam na equipe, e não seus homens, o que não o agradava.

Como muitos pilotos militares, Lewis era supersticioso e territorialista. O B-29 com o número "82" estampado na fuselagem era *dele*. Amava o rugido dos motores, o sistema sobrealimentado de injeção de combustível, o assento almofadado. Começara a pilotar aquele Superfortress personalizado assim que o avião saiu do chão de fábrica em Omaha. Voara para Wendover, depois para Tinian e, desde então, em missões de treinamento e bombardeio, quase sempre com a mesma equipe. *Foi ele quem "amaciou" a aeronave, não Tibbets.* Alguns membros de sua tripulação tinham um sentimento parecido.

Lewis se dava bem com quase todo mundo, mas se sentia mais à vontade entre os praças. "Esforçava-se desmedidamente para ser um deles", lembrou Bob Caron, artilheiro de cauda. Às vezes, quando estava entre eles, tirava sua jaqueta de oficial e a colocava em outro membro da tripulação.

Lewis nunca estabeleceu uma conexão com Van Kirk ou Ferebee, os antigos tripulantes de Tibbets. Van Kirk reconhecia isso. Quando saíam juntos, pagavam "dois ou três drinques fortes para ele a fim de que fosse embora logo". Achavam que era muito impetuoso, que não tomaria decisões de comando sensatas.

Na opinião de Van Kirk, Tibbets deveria ter submetido Lewis à corte marcial depois que ele se ausentou sem permissão no Natal. Lewis era um "bom piloto de avião", afirmou Van Kirk, mas a missão exigia um comandante.

Embora Van Kirk não se entendesse com Lewis, ele sabia que os tripulantes tinham que ser flexíveis, não importava o que sentissem uns pelos outros. Como o número 82, o favorito de Lewis, estava na oficina para manutenção, eles realizariam a missão do longo dia no *Great Artiste*, avião do capitão Charles Sweeney.

As instruções foram finalizadas, e os caminhões levaram as tripulações aos seus B-29s. O avião de Lewis era o quarto da fila, logo atrás de uma aeronave chamada *Strange Cargo*, pilotada pelo major James Hopkins. Lewis se sentou na cabine e observou seus quatro motores ganharem vida. Enquanto a aeronave taxiava para frente, ele ouviu o barulho de metal rangendo. A porta do compartimento de bombas inferior abriu lentamente. Hopkins parou a *Strange Cargo* e uma bomba de cinco toneladas caiu na pista.

Lewis arquejou. A enorme bomba estava a poucos metros de seu B-29. Se explodisse, destruiria tudo em um raio de centenas de metros. Situação delicada, pensou.

Ele não queria que sua equipe entrasse em pânico. Com calma, explicou o que estava acontecendo. Ouviu Hopkins pedir ajuda à torre pelo rádio. Momentos depois, caminhões e ambulâncias irromperam na pista.

Os bombeiros cobriram a bomba com uma espuma desenvolvida para amortecer qualquer explosão. As tripulações empurraram um carrinho e um guincho para baixo do avião. Acorrentaram a bomba, elevando-a vagarosamente, e então deslizaram o carrinho por baixo dela. Um pequeno trator se posicionou de ré e a rebocou.

Uma voz da torre crepitou no rádio: "Tudo sob controle. Podem relaxar agora." Porém, Lewis berrou uma resposta característica: "Uma ova! Temos uma missão a realizar!"

Em minutos, Lewis e seus homens estavam a caminho de Koriyama. A missão foi exaustiva como sempre, treze horas de trajeto, sem perdas, danos ou ferimentos. Quando os aviões retornaram, Tibbets estava esperando na pista e recepcionou Lewis com atenção especial.

Tibbets acabara de voltar de Guam, onde ele e um grupo de oficiais de alta patente parabenizaram o general Carl Spaatz por assumir o comando das Forças Aéreas Estratégicas no Pacífico. Spaatz supervisionaria o bombardeio contínuo do Japão e, mais importante, a missão da bomba atômica. Ele e Tibbets se conheceram durante a campanha europeia, ocasião em que, sob seu comando, o coronel realizou missões de bombardeio diurnas. Foi Spaatz quem colocou Tibbets no assento do piloto quando o alto escalão precisava voar com segurança para uma zona de combate.

Tibbets ficara sabendo do alvoroço ocorrido pela manhã na base aérea. Parabenizou Lewis por manter a calma com uma bomba ativa tão próxima. O piloto não perdeu tempo papeando, pois precisava influenciá-lo para garantir que ele e seus homens fossem incluídos na importante operação futura. "Minha equipe é a melhor que você tem", disse. Tibbets assentiu. Virou-se para Lewis, fitando-o.

"Você estará na missão", revelou.

Era a primeira vez que Tibbets mencionava a possível composição de sua tripulação histórica. Lewis enrubesceu. Presumiu que o coronel quis dizer que *ele*, Lewis, pilotaria o fatídico B-29. Ficou em êxtase. Concluiu que finalmente reconquistara a simpatia de Tibbets, como nos dias do programa de teste do B-29. Naquela época, eles podiam se divertir. De acordo com Tibbets, Lewis era "jovem, rebelde e solteiro" e, sempre que parava em algum lugar novo, se dirigia às "luzes mais brilhantes da vizinhança e começava a procurar garotas". Naquele tempo, Tibbets brincava que Lewis era um "touro jovem". O piloto pediu que ele explicasse o apelido.

Então, Tibbets contou uma história sobre um touro jovem e um touro velho que ficaram trancados em um celeiro durante todo o inverno. Quando chegou a primavera, o fazendeiro os soltou em um campo com um rebanho de vacas na outra extremidade. O touro jovem falou para o mais velho: "Vamos! Vamos correr até lá e ficar com uma vaca!" O sábio touro velho respondeu: "Filho, tenha calma. Vamos andar até lá e ficar com todas elas." Lewis caiu na risada.

A partir daquele momento, Lewis passou a chamar Tibbets de "touro velho". Pelo menos até chegarem a Tinian.

Entretanto, naquele dia na pista, Lewis se enganou, pois ouviu apenas o que queria ouvir. Tibbets não tinha intenção de deixá-lo pilotar o avião. Ele faria a missão, mas como copiloto. Na mente de Tibbets, nunca houve qualquer dúvida de quem ocuparia o assento principal.

CONTAGEM REGRESSIVA:
6 DIAS

31 de julho de 1945

Potsdam, Alemanha

O presidente Truman deixara Washington há 25 dias. A essa altura, ele queria apenas uma coisa — ir embora de Potsdam e voltar para os EUA. Não tinha certeza do que era pior: o desgaste emocional ou a frustração política.

Ele telefonou para sua esposa, Bess, via cabo transatlântico. Novamente, a conversa o deixou "com muitas saudades de casa". Escreveu para sua mãe e sua irmã no Missouri. "Bem, outra semana se passou e ainda estou neste país miserável."

Certa noite, após outro dia frustrante na conferência, a comitiva de Truman estava saindo do palácio quando um oficial de relações públicas do Exército perguntou se ele poderia entrar no carro do presidente. Assim que os dois ficaram sozinhos no banco de trás, o coronel disse: "Escute, sei que está sozinho aqui. Se precisar de algo, você sabe o quê... ficarei feliz em providenciar."

"Pare, não diga mais nada", interrompeu o presidente. "Amo minha esposa, ela é meu amor. Não quero me envolver nesse tipo de coisa. Nunca mais mencione isso para mim." No restante do caminho para a Pequena Casa Branca, Truman e o coronel permaneceram em silêncio.

Os acontecimentos ao redor do mundo não contribuíram muito para melhorar seu ânimo. Em 26 de julho, com a aprovação dos chineses, os EUA emitiram a Declaração de Potsdam exigindo a "rendição incondicional" do Japão. O documento afirmava: "É o momento de o Japão decidir se continuará a ser controlado por obstinados conselheiros militaristas, cujas estimativas ilógicas levaram o Império ao limiar da aniquilação, ou se seguirá o caminho da razão."

Além dos métodos convencionais, os EUA transmitiram a mensagem ao inimigo de maneira mais direta. Aviões de guerra norte-americanos lançaram 600 mil folhetos por todo o território japonês.

Entretanto, irritantemente, as autoridades em Tóquio demoraram dois dias para responder. Por fim, em 28 de julho, o primeiro-ministro Kantaro Suzuki anunciou que seu governo não considerava a declaração "de grande importância (...) Pretendemos ignorá-la (*mokusatsu*, 'matar com silêncio')". Sem saber, o Japão desperdiçou sua última chance de evitar a fúria da bomba atômica.

E o inimigo mostrou sua determinação de continuar lutando. O Japão logo lançou uma nova onda de ataques camicases contra navios norte-americanos. Um dos aviões atingiu o USS *Callaghan*, o último contratorpedeiro dos EUA a naufragar durante a guerra. Todos os 47 homens a bordo morreram.

No dia 28, outro acontecimento. O novo primeiro-ministro do Reino Unido, o inexpressivo Clement Attlee, retornou à Alemanha. Harry Truman e sua equipe ficaram espantados com o fato de o povo britânico ter rejeitado Churchill, o buldogue inglês que galvanizou a resistência a Hitler e, por fim, levou seu país à vitória.

Truman não ficou impressionado com o sucessor de Churchill. Ele escreveu para Margaret, sua filha: "Sr. Attlee não é tão entusiasmado quanto o bom e velho Winston, e o Sr. [Ernest] Bevin parece bastante rotundo para um ministro das Relações Exteriores." Por via das dúvidas, acrescentou: "Eu gostava do velho Churchill... e esses outros dois são ranzinzas."

No entanto, em 31 de julho, com o fim da Conferência de Potsdam se aproximando, Truman focava o que aconteceria no Pacífico. Naquela manhã, às 7h48, ele recebeu outro cabograma ultrassecreto de Washington. "O cronograma do projeto de Groves (S-1) está progredindo tão rápido que é essencial aprovar a divulgação até quarta-feira,

1º de agosto." O documento se referia ao comunicado de imprensa no qual a equipe norte-americana trabalhara durante semanas, a primeira declaração oficial que informaria o mundo do desenvolvimento da bomba atômica pelos EUA — e da iniciativa de usá-la pela primeira vez como arma de guerra.

O presidente pegou um lápis e escreveu no verso do cabograma rosa: "Sugestões aprovadas", mudando a programação. "Libere quando estiver pronto, mas não antes de 2 de agosto. H. S. T." Ele queria ir embora de Potsdam, e para longe de Stalin, antes que a bomba fosse lançada.

Truman estava pronto para retornar, escrevendo à sua amada Bess sobre seus planos de fazê-lo passando pela Inglaterra. "Ficarei feliz em ver você e a Casa Branca e estar onde posso pelo menos dormir sem ser observado. Mande um beijo para minha menina [Margaret]. Com muito amor. Harry." Em seguida, acrescentou esta observação: "Tenho que almoçar com o Rei Inglesinho quando chegar a Plimude."

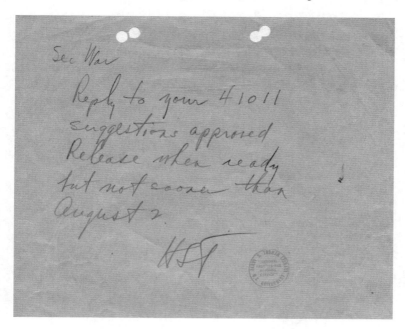

Ordem do presidente Harry S. Truman, aprovando o comunicado da bomba atômica em 31 de julho.

CONTAGEM REGRESSIVA:
5 DIAS

1º de agosto de 1945
Tinian

Após a refeição matinal, Tibbets retornou ao seu escritório, fechou a porta e se sentou. A engenhoca, ou Little Boy, ou como quisessem chamá-la, foi montada, exceto pelas duas pequenas balas de urânio armazenadas no depósito de munição da ilha. Eles inseririam as balas na bomba um pouco antes de ela ser colocada no avião.

Ainda não havia uma data exata para o ataque, seria algum dia depois de 3 de agosto, mas era hora de dar o próximo passo. Tibbets pegou uma folha de papel e uma caneta e começou a redigir o documento que martelava em sua cabeça há semanas: um pedido ultrassecreto para lançar a primeira bomba atômica da história.

Ele recorreu à sua experiência como piloto de combate e comandante de um esquadrão de elite. Sabia o que seus homens podiam fazer, pois pressionou-os e obteve o que tinham de melhor. Embora ainda houvesse muitas incógnitas — principalmente a eficácia da bomba em condições de combate —, ele estava confiante de que executariam a missão impecavelmente.

A missão exigia sete B-29s. O alto-comando classificara os alvos em ordem: Hiroshima, Kokura e Niigata. Tibbets pilotaria o avião de ataque e lançaria a bomba ao avistar a mira. O tempo bom era um fator essencial. Em vez de confiar no vodu de longa distância dos meteorologistas militares, três B-29s voariam à frente para relatar as condições dos alvos 1, 2 e 3. A informação seria transmitida a Tibbets. Se o tempo estivesse ruim em Hiroshima, ele mudaria o curso e seguiria para Kokura ou Niigata.

Um quinto B-29 esperaria em Iwo Jima como reserva. Se o avião de ataque apresentasse problemas mecânicos, a tripulação pousaria, colocaria a bomba no novo avião e, então, Tibbets continuaria a missão.

Outros dois B-29s acompanhariam Tibbets até a cidade-alvo — não para proteger, mas para observar. Um deles carregaria instrumentos científicos para mensurar a intensidade da explosão; o outro transportaria equipamento fotográfico para fazer um registro pictórico do acontecimento. Antes do lançamento da bomba, as outras duas aeronaves recuariam para possibilitar a conclusão da operação. Portanto, no final, o avião de Tibbets sobrevoaria Hiroshima sozinho, uma tentativa de pegar os japoneses desprevenidos. Seria arriscado, mas Tibbets sabia que o Japão tinha um número limitado de aviões e pilotos.

Quando terminou de escrever, Tibbets colocou o documento em um envelope. Ele o enviaria por mensageiro especial para o alto-comando em Guam.

Então, o coronel se concentrou em outro assunto importante: a escolha dos aviões que o acompanhariam. Não demorou muito. Os B-29s apelidados de *Straight Flush*, *Jabbitt III* e *Full House* foram designados como os três aviões meteorológicos. O *Big Stink* seria o avião reserva em Iwo Jima. O *Great Artiste* levaria os instrumentos científicos e o *Necessary Evil* seria o avião fotográfico. Cada um tinha suas próprias tripulações, e Tibbets precisava escolher os homens que voariam com ele no número 82, o avião de ataque sem nome.

Essa tarefa também não demorou muito. Ele já sabia quem queria. A maioria era da equipe habitual, caras que voavam juntos praticamente desde o início em Wendover. Van Kirk e Ferebee, é claro — em sua opinião, o melhor navegador e o maior piloto de bombardeiro da Força Aérea. Jacob Beser, o especialista em detectar radares inimigos e tomar contramedidas, finalmente participaria de uma missão de combate. Era a mesma situação do capitão William "Deak" Parsons, o especialista em armas da Marinha e oficial de artilharia. Natural de Evanston, em Illinois, ele trabalhara na bomba em Los Alamos desde o começo do projeto. Seu assistente, o segundo-tenente Morris Jeppson, de Carson City, em Nevada, também estaria no voo. Assim como Parsons, ele era especialista em artilharia.

O sargento Bob Caron, artilheiro de cauda nascido no Brooklyn, era um dos favoritos de Tibbets. Eles se conheceram no programa de testes do B-29. A bordo do avião, Caron sempre usava seu boné da sorte do Brooklyn Dodgers. Ele seria a única linha de defesa contra Hiroshima.

Tibbets selecionou o restante da equipe de 12 homens — caras que reagiam bem sob pressão. Alguns eram quietos; outros, mais extro-vertidos, mas tinham uma coisa em comum: eram todos confiantes. Para engenheiro de voo, ele escolheu o sargento Wyatt Duzenbury, de Lansing, no Michigan, um excelente jogador de pôquer que pare-cia conhecer tanto os motores de B-29 que a tripulação os chamava de "motores de Duze". Robert Shumard, de Detroit, seria o engenhei-ro de voo assistente. Com 1,93m, ele era mais alto do que todos os tripulantes, incluindo seus melhores amigos, o soldado Richard "Ju-nior" Nelson, operador de rádio nascido em Los Angeles, e o sargento Joseph Stiborik de Tyler, no Texas, um operador de radar que ajuda-ria a observar aeronaves inimigas. A tripulação representava todas as partes dos EUA — a Costa Leste, a Costa Oeste, o Meio-oeste e o Sul.

Tibbets solicitou encontros particulares com todos os seus oficiais para falar sobre os planos. Charles Perry, o antigo oficial do refeitório, foi o primeiro a chegar. Tibbets pediu que ele garantisse um "bom suprimento de bolinhos de abacaxi a partir de 3 de agosto". Os boli-nhos fritos eram a refeição favorita de Tibbets — sempre comia vários antes de realizar missões. Era sua versão de um ritual de boa sorte, e ele não queria azarar a missão.

Quando o capitão Charles Sweeney apareceu, Tibbets disse a ele que o *Great Artiste* se tornaria um laboratório de ciências voador. Da mesma forma, o capitão Claude Eatherly soube que o *Straight Flush* seria um avião meteorológico. Tibbets gostava de Eatherly, um piloto excelente, mas um pouco imprevisível. Em uma missão perto de Tó-quio, o alvo designado estava ofuscado por nuvens. Em vez de voltar,

Eatherly decidiu lançar uma bomba no palácio do imperador Hirohito. Como o tempo não estava bom e ninguém sabia ao certo onde ficava o palácio, a bomba não acertou o alvo.

Se o bombardeio tivesse dado certo, poderia ter sido um desastre estratégico, já que Hirohito era considerado mais comedido do que seus líderes militares. Era adorado pelo povo japonês e, se fosse morto, o Japão nunca se renderia, com bomba atômica ou não. Quando Tibbets soube da peripécia, repreendeu Eatherly com uma das broncas mais "chulas" que já deu.

No final do dia, todos sabiam qual era sua tarefa. Tibbets escolheu Lewis como seu copiloto, apesar de terem uma relação conturbada. Considerava-o "competente e confiável", mas, ao contrário do que fizera com os outros, não contou a ele de imediato. Presumiu que sua decisão era "óbvia" e não havia necessidade de chamá-lo para uma reunião.

No entanto, Lewis acreditava em suas próprias suposições. E quando se desse conta de que ocuparia o assento secundário, e não o principal, carregaria essa mágoa pelo resto de sua vida.

CONTAGEM REGRESSIVA:
4 DIAS

2 de agosto de 1945

Potsdam

Harry Truman acordou se sentindo aliviado, pois chegara o momento de ir para casa. Ele esteve nos arredores de Berlim, que chamava de "aquela cidade horrível", por 17 dias. Na noite anterior, ocorrera o encerramento da Conferência de Potsdam, que foi uma grande decepção.

Stalin ignorou Truman e Churchill, e depois Attlee, em quase todos os pontos. Ele manteria todas as conquistas do Exército Vermelho no Leste Europeu e na Alemanha. Os governos autoritários estabelecidos nesses países continuariam. E a Alemanha permaneceria dividida, com a capital, Berlim, profundamente inserida no setor soviético.

Anos depois, Truman disse que, em Potsdam, Stalin se mostrou "um idealista inocente" e o descreveu como "um ditador russo injusto". Em seguida, acrescentou: "E eu gostava desse filho da put*."

O almirante Leahy, chefe do Estado-Maior do presidente, avaliou o novo equilíbrio de poder de modo incisivo. "Nessa época, a União Soviética surgiu como a inquestionável influência onipotente na Europa (...) Um fator efetivo foi o declínio de poder do império britânico (...) Era inevitável que as únicas duas grandes potências remanescentes no mundo fossem a União Soviética e os EUA."

Ele concluiu: "Potsdam colocou em foco mundial o conflito entre duas grandes ideias — os princípios democráticos anglo-saxões de governo e as táticas de Estado policial agressivas e expansionistas da Rússia stalinista. Era o início da 'Guerra Fria'."

Ainda assim, Truman conseguiu a única coisa que mais queria de Potsdam antes mesmo do início da conferência: o compromisso de Stalin de entrar na guerra contra o Japão em agosto. A satisfação resultante do presidente revelava o quanto ele ainda questionava a eficácia da bomba atômica em uma situação real — e, mesmo se fosse eficaz, ela forçaria os japoneses a se renderem? A promessa de Stalin deu a Truman um plano B concreto para a guerra no Pacífico.

No dia 2 de agosto, às 7h15, a comitiva do presidente deixou a Pequena Casa Branca em Babelsberg. Às 8h05, o *Sacred Cow*, avião presidencial, decolou com destino a Plimude, na Inglaterra. Ansioso para chegar em casa, Truman vetou as cerimônias no aeroporto. Ao voar para a Inglaterra em vez de navegar pelo Canal da Mancha, ele reduziria sua viagem de volta aos EUA em dois dias.

Todavia, antes que pudesse embarcar no USS *Augusta* para retornar aos EUA, havia o almoço com o "Rei Inglesinho". "Bem-vindo ao meu país", George VI cumprimentou Truman enquanto ele embarcava no cruzador de batalha HMS *Renown*. O presidente recebeu todas as honras militares, com milhares de soldados britânicos e norte-americanos em posição de sentido.

A primeira parada de Truman foi na cabine do rei. George queria saber tudo sobre os desdobramentos da Conferência de Potsdam e os avanços "na nossa nova e incrível explosão", o status da bomba atômica.

George brandiu sua própria arma, mostrando a Truman uma espada que foi entregue a Sir Francis Drake pela Rainha Elizabeth I. "Era uma arma poderosa", observou Truman, "mas o rei disse que não estava devidamente equilibrada".

O presidente registrou o cardápio do almoço — "sopa, peixe, costeletas de cordeiro, ervilhas, batatas e sorvete com calda de chocolate". Os dois líderes "conversaram sobre quase tudo e nada de especial", mas era mais sério do que isso. Truman achou o rei surpreendentemente bem informado.

George mencionou a bomba atômica e a discutiu em detalhes. Estava especialmente interessado no uso civil da energia atômica em longo prazo. Entre os presentes no almoço estava o almirante Leahy, que mais uma vez expressou sua descrença na eficácia da bomba. "Não acho que será tão eficaz quanto o esperado", disse. "Para mim, parece apenas uma fantasia." O rei discordava. "Almirante, gostaria de fazer uma pequena aposta?"

Após o almoço, George acompanhou o presidente de volta ao *Augusta*. Truman relatou que o rei inspecionou o guarda, examinou os marinheiros, "virou uma dose de uísque Haig & Haig, assinou o livro de visitas, pegou um autógrafo para cada uma de suas filhas e para a rainha e, após mais algumas formalidades, retornou ao seu navio".

O *Augusta* desatracou, e os pensamentos do presidente regressaram à bomba. Em algum momento durante a viagem, enquanto ele estava no meio do Atlântico, as Forças Aéreas do Exército dos EUA lançariam a nova superarma. Com o *Augusta* em alto-mar, e os poucos repórteres a bordo impossibilitados de divulgar a notícia, o presidente os chamou até sua cabine. Contou a história do Projeto Manhattan e o uso iminente da bomba. A impressão do lendário repórter Merriman Smith, da United Press, foi a de que Truman "se sentia feliz e grato por termos algo que aceleraria o fim da guerra. Mas estava apreensivo com o desenvolvimento de uma arma de destruição tão monstruosa".

Smith ficou entusiasmado e frustrado na mesma proporção. "Era a maior notícia desde a invenção da pólvora. E o que poderíamos fazer a respeito? Nada. Apenas sentar e esperar."

Guam

Tibbets e Ferebee se debruçaram sobre a enorme foto aérea de reconhecimento que cobria a mesa de mapas. Era possível ver cada detalhe de Hiroshima — as ruas, os rios, os pontos de referência. Já haviam examinado mapas da cidade antes, mas desta vez perscrutaram com um pouco mais de atenção. Procuravam o local perfeito para lançar a bomba.

Logo depois que Tibbets enviou seu plano de batalha para LeMay, ele e Ferebee foram convocados ao quartel-general em Guam. Havia muitos pormenores para discutir sobre o alvo, disse o general. No seu escritório, ele concordou que Hiroshima era a escolha certa. Havia milhares de soldados japoneses lá, e suas fábricas ainda produziam armas. Enquanto debatiam os detalhes acentuados da foto, LeMay convidou o coronel William Blanchard para se juntar a eles.

Tibbets e Ferebee não gostavam de Blanchard. Sabiam que ele tentara prejudicar o 509º a fim de passar a missão da bomba atômica para um de seus esquadrões. Porém, não era o momento para disputas. LeMay tinha uma questão técnica intrigante.

O plano exigia que a bomba caísse de 9.450m acima da cidade. Em uma altura como essa, o vento lateral não seria um problema? Uma rajada forte poderia desviar a bomba de seu curso.

Blanchard concordava. Sugeriu que seria melhor pilotar a favor do vento, pois o impulso reduziria a vulnerabilidade sobre o alvo.

Tibbets pensava o contrário. Afirmou que, pela sua experiência, pilotar contra o vento reduziria o efeito de qualquer vento lateral e, assim, seu bombardeiro teria a melhor chance de acertar o alvo com precisão.

"Nosso objetivo principal é atingir o alvo", acrescentou Ferebee. "Nossa missão é bombardear, não evitar riscos."

Os homens se concentraram no mapa e o silêncio se instaurou. Era uma imagem notável. O rio Ota serpenteava pela cidade, pelas casas e pelas fábricas ao longo das margens. Pontes cruzavam o canal e dividiam Hiroshima em várias seções.

"Onde está o seu ponto de mira?", LeMay perguntou a Ferebee.

Sem hesitar, ele posicionou o dedo sobre a ponte Aioi, no meio do mapa. Ela se destacava, pois o suporte central formava um T em contraste com a água escura. LeMay e Tibbets assentiram.

"É o ponto de mira mais perfeito que já vi nessa maldita guerra", disse o piloto de bombardeiro.

A reunião terminou e Tibbets e Ferebee retornaram a Tinian, perguntando-se quando teriam uma data exata para o ataque. Obtiveram a resposta no mesmo dia.

O ponto de mira em Hiroshima.

CONTAGEM REGRESSIVA:
3 DIAS

3 de agosto de 1945
Washington, D.C.

Draper Kauffman sentou-se no saguão do Pentágono e esperou ser chamado, mexendo nos botões de suas mangas. Estavam ajustados novamente, recém-costurados. Como perdera cerca de 22kg nos últimos meses, sua esposa precisou diminuir um ou dois tamanhos das calças e camisas do uniforme, que estavam muito largas.

Ele estava ali para entregar um envelope lacrado ao almirante Randall Jacobs, chefe do Bureau de Pessoal Naval. Durante uma reunião de planejamento em Manila, o almirante Richmond Turner, comandante de Kauffman, disse que a carta era importante, mas nada além disso. Ele não sabia do que se tratava, ou por que foi escolhido para ser o entregador — mas, de qualquer forma, estava em Washington para uma semana de reuniões, então qual o problema? Ainda assim, era um pouco estranho. Se a mensagem fosse tão importante, Turner teria telefonado para Jacobs ou enviado um cabograma.

A essa altura, não importava. Kauffman já estava ali. Entregaria o envelope a Jacobs, conversaria um pouco com o almirante e iria para outra reunião. Estava uma correria no Pentágono, onde as forças se preparavam para a maior operação militar da história dos EUA: a Operação Olympic, codinome da primeira fase da invasão no Japão. Kauffman soubera dos detalhes em junho, nas Filipinas. Desde então, fora informado do papel que desempenharia na invasão.

A grande ofensiva começaria no dia 1º de novembro em Kyushu, a mais meridional das ilhas principais do Japão, um dos poucos locais da nação insular que suportaria um desembarque anfíbio. A invasão seria iniciada com desembarques em três praias diferentes. Kauffman lideraria um deles. Assim que as cabeças-de-praia fossem estabelecidas, as tropas norte-americanas adentrariam a ilha, construiriam bases aéreas e enviariam mais forças para uma segunda invasão ainda mais ampla: a Operação Coronet, que exigia o desembarque em Honshu, a maior ilha japonesa e sede da capital, Tóquio. A operação Coronet estava programada para 1º de março de 1946. Pelo visto, a luta continuaria por muito tempo.

O general MacArthur presumia que o ataque ao Japão seria o maior derramamento de sangue da história. Ele calculou que as primeiras cabeças-de-praia em Kyushu custariam 50 mil vidas norte-americanas. As previsões variavam muito, mas os estrategistas militares estimavam que, apenas na Operação Olympic, até 450 mil soldados e marinheiros dos EUA morreriam. Os últimos anos de batalha provaram que, quanto mais se aproximavam do Japão, mais feroz e fanático o inimigo se tornava. Os civis poderiam ir para o campo e lutar como guerrilheiros por anos após o fim da guerra. "Quantos norte-americanos perderemos no Japão?", perguntava-se Kauffman.

Ele se esforçava para aproveitar cada momento da viagem de volta a Washington. Era bom estar em casa com sua esposa, Peggy, e visitar amigos e familiares. Considerava-os com um novo apreço e os abraçava um pouco mais forte do que antes. Pela primeira vez, sentia-se pessimista em relação a si mesmo e seus homens. Esta visita provavelmente seria a última. Tentava afastar o pressentimento, mas era em vão.

Kauffman ouviu seu nome, dirigiu-se até o escritório do almirante Jacobs, prestou continência e entregou-lhe o envelope. Após ler a carta de Turner, Jacobs olhou para Kauffman e disse: "Você vai tirar duas semanas de licença. Agora. É uma ordem."

Ele ficou confuso. Já estava em Washington e ficaria por uma semana. Por que mais tempo?

Então se deu conta: *Turner.* Kauffman estivera extremamente ocupado. Dividia seu tempo entre Oceanside, onde treinava seus homens para a missão, e as Filipinas, onde ajudava os comandantes a finalizarem os planos para a grande invasão. Trabalhava por muitas horas, pulava refeições e perdia a noção dos dias. Não se sentia mal, mas seu peso diminuíra para apenas 56kg.

Turner, o comandante das forças anfíbias dos EUA no Pacífico, percebeu a mudança. Semanas antes, quando o magrelo Kauffman chegou para uma sessão de planejamento, ele ficou pasmo com sua aparência esquelética. Kauffman era um dos comandantes mais inovadores de sua equipe. Como precisaria dele nos próximos meses, Turner tinha que tomar uma atitude.

O comandante era severo. Nunca manifestava afeto ou emoção, mas Kauffman sabia que esse "truque" era sua forma de demonstrar compaixão. Tinha duas semanas de folga para apreciar o quanto o almirante se importava.

Kauffman sentia uma forte gratidão. Agora poderia viajar um pouco, resolver pendências e se despedir de todos.

Concluiu que precisava aproveitar ao máximo. Sua hora estava chegando. Assim que partisse para desempenhar seu papel na invasão, não sairia de lá vivo.

CONTAGEM REGRESSIVA:
2 DIAS

4 de agosto de 1945

Hiroshima

Hideko Tamura era uma menina inteligente e corajosa. E mais do que teimosa. Porém, conseguia o que queria. Ela e sua amiga Miyoshi esperavam no topo dos extensos degraus, procurando na rua as visitantes que as salvariam.

"Está ficando tarde", observou Miyoshi.

"Sei que estão vindo", disse Hideko. "Eu sei. Consigo sentir."

"Já deveriam ter chegado", queixou-se Miyoshi.

Há meses, Hideko e sua amiga estavam presas neste templo rudimentar no meio do nada. Voltar para sua casa em Hiroshima era perigoso, com certeza. Os aviões dos EUA haviam bombardeado outras cidades japonesas, e centenas de milhares de civis foram mortos ou feridos nos ataques. Ela vira sua mãe chorar sobre as fotos do jornal que mostravam Tóquio em chamas. Todos sabiam que era apenas uma questão de tempo até que sua cidade fosse atingida também.

Com 10 anos de idade, Hideko não compreendia totalmente o perigo. Participara das simulações de ataque aéreo. Quando ouvia as sirenes, se dirigia ao búnquer mais próximo conforme as instruções, mas os aviões nunca apareciam.

Ela tinha o mesmo desejo que o presidente norte-americano em um navio a inúmeros quilômetros de distância: voltar para casa.

Hideko finalmente conseguiu avisar aos pais que estava cansada e infeliz. Os professores da escola censuravam as cartas das crianças. Elas não tinham permissão para falar sobre a falta de comida e água corrente e os longos dias de trabalho forçado. Porém, certo dia, Hideko bolou um plano. Ela e Miyoshi escreveriam "cartas de verdade, sem censura", depois desceriam sorrateiramente os extensos degraus até o vilarejo e as enviariam pelo correio.

Hideko na 1ª série da Seibi Academy, em abril de 1940.
Na época, com 5 anos de idade.

Não demorou muito para que ambas soubessem que suas mães iriam buscá-las. Apesar da guerra, voltariam para casa! Era quase hora do jantar, mas as meninas não sentiam fome. Não, continuaram espreitando, na esperança de avistar suas mães. De repente, lá estavam elas. Quando duas mulheres finalmente viraram a esquina, Hideko e Miyoshi correram, gritaram, desceram as escadas e se jogaram em seus braços, abraçando-as e chorando de alegria.

Assim que a comemoração se acalmou, as mães recolheram os pertences de suas filhas e sugeriram alugar um quarto a fim de ficarem um pouco no pacato local. "Há ataques aéreos todas as noites na cidade", revelou Kimiko. "Poderíamos ter uma boa noite de sono aqui."

Hideko e Miyoshi detestaram a ideia. Como estavam ansiosas para ir embora, protestaram e imploraram às mães. "Não podemos ficar aqui", disse Hideko. "Temos que ir para casa agora."

Elas concordaram em realizar a longa viagem até Hiroshima na manhã seguinte, no domingo, dia 5 de agosto. Pela primeira vez em meses, Hideko e Miyoshi estavam felizes. Mal podiam esperar para ver suas famílias e amigos. Não consideravam o perigo. Não, só pensavam em dormir em suas próprias camas, brincar em seus próprios quintais, recomeçar de onde pararam. Só precisavam esperar até o amanhecer.

Tinian

Eles tinham acabado de pousar após um rápido teste, e George Caron suava em seu macacão de voo. Sol a pino, umidade próxima a 100%. Caron sabia que exalava um odor desagradável, mas ninguém estava com um cheiro bom. Nem sempre era ruim trabalhar sozinho na torre de artilharia situada na cauda do avião.

Caron tirou seu boné de beisebol do Dodgers e enxugou a testa em sua manga.

"Reunião às 15h", informou alguém. "Traga sua identidade." Era algo importante. Talvez hoje fosse *o dia*.

O boato era que membros de apenas sete tripulações haviam sido convidados para ouvir as instruções. Caron se sentia privilegiado e cheio de esperança. Talvez fosse a oportunidade de conhecer os fatos sobre a grande missão secreta, para a qual todos treinavam desde que chegaram em Wendover, dez meses antes.

Caron atravessou rapidamente a pista e viu que o local de instruções do 509º estava interditado. Fuzileiros navais armados com rifles M1 Garand cercavam o barracão Quonset e bloqueavam a entrada. Na porta, os policiais militares checavam a identidade de todos antes de deixá-los entrar. O lugar era comprido e estreito, com teto baixo, luzes fracas e bancos. Uma grande tela branca estava suspensa acima de uma plataforma com um púlpito na frente. Caron sentia certa tensão no ar. O lugar estava lotado e ouvia-se um burburinho.

Oficiais de inteligência fixaram fotografias de reconhecimento ampliadas em duas lousas. As paredes estavam cobertas com placas de aviso: "Conversa descuidada custa vidas."

Caron se sentou no final da última fileira, com a esperança de que ninguém estivesse na direção do vento. Empurrou o boné de beisebol um pouco mais para o alto e o tirou quando um oficial superior apareceu, pois estava sem uniforme — uma infração passível de punição. Respirou fundo e esfregou a aba do seu boné da sorte. Usava-o em todos os lugares, mesmo nas missões em que a tripulação deveria vestir os bibicos. O acessório chegara pelo correio em abril, direto da sede do Brooklyn Dodgers. No início do ano, Caron escrevera uma carta para Branch Rickey, o presidente e diretor-geral do time:

> *Ouvi dizer que alguns times da liga principal enviarão seus bonés para as equipes de combate... gostaria de saber se podemos receber alguns do melhor da liga, o Dodgers.*

Rickey não respondeu, mas seu assistente sim. Bob Finch disse que eles não conseguiriam enviar, pois não tinham bonés sobrando. Mesmo assim, Caron escreveu a Finch uma carta de agradecimento.

> *Fico triste por não receber um boné, mas compreendo perfeitamente o quão difícil é atender a todas as solicitações semelhantes que vocês recebem. Um dos caras sugeriu que eu pedisse a mesma coisa para outro time, mas nem pensar que farei isso. Mesmo que eu não vá para casa há três anos para ver um jogo dos Dodgers, minha irmã mais nova está guardando meu lugar, torcendo por mim.*

Finch ficou tão comovido com a carta que enviou a Caron um boné e um bilhete:

Qualquer um capaz de escrever uma carta como essa após a frustração por não ter seu pedido atendido merece o melhor. Espero que, algum dia, você use esse boné na rua principal de Tóquio.

O último trecho do bilhete fez Caron sorrir. Não se importava com Tóquio. Preferia usar o boné nos EUA, andando pela Flatbush Avenue com sua esposa, Kay, e sua filhinha. Sentia muita falta de Nova York. Talvez as instruções do dia fossem um avanço na longa jornada de volta para casa. Certamente era essa a sua esperança.

Pouco antes das 15h, Lewis chegou com o rosto vermelho. Saíra para correr em um árduo treino com Van Kirk e Ferebee, alguns instantes após contar a seu navegador e a seu piloto de bombardeiro que não participariam da missão secreta. Foi sofrido dar a notícia. Sua garganta e seu peito ainda doíam. Explicou que haviam sido "substituídos por hierarquia": Van Kirk e Ferebee eram "os rapazes de Tibbets". Lewis compreendia o quão chateados seus homens estavam, afinal, acabara de descobrir que não pilotaria o avião de ataque — seria apenas o copiloto.

No estrado estavam o capitão Parsons e o segundo-tenente Jeppson, seu assistente, acompanhados de um grupo de cientistas. Parsons retirou um rolo de filme de sua maleta e o entregou a um técnico, que o posicionou em um projetor direcionado à tela branca.

Parsons preparara sua palestra minuciosamente. Revelaria algumas informações sobre a bomba, mas não todos os detalhes. Os mais pertinentes ficariam para depois. Comunicaria aos homens apenas o suficiente para alertá-los do perigo.

Às 15h, Tibbets caminhou até a frente da sala. O uniforme cáqui do coronel estava bem passado, tudo impecável. O burburinho cessou.

"Chegou o momento", proferiu. "Muito recentemente, a arma que estamos prestes a lançar foi testada com sucesso nos EUA. Recebemos ordens para usá-la contra o inimigo."

Tibbets repassou as ordens da missão e enumerou os alvos pretendidos. Ninguém ficou surpreso ao saber que o nº 82, o B-29 de Tibbets, lançaria a arma secreta.

O capitão da Marinha William S. Parsons (à esquerda) e o coronel Paul W. Tibbets no barracão Quonset para a reunião antes da missão de Hiroshima.

Tibbets passou a palavra a Parsons. O especialista em artilharia não perdeu tempo.

"A bomba que lançaremos é inédita na história da guerra", afirmou. "É a arma mais destrutiva já produzida. Acreditamos que arruinaremos tudo em um raio de 5km."

As tripulações ficaram perplexas. Caron se perguntou se tinha ouvido corretamente. Parsons nunca usou as palavras "bomba atômica", mas deu-lhes o resumo do Projeto Manhattan. Às vezes, parecia parte ficção científica, parte quadrinhos. Parsons fez um sinal para o técnico rodar o filme, que começou, depois estalou, enrolou e parou. O

CONTAGEM REGRESSIVA: 1945

operador mexeu no projetor, mas o celuloide se enroscou nas rodas dentadas e a máquina começou a mastigar o filme. A sala explodiu em gargalhadas. Lá estava um engenheiro da arma mais sofisticada do mundo sendo derrotado por um simples projetor de filme.

Parsons nunca hesitava. Pediu que o operador parasse o projetor, pois descreveria tudo o que estava no filme, o qual mostrava o único teste que haviam feito com a nova arma.

"O clarão da explosão foi visto por mais de 16km", narrou Parsons. "Um soldado a 3 mil metros de distância foi derrubado. Um soldado a mais de 8km ficou temporariamente cego. Uma garota em uma cidade muito distante, que foi cega a vida toda, viu o clarão de luz. A explosão foi ouvida a 80km de distância."

Ele obteve a atenção de todos.

"Ninguém sabe o que acontecerá quando a bomba for lançada do céu. Isso nunca foi feito antes", afirmou, virando-se para uma lousa. Ele desenhou uma nuvem em forma de cogumelo e se dirigiu aos homens, dizendo que o esperado era que ela alcançasse uma altura de 9.145m e fosse "precedida de um clarão muito mais brilhante do que o sol".

As tripulações se mexeram em seus bancos. Não precisava ser um gênio para constatar que todos estariam ao alcance da explosão e da nuvem em forma de cogumelo.

Um dos oficiais de inteligência pegou um par de óculos de proteção semelhante aos usados por soldadores. Parsons explicou que todos os membros da tripulação próximos ao alvo teriam que usá-los no momento da explosão. As ondas de choque, a radiação e os efeitos da explosão ainda eram desconhecidos, informou. Para reduzir o risco, o avião de Tibbets sobrevoaria o alvo sozinho. As ondas de choque poderiam danificá-lo ou mesmo destruí-lo. Ninguém sabia ao certo.

E o que aconteceria com a tripulação? Van Kirk não conseguiu evitar a reflexão. Seria uma missão suicida? Pensou na esposa e no filho, aguardando seu retorno na zona rural da Pensilvânia. Estava ausente há tempo demais. Sabia que todos ali queriam viver. Tinham um propósito. Tinham famílias, empregos, futuro. Porém, também tinham um dever, disse a si mesmo. Afastou os pensamentos negativos. Precisava de uma mente lúcida para realizar a missão.

Parsons repassou mais alguns detalhes e os oficiais de inteligência concluíram. Tibbets levantou-se para encerrar a reunião.

O silêncio pairava, todos os olhares se mantinham nele.

Tibbets disse que sentia orgulho de todos, por terem se esforçado durante tanto tempo em uma missão desconhecida. Se as coisas acontecessem conforme o planejado, o trabalho deles interromperia a guerra e salvaria milhares de vidas.

"Tudo o que fizemos até agora é insignificante em comparação ao que estamos prestes a fazer", declarou.

Em silêncio, os homens se digiram à tarde ensolarada, pensativos, preocupados e admirados.

CONTAGEM REGRESSIVA:
1 DIA

5 de agosto de 1945

Tinian

Após um terrível sábado assolado por acidentes de avião e inúmeras fatalidades em Tinian, o general Farrell estava pronto para um novo começo. No amanhecer de domingo, ele acordou e vestiu seu uniforme impecável, esperando ouvir um boletim meteorológico favorável. Farrell era um comandante que seguia as regras, escolhido a dedo pelo general Groves para ser seu adjunto no Projeto Manhattan. Com 53 anos, ele lutara na Frente Ocidental durante a Primeira Guerra Mundial, ensinara engenharia civil em West Point, estudara a física da bomba em Los Alamos e testemunhara o teste Trinity. Tudo estava nos conformes para a missão de lançamento. Exceto o clima.

Durante dias, eles examinaram fotos e mapas meteorológicos, pois um tufão no Japão atrasava o ataque. Talvez hoje fosse o dia. Farrell entrou no quartel-general. Tinha muito trabalho a fazer, mas nada poderia realmente prosseguir até que soubesse a previsão do tempo.

Poucos minutos antes das 9h, um assistente entregou o boletim meteorológico. O velho soldado o verificou e sorriu: as nuvens sobre o Japão se dissipariam nas próximas 24h. Era a notícia esperada. Condições perfeitas para lançar a Little Boy.

Farrell prontamente retransmitiu a informação para Groves, que avisou o general George Marshall. A notícia se espalhou pela cadeia de comando: a bomba seria lançada no dia seguinte, 6 de agosto. Os aviões decolariam às 2h45 para realizar o voo de seis horas e 2.415km até Hiroshima.

Ao meio-dia, Farrell fez uma reunião com o "Estado-Maior Conjunto de Tinian", os principais oficiais militares e cientistas envolvidos na missão. Eles revisaram todos os detalhes do lançamento. Então, Parsons, especialista em artilharia, lançou sua própria bomba.

"Deak" Parsons, formado na Academia Naval e integrante do Projeto Manhattan desde 1943, era uma das pessoas que mais sabiam da bomba de urânio. Ele era organizado, um líder nato, especialista em explosivos e amigo e vizinho de Oppie em Los Alamos — a esposa de Parsons, Martha, costumava cuidar dos filhos dos Oppenheimer. Ele aplicara suas habilidades de resolução de problemas no desafio de disparo da bomba e criara o mecanismo de tipo balístico que detonaria a Little Boy.

Parsons afirmou que estava preocupado com uma bomba atômica totalmente armada a bordo do avião. Nos poucos dias desde que chegou em Tinian, presenciou o que aconteceu quando B-29s sobrecarregados não conseguiram decolar a tempo. O general Farrell não foi o único que perdera o sono na noite anterior, após o acidente de vários B-29s — explosões estrondosas que iluminaram o céu.

"Se o avião colidir e pegar fogo, há o perigo de uma explosão atômica destruir metade desta ilha", disse Parsons aos outros oficiais.

Farrell estremeceu. "Rezo para que isso não aconteça", murmurou.

Parsons sugeriu mais do que orações. Ofereceu-se para armar o gatilho da arma após a decolagem, inserindo uma das balas de urânio e as cargas explosivas no invólucro da bomba enquanto o avião estivesse a caminho de Hiroshima. No caso de uma colisão, eles perderiam apenas a tripulação e o avião, não a bomba ou a ilha.

"Você sabe como fazer?", questionou Farrell.

"Não", admitiu Parsons. "Mas tenho o dia todo para aprender."

"O compartimento de bombas é minúsculo", pronunciou-se Tibbets.

"Eu o farei", anunciou Parsons. "Ninguém mais conseguirá."

Como Parsons acreditava na sua capacidade, os comandantes não contestaram. Concordaram em não contar a Groves sobre a mudança, pois isso iria contrariar as ordens do general e acarretar mais atrasos.

Tibbets estava em North Field ao meio-dia, vendo a Little Boy ser transportada do local de montagem até o fosso de carregamento. Em seguida, o grande avião prateado foi posicionado sobre a bomba.

Ele encarou a arma e refletiu sobre seu poder destrutivo. Era incrível pensar que aquele objeto feio de 3,6m continha a força explosiva de 20 mil toneladas de TNT. As bombas que Tibbets lançara na Europa e no Norte da África em 1942 eram como fogos de artifício se comparadas a essa coisa — equivalia a 200 mil delas.

Tibbets pensou em Oppenheimer e nos outros especialistas de Los Alamos. Desenvolvera um grande respeito por eles. O fruto de todo esse trabalho estava ali diante dele, pronto para ser içado para dentro do avião. Logo se tornaria sua responsabilidade. *Little Boy*. Ele riu. Por que a chamavam assim? Não é nada pequena, pensou. Com 4.082kg, era um monstro em comparação a qualquer bomba que já lançara. Sua pintura acinzentada e suas barbatanas davam-lhe uma aparência de torpedo, mas era larga demais para ser elegante. Caron a descrevia como "uma lata de lixo comprida com nadadeiras".

Alguns tripulantes apareceram e escreveram mensagens na bomba, incluindo uma para o líder supremo do Japão: "Saudações dos homens do *Indianapolis* ao imperador."

Tibbets os observava trabalhar. Uma ideia começou a tomar forma.

A situação estava frenética na base do 509º. Todas as seções de apoio — engenharia, comunicações, radar, contramedidas, armamento, fotografia, até mesmo os refeitórios — estavam em polvorosa. Sete aviões foram abastecidos e lubrificados. As armas, testadas e recarregadas. Os rádios e os radares, ajustados e verificados. As miras de bombardeio, as bússolas e os pilotos automáticos, calibrados.

Era o dia mais agitado da vida de Beser. Não havia tempo a perder. Ele instalou as antenas para bloqueio de radar no avião de Tibbets, nas duas aeronaves de observação e no avião que seria enviado a Iwo Jima como reserva para o plano de ataque.

A bomba atômica Little Boy.

O *Enola Gay* sendo carregado com a Little Boy.

CONTAGEM REGRESSIVA: 1945

Havia apenas um problema: o equipamento de instalação necessário era exclusivo de cada antena. Se pousassem em Iwo Jima e trocassem de avião, precisariam das ferramentas para fazer a reinstalação adequada. Era responsabilidade de Beser garantir que o engenheiro de voo de Iwo Jima tivesse os instrumentos certos para remover a capa da antena e substituir as juntas de pressão, que também eram específicas. Tudo tinha que ser feito de imediato. Sua lista de tarefas parecia interminável.

Na linha de voo, Tibbets percebeu que faltava algo: batizar seu avião. Todos os outros B-29s da missão tinham nomes chamativos: *Straight Flush* ou o jogo de palavras do piloto Frederick Bock, *Bock's Car*. O B-17 com o qual sobrevoara a Europa se chamava *Red Gremlin*.

Tibbets reconhecia o significado dessa missão. Se a bomba funcionasse como anunciado, seu avião entraria para a história. Precisava pensar seriamente em um nome. A primeira bomba atômica do mundo não poderia ser lançada do "Aircraft 82".

Ele precisava de algo digno, poético, mas não muito intenso.

"O que minha mãe sugeriria?", pensou. Logo sua mente se concentrou nela, uma ruiva corajosa cuja confiança serena fora uma fonte de força para ele desde criança. Na época em que abandonou a faculdade de medicina e seu pai julgou que ele perdera o juízo, Enola Gay Tibbets apoiou o filho. "Sei que você ficará bem", ouviu-a dizer.

Enola Gay. Tinha uma bela sonoridade. Tibbets nunca ouvira falar de alguém chamado Enola.

Levantou-se de sua mesa e encontrou Van Kirk e Ferebee jogando cartas na sala ao lado. Eles haviam conhecido a mãe do coronel alguns meses antes, quando ela visitou Wendover. "Homenageá-la? Por que não?", indagaram. Poderia trazer boa sorte. Tibbets sorriu, escreveu o nome da mãe em um pedaço de papel e foi à base aérea procurar um encarregado da manutenção.

"Pinte isso no avião de ataque, bonito e grande", pediu Tibbets. O encarregado obedeceu.

Parsons suava e sentia calor, suas mãos estavam sujas, mas a tarefa logo terminaria. Pouco depois da Little Boy ser içada para dentro do avião, ele subiu no compartimento de bombas. Ficou lá por duas horas, espremido em espaços não destinados a pessoas, arrastando ferramentas e sacos de cordite. Repetidamente, praticou a remoção das tampas da culatra e a introdução de quatro sacos de cordite, bem como da "bala" de urânio. Seu corpo pressionava a bomba, suas mãos ficavam besuntadas de lubrificante enquanto seus músculos gravavam os movimentos mecânicos. Fazia quase 38°C dentro da aeronave de aço. O suor ardia seus olhos, mas Parsons não desistiu até ter certeza de que poderia realizar o trabalho.

Ele saiu imundo, mas confiante de que conseguiria realizá-lo enquanto o B-29 estivesse no ar. Seria arriscado. Precisaria de Jeppson, seu assistente, para executar o plano. Primeiro teriam que atravessar uma passagem estreita para chegar até a arma. Em seguida, Parsons se encaixaria na posição, desconectaria os fios do detonador, removeria a tampa da culatra, introduziria os sacos de cordite, recolocaria a tampa e reconectaria todos os fios.

Assim que o avião se aproximasse de Hiroshima, os responsáveis pela bomba acionariam o gatilho. Jeppson substituiria os três plugues de segurança verdes da bateria interna pelos plugues de ativação vermelhos. Só então a arma nuclear estaria pronta para ser lançada.

À medida que as horas passavam, os tripulantes desocupados tentavam relaxar em meio ao caos. Alguns iam aos cultos dominicais na capela, outros cochilavam. Outros ainda jogavam bola ou cartas.

No fim da tarde, os oficiais se alinharam do lado de fora da sede do 509º. Tibbets, Lewis, Van Kirk e Ferebee esperavam pelos outros. Às 16h15, Caron, Stiborik, Shumard, Nelson e Duzenbury finalmente apareceram. Alguns estavam sem camisa, recém-saídos de um jogo de softball com as outras tripulações. Era hora da foto de grupo.

O fotógrafo ajustou as lentes e pediu aos praças que se ajoelhassem diante dos oficiais em pé. Era para ser a primeira de muitas fotos da missão. Naquele momento, em frente ao barracão, os homens sorriram. Implicaram com Caron por se recusar a tirar seu boné do Brooklyn Dodgers. Sim, sabiam o que estava por vir, mas, por um instante, não pensaram no perigo.

O fotógrafo tirou as fotos que precisava e ainda havia tempo antes do jantar. Lewis e alguns tripulantes entraram em um jipe e dirigiram até a base aérea para inspecionar o avião. Um policial militar parou o veículo antes que se aproximasse demais. Lewis desceu e foi até a frente para observar seu bombardeiro prateado sob a luz do sol.

Os caras do outro lado ouviram seu berro.

"O que diabos é *aquilo* no *meu* avião?" Ele avistara a nova pintura "Enola Gay" — letras garrafais na fuselagem, logo abaixo da janela do piloto.

Lewis ficou furioso. Chamou o oficial encarregado da manutenção.

"Quem colocou esse nome aqui?"

O homem se recusou a dizer, o que só irritou ainda mais Lewis. Ele exigiu que retirassem o nome, mas ouviu que não era possível.

"Que diabos você está falando? Quem autorizou você a colocá-lo?"

Por fim, o homem cedeu e revelou a informação.

Era a gota d'água. Lewis estava enfurecido. Primeiro, Tibbets excluiu alguns de seus colegas. Depois, decidiu que lideraria a missão. Agora isso? Ele correu de volta para a sede e irrompeu no escritório de Tibbets.

Lewis tentou firmar a voz. "Você autorizou o pessoal da manutenção a colocar um nome no *meu* avião?", interpelou.

Tibbets não tinha tempo para esse absurdo.

Ele quem fora à fábrica em Omaha e pegara aquele B-29 direto da linha de produção. Sim, Lewis o pilotara muitas vezes, mas isso só acontecia porque Tibbets sempre estava em sessões de planejamento em Washington, em Los Alamos e nas ilhas do Pacífico. Lewis apenas pegava o avião emprestado, como um jovem faz com o carro dos pais. O avião era de Tibbets. Se quisesse batizá-lo com o nome de sua mãe, o faria, e o fez. Não precisava da permissão de Lewis.

A tripulação na sede do 509º Grupo Composto em Tinian. Foto tirada na tarde do dia 5 de agosto de 1945. Em pé (da esquerda para a direita): o major Thomas Ferebee, o capitão Theodore J. Van Kirk, o coronel Paul W. Tibbets e o capitão Robert A. Lewis. Ajoelhados (da esquerda para a direita): o sargento George R. Caron, o sargento Joe Stiborik, o sargento Wyatt Duzenbury, o soldado Richard H. Nelson e o sargento Robert H. Shumard.

"Não achei que você se importaria com a homenagem à minha mãe", afirmou Tibbets.

A mãe dele. Lewis sabia que seria grosseiro contestar. Ainda sentia raiva, mas o que poderia fazer? Tibbets era seu comandante. Respirou fundo, deu meia-volta e saiu do escritório. Anos depois, Tibbets desdenhou da afronta: "Eu não estava preocupado com a opinião de Bob."

Tibbets não contou a Lewis o motivo do nome, como a mãe apoiou sua decisão de se tornar um piloto. Ou como, sempre que estava em uma situação difícil — as missões no Norte da África ou na Europa, por exemplo —, se lembrava de suas palavras tranquilizadoras. Ao se preparar para a missão ultrassecreta, ele raramente pensava no que poderia acontecer se tudo desse errado. Mas, quando a preocupação surgia, a voz de sua mãe "acabava com ela".

CONTAGEM REGRESSIVA: 1945

Por volta das 20h, toda a base aérea estava agitada. As equipes de solo receberam instruções. Os cientistas foram escoltados para um local seguro, bem longe de North Field. Eles não arriscariam a vida de insubstituíveis especialistas atômicos no caso de uma explosão nuclear "inesperada".

A cada quinze metros, havia caminhões de bombeiros posicionados nas laterais da Pista A, a pista de pouso de North Field escolhida para a decolagem. Em caso de acidente, uma unidade especial monitoraria a área para evitar contaminação radioativa.

No local de montagem, Tibbets realizou uma breve reunião pré--voo com as sete tripulações que participariam da missão. O comandante repassou as rotas, as altitudes de cada trecho e as frequências de rádio que usariam. Houve duas mudanças no plano original: ele alterou seu sinal de chamada pelo rádio de "Victor" para "Dimples", apenas no caso de o inimigo ter descoberto uma maneira de monitorar a comunicação; e, durante a primeira etapa da missão, eles voariam a uma altitude de menos de 1.524m para que Parsons tivesse tempo de preparar a arma no compartimento de bombas despressurizado.

Os tripulantes tinham muitas horas livres antes de se reagruparem.

No refeitório do quartel-general, os cozinheiros de Charles Perry preparavam as refeições que as tripulações de combate comeriam logo após a meia-noite, incluindo os bolinhos de abacaxi de Tibbets.

No entanto, para muitos, a ideia de comer não era tentadora. Alguns ficaram quietos em seus beliches, pensando nos entes queridos, escrevendo cartas. Outros tomaram doses de uísque para acalmar os nervos. Um dos tripulantes foi a uma igreja católica para fazer uma confissão sacramental.

Beser pretendia dormir um pouco, mas Tibbets interferiu. Pouco antes da reunião pré-voo, o coronel pediu que fosse até seu escritório e o apresentou a William Laurence, o correspondente do *New York Times*. "Bill foi emprestado ao Departamento de Guerra para fazer todas as publicações sobre nosso projeto", explicou. Então, dirigiu-se a Laurence: "Vocês dois têm muito em comum. O tenente será uma ótima companhia nas próximas horas." Beser sabia que era o código de Tibbets para "Por favor, mantenha-o ocupado e fora do caminho".

Beser não tirou um cochilo, mas tirou uma lição da conversa que durou horas.

Ele logo percebeu que Laurence "tinha uma mente capaz de compreender a teoria científica mais complicada e reduzi-la a uma linguagem simples". Eles eram duas das poucas pessoas em Tinian que estiveram em Los Alamos e sabiam o que acontecia ali. Embora ninguém jamais tenha dito as palavras "bomba atômica" para Beser, ele sabia tudo sobre a carga mortífera que transportavam.

Laurence descreveu o teste Trinity para o jovem soldado interessado e elucidou a possibilidade de usar a tecnologia envolvida na arma de forma pacífica, desde que "existisse a sabedoria de controlá-la e canalizá-la para o benefício da humanidade". Referiu-se ao próximo acontecimento como "o início de uma nova era", mas advertiu: "Temos o controle das forças fundamentais do Universo ao nosso alcance, o que pode nos conduzir a um milênio do bem ou à destruição da civilização."

Isso impactou o jovem tenente. Ao ser convocado para a reunião final na sede do 509º, Beser disse a Laurence que esperava conversar novamente com ele antes da missão.

Enquanto se direcionava ao local, o cientista Ed Doll o encontrou. Após conversarem por uns instantes, Doll entregou a ele um pedaço de papel de arroz dobrado com alguns números escritos. Beser os reconheceu: era a frequência de rádio que o radar da bomba usaria durante a queda, para medir a distância até o solo.

"Por que esse papel estranho?", perguntou.

"Se algo acontecer, se você achar que pode ser capturado, enrole-o e engula-o", explicou Doll.

Primeiro as visões apocalípticas de Laurence, e agora códigos escritos em papel de arroz.

Beser se perguntava se conseguiria sobreviver.

CONTAGEM REGRESSIVA:
9 HORAS, 15 MINUTOS

6 de agosto de 1945

Tinian

Era isso. Sem mais prática, sem mais testes. Agora era para valer. À meia-noite, Tibbets reuniu os tripulantes da missão. Chegara o momento de contar toda a verdade que foram autorizados a saber.

"Nossos longos meses de treinamento estão prestes a ser postos à prova. Em breve constataremos se tivemos êxito ou não. Esta noite, nossos esforços podem fazer história", disse Tibbets. "Realizaremos uma missão para lançar uma bomba diferente do que qualquer um de vocês já viu ou ouviu falar. Ela contém a mesma força destrutiva de 20 mil toneladas de dinamite."

Tibbets fez uma pausa para perguntas, mas as tripulações permaneceram em silêncio.

O coronel revisou o plano — enviar um B-29 reserva a Iwo Jima, três aviões ao Japão para obter relatórios meteorológicos em tempo real sobre os possíveis alvos e, depois, três aviões até o alvo — um de ataque e dois observadores.

As instruções finais foram direcionadas apenas às tripulações das três últimas aeronaves: *Enola Gay*, *Great Artiste* e *Necessary Evil*.

Ele repetiu os mesmos procedimentos e detalhes, ponto a ponto. Os homens já haviam visto fotos do teste Trinity e sabiam do poder destrutivo da arma, mas ainda tinham dificuldades em conceber a ideia de que uma bomba poderia ser tão mortal. Era um aspecto que estava além da compreensão — até que Tibbets entregou uma máscara de solda com visor ajustável e aconselhou-os a não observar o clarão a olho nu. Tibbets comandava a unidade há quase um ano e nunca usou as palavras *atômica* e *nuclear*.

Ele especificou as regras para uma missão bem-sucedida por meio de algumas frases objetivas: Façam seu trabalho. Obedeçam às ordens. Não pulem etapas. Não arrisquem.

Todos tinham consciência de que a missão era mortalmente perigosa. Tibbets sabia melhor do que qualquer um. Em seu bolso, havia uma caixa de comprimidos com doze cápsulas de cianureto. O cirurgião de voo Don Young a entregara ao coronel no início do dia. "Espero que não precise usá-las", afirmou.

Poucos dias antes, Young e a tripulação discutiram o que fazer caso precisassem escapar antes ou depois de lançar a bomba. Se fossem capturados, os japoneses os torturariam.

"Raios me partam se eu for capturado", proferiu Parsons. Os tripulantes sempre carregavam pistolas nas missões. Sim, eles poderiam usar a arma para se matar. Porém, como Young lhes disse: "Seria mais fácil engolir um comprimido ou uma cápsula do que estourar os miolos com um tiro."

Tibbets sabia que existiam outros perigos. Seu B-29 — e talvez os demais — poderia ser seriamente danificado ou destruído pelas ondas de choque após a detonação da bomba atômica, que corria o risco de explodir durante o percurso. Havia vários motivos para que eles não sobrevivessem. O coronel pediu que um capelão finalizasse a reunião.

CONTAGEM REGRESSIVA:

9 HORAS

Tibbets apresentou os homens ao capitão William Downey, um capelão luterano de 25 anos de idade. Downey pegou uma folha e encarou as palavras que escrevera. Sabia que a missão era especial, pois, de alguma forma, ajudaria a encurtar a guerra. Pediu que todos os presentes abaixassem a cabeça e leu a oração escrita no verso de um envelope.

Pai Todo-Poderoso, escutais a prece dos que Vos amam, suplicamos para que estejas com aqueles que desafiam as alturas do Vosso céu e lutam com nossos inimigos. Rogamos a Vós para que os guarde e os proteja enquanto cumprem seus deveres. Que eles, assim como nós, conheçam Vossa força e Vosso poder e, munidos de Vossa grandeza, possam finalizar esta batalha. Oramos para que o fim da guerra chegue logo e possamos ter paz na Terra novamente. Que os homens que partirem esta noite tenham Vossa proteção e retornem em segurança. Seguiremos com fé, sabendo que estamos sob Vossos cuidados agora e para sempre. Em nome de Jesus Cristo, amém.

Beser aguardou de forma respeitosa, pensando que sua própria prática judaica era mais propensa a agradecer após o êxito "do que a pedir um favor especial antecipadamente". Ainda assim, sabia que as orações não fariam mal.

Após o "amém", as tripulações se dirigiram ao refeitório para o café da manhã. O sargento Elliot Easterly tentou deixar o ambiente festivo, com abóboras de papel nas paredes em homenagem às abóboras explosivas do 509º. Cada item do menu incluía uma piada: aveia em flocos ("Por quê?"), salsicha ("Achamos que é porco") e manteiga de maçã ("Parece graxa"). Havia mais de trinta pratos, incluindo bacon, ovos, bife e bolinhos de abacaxi. A maioria estava ansiosa demais para comer. Outros apenas beliscavam. Tibbets bebeu várias xícaras de café, tentou conversar um pouco e fingiu estar perfeitamente calmo.

Entretanto, não estava. Sentia-se tenso, quase amedrontado. Ele teria que afastar o sentimento.

Beser seguiu o caminho inverso. Atulhou sua bandeja de aveia, ovos e costeleta de carneiro. Um litro de leite e várias fatias de pão com manteiga bastaram para sua sobremesa. Se fosse morrer, pelo menos seria de barriga cheia.

CONTAGEM REGRESSIVA:

8 HORAS

Depois do café da manhã, Tibbets e sua tripulação voltaram aos alojamentos para pegar o equipamento de voo e os itens pessoais necessários à viagem de seis horas até Hiroshima. Ele recolheu seus aparatos de fumo — cigarros, charutos, tabaco e cachimbo. Tibbets, Van Kirk e Ferebee foram de jipe para a linha de voo.

Enquanto aguardava o início da viagem, Van Kirk relembrou todo o trabalho que haviam feito a bordo nos últimos dias. Ele era perfeccionista. Tudo tinha que estar no lugar, especialmente para este voo. Ele e Ferebee fizeram uma limpeza minuciosa na cabine e nas demais áreas do avião, recolhendo, em cada canto, papéis de doces amassados, chicletes e calcinhas que datavam de Omaha.

Van Kirk já tinha o percurso traçado em sua mente e usaria as estrelas no céu para pilotar o avião na maior parte do trajeto. Sentia que a navegação astronômica consistia no método mais certeiro e natural de viajar de A para B. Essa missão exigia precisão perfeita. Na Europa e no Norte da África, era possível avistar o solo. Ali, no vasto Pacífico, era outra história. A área de trabalho de Van Kirk era bem organizada: mapas, gráficos, lápis, papel, um indicador de deriva e um sextante antiquado para medir a distância angular entre objetos visíveis.

Ferebee certificou-se de que sua mira de bomba Norden não tinha falhas. O piloto de bombardeiro passaria a maior parte da missão apartado. Porém, quando chegasse a hora, se tudo desse certo, entraria em ação. Os compartimentos de bombas se abririam, ele fixaria o alvo e assumiria o comando do avião por um instante, mantendo-o firme enquanto sincronizava a velocidade de rastreamento da mira com a velocidade de solo do avião. No momento certo, próximo ao alvo, ele lançaria a bomba e sairia de cena enquanto os pilotos retomavam os controles.

Agora os dois amigos permaneciam em silêncio na noite quente, sentindo o calor de agosto refletir do asfalto. Eles se sentiriam melhor quando estivessem a caminho do alvo.

O caminhão de transporte finalmente apareceu e eles subiram a bordo com seus macacões de combate verde-claro. A única identificação que carregavam eram as plaquetas. Durante o curto trajeto até o avião, não conversaram muito. Não havia necessidade.

A maioria dos membros da tripulação do *Enola Gay* pouco antes da decolagem para Hiroshima. Em pé (da esquerda para a direita): o tenente-coronel John Porter, da equipe de manutenção em solo (não presente no voo); o capitão Theodore J. Van Kirk, navegador; o major Thomas Ferebee, piloto de bombardeiro; o coronel Paul W. Tibbets, piloto; o capitão Robert A. Lewis, copiloto; e o tenente Jacob Beser, oficial de contramedidas de radar. Ajoelhados (da esquerda para a direita): o sargento Joe A. Stiborik, operador de radar; o sargento George R. Caron, artilheiro de cauda; o soldado Richard H. Nelson, operador de rádio; o sargento Robert H. Shumard, engenheiro de voo assistente; e o sargento Wyatt Duzenbury, engenheiro de voo. Ausentes da foto: William S. Parsons, capitão da Marinha; e Morris Jeppson, tenente das Forças Aéreas do Exército.

CONTAGEM REGRESSIVA:
7 HORAS, 38 MINUTOS

Os três aviões meteorológicos decolaram, seguidos pelo *Big Stink*, que se dirigiu a Iwo Jima para aguardar caso o avião de ataque enguiçasse.

CONTAGEM REGRESSIVA:
7 HORAS, 10 MINUTOS

A tripulação do *Enola Gay* estava pronta para embarcar, mas se deparou com o avião banhado pela luz dos holofotes, a pista lotada com mais de cem fotógrafos, cinegrafistas e entusiastas. Era como um filme de Hollywood — ideia do general Groves. Ele queria registrar a decolagem do B-29.

Tibbets ficou espantado. Sabia que tirariam algumas fotos, mas tudo isso? Para um único avião? Não estava preparado para toda essa atenção. Percebeu que sua tripulação parecia bastante heterogênea. Ele não se importava muito com códigos de vestimenta — contanto que os homens fizessem seu trabalho satisfatoriamente. Claro que não exigiria uniforme completo esta noite. Alguns dos pertences se tornaram amuletos de boa sorte: lá estava Caron com seu boné do Dodgers e Stiborik com seu gorro de esqui, além dos bolsos cheios de rosários e pés de coelho.

A equipe foi convidada a posar para fotos e dizer algumas palavras para as câmeras. Beser avistou Laurence na multidão e apertou sua mão. O repórter estava morrendo de inveja. Fora alocado no avião de ataque, mas a logística atrapalhou. Estaria na segunda missão da bomba, se houvesse uma. Desejou toda a sorte do mundo ao jovem amigo.

Em meio ao alvoroço, Lewis reuniu os tripulantes. Acalmara-se e aceitara o fato de que Tibbets era o piloto. Estava feliz por, pelo menos, participar da missão. Queria conversar com os homens, mas Laurence interrompeu, entregando-lhe um caderno e uma caneta e perguntando se ele poderia manter um registro da viagem do *Enola Gay* para o *New York Times* publicar posteriormente. Lewis assentiu. Então se dirigiu à equipe: "Rapazes, esta bomba custa mais do que um porta-aviões. Temos tudo a nosso favor, venceremos a guerra, só não façam nenhuma besteira. Vamos realizar um excelente trabalho."

O tempo estava se esgotando, mas o fotógrafo do 509º precisava tirar a foto oficial da tripulação. Como de costume, os oficiais ficaram em pé, atrás dos praças ajoelhados. Quando Caron se agachou — e o fotógrafo pediu que se aproximassem mais uns dos outros —, ele sentiu uma bota em sua bunda. Olhou para cima e viu Van Kirk sorrindo. Ambos gargalharam.

Após tirarem a última foto, Tibbets disse à tripulação: "Certo. Mãos à obra!"

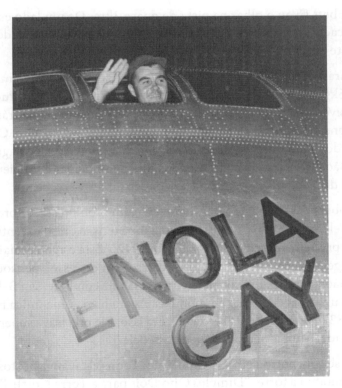

O coronel Paul W. Tibbets se despedindo antes de seu B-29 partir para Hiroshima em 6 de agosto de 1945.

CONTAGEM REGRESSIVA:
7 HORAS, 5 MINUTOS

O *Enola Gay* foi posicionado para a decolagem. Tibbets revisou sua lista de verificação pré-voo e pediu para Duzenbury testar os motores. Pressão do óleo, pressão do combustível, medidores — tudo funcionando perfeitamente e com "eficiência total". Quando terminou, Tibbets acenou para a multidão da janela de sua cabine — um momento registrado por um fotógrafo — e taxiou por mais de 1km até a extremidade sudoeste da pista.

O general Farrell se juntou ao repórter do *New York Times* e ao capelão Downey na torre de controle para assistir à decolagem.

Tibbets fixou o olhar na pista de quase 3km. De um lado estavam as carcaças carbonizadas dos quatro B-29s que haviam se acidentado na noite anterior.

Durante sua vida como Aircraft 82, o avião carregava no máximo 61.235kg. Agora, o *Enola Gay* estava com 68.040kg. Nem tudo era explosivos — também havia combustível extra na parte de trás, para compensar o peso da Little Boy no compartimento dianteiro. O equilíbrio do avião é um fator crítico, principalmente na decolagem. O B-29 não levantaria do chão se não ganhasse velocidade suficiente até o final da pista, que, em Tinian, era onde começava o oceano.

Tibbets era conhecido por manter a calma sob pressão. Porém, ali estava ele, segurando os controles com uma tensão que não sentia desde sua primeira missão de combate em 1942. "Esta é apenas mais uma decolagem. Você já fez isso muitas vezes. Sem estresse", pensou, mas suas mãos suavam. Em sua primeira missão de combate, seu B-17 carregava um total de 998kg em bombas. Agora havia uma única bomba de 4.082kg no interior da aeronave. Era isso. Ele precisava superar sua ansiedade. Muitas pessoas dependiam dele.

Ele se concentrou em sua tripulação. Todos estavam a postos. Tibbets contatou a torre: "Dimples Oito Dois para a Torre North Tinian. Pronto para decolar na Runway Able." A decolagem foi autorizada.

Tibbets falou para Lewis: "Vamos."

Tibbets empurrou o manete de aceleração e a nave avançou a todo vapor. Ele esperaria até o último instante, quando aumentasse todos os nós possíveis de velocidade, para levantar o nariz do avião. À medida que o *Enola Gay* rugia pela pista, alguns membros da tripulação se preparavam para o pior. Lewis agarrou seus controles como se fosse o piloto. Ele não era o único a se perguntar se a aeronave levantaria voo. Na torre, Downey rezava em silêncio enquanto observava o esforço do B-29 na pista. Não sabia se eles sobreviveriam.

O avião se aproximava do fim da pista, mas o tacômetro ainda estava abaixo de 2.550 RPM — o número necessário para voar calculado por Tibbets. Tenso, Lewis olhou para o painel de instrumentos. "Muito pesado. Muito lento", disse.

Tibbets ignorou. Ele não desistiria. No último instante possível, ele empinou o nariz do avião e o *Enola Gay* alçou voo. Van Kirk expirou e registrou em seu diário de bordo: "Olhei para fora e consigo ver a água, então devemos ter decolado."

Um grito de comemoração irrompeu da torre de controle. Um suspiro de alívio perpassou os tripulantes do avião.

CONTAGEM REGRESSIVA:
6 HORAS, 30 MINUTOS

Os motores ressoavam sua melodia constante. Os instrumentos estavam harmonizados. Da cauda do avião, Caron disparou alguns tiros de sua metralhadora calibre .50 para se certificar de que funcionava. Sim, perfeitamente.

Parsons deu um tapinha no ombro de Tibbets e apontou para baixo. Era hora de armar a Little Boy.

Tibbets estabilizou o avião a 1.676m, logo acima das nuvens. Parsons e Jeppson abriram o alçapão do compartimento de bombas e desceram. Arrastaram-se pela passagem até o suporte da bomba sobre as portas abaixo. Era barulhento, frio e escuro. Jeppson segurava uma lanterna e um kit de ferramentas. Parsons se espremeu no espaço apertado e começou a trabalhar. Eles seguiam uma lista de verificação, e Jeppson entregava a Parsons os instrumentos certos no momento exato, como se fossem um enfermeiro e um cirurgião. Parsons praticara e suas mãos castigadas se moviam habilmente, mas a situação era enervante. Não apenas pelo perigo da explosão da bomba, mas pelo fato de que, se um deles escorregasse e caísse, não haveria nada que o separasse do céu aberto e do oceano, exceto as finas portas de alumínio não projetadas para suportar o peso de uma pessoa.

Com cuidado, Parsons removeu os fios e a tampa da culatra, inseriu o urânio e os quatro sacos de cordite, reconectou os fios e recolocou a tampa. Manteve Tibbets informado de cada passo por meio de um sistema de intercomunicação estendido ao compartimento de bombas. Em vinte minutos, a delicada tarefa estava finalizada.

"A bomba está armada", avisou Parsons. Tibbets notificou a cadeia de comando pelo rádio e, depois, elevou o avião à altitude de cruzeiro.

CONTAGEM REGRESSIVA:
3 HORAS, 30 MINUTOS

O *Great Artiste* e o *Necessary Evil* se encontraram com o *Enola Gay* sobre Iwo Jima. Os aviões traçaram sua rota até o Japão. Com a bomba armada, a tripulação se acomodou para o longo voo. Muitos dos homens não dormiam há 24h. Alguns cochilaram. Tibbets decidiu fazer a ronda pelo avião e verificar a tripulação. Começou pela parte de trás, vendo como estava Caron, o artilheiro de cauda.

Com a arma devidamente testada e horas de escuridão pela frente, Caron se acomodou em sua cadeira dobrável soldada à antepara, fumando Lucky Strikes, tateando o rosário que sua mãe lhe dera. Ele fixara uma foto de sua esposa e filha no vidro da janela.

Caron ficou feliz com a companhia do coronel. Eles conversaram sobre a missão, as imagens da nuvem em forma de cogumelo do teste Trinity, a física incompreensível por trás de tudo. Quando Tibbets se levantou para sair, Caron fez uma última pergunta.

"Coronel, estamos dividindo átomos?"

"Assunto encerrado", respondeu.

Tibbets sabia que alguns de seus homens provavelmente haviam descoberto, mas não era permitido falar sobre isso.

Ele retornou à cabine e pediu que Lewis supervisionasse o piloto automático por um tempo, pois queria cochilar. Sim, a bomba fora armada, mas tudo estava sob controle. O copiloto escrevia suas observações no diário de bordo para Laurence. Parsons e Jeppson vigiavam o painel customizado que monitorava o circuito da bomba. Van Kirk observou por cima dos ombros deles, depois olhou para Jeppson. "O que acontece se essas luzes verdes se apagarem e as vermelhas se acenderem?", indagou.

Jeppson meneou a cabeça. "Aí teremos um grande problema", respondeu.

Tibbets recostou-se na cadeira, fechou os olhos e adormeceu. Lewis anotou em seu registro: "Tibbets 'Touro Velho' tirou uma soneca enquanto Lewis cuidava do piloto automático, apelidado de 'George'."

CONTAGEM REGRESSIVA:
2 HORAS, 15 MINUTOS

Jeppson voltou ao compartimento de bombas, dessa vez sozinho. Ele desceu até a arma, removeu três plugues de segurança verdes e os substituiu pelos vermelhos, acionando as baterias internas da bomba. "Está ativa", avisou no intercomunicador.

Era o momento de compartilhar o segredo com a tripulação. Tibbets anunciou: "Estamos carregando a primeira bomba atômica do mundo."

Vários membros da tripulação engasgaram. Lewis deu um assobio longo e baixo e pensou: "Agora tudo faz sentido."

Ele estava apreensivo. "A bomba agora está ativa", escreveu em seu diário. "É uma sensação estranha saber que ela está aqui, bem atrás de mim. Cruz-credo."

Beser trouxera um estranho aparelho de gravação. Tibbets explicou: "Quando a bomba for lançada, o tenente Beser registrará nossas reações. Esta gravação entrará para a história. Cuidado com a linguagem e não obstrua o intercomunicador."

Nesse ínterim, Beser monitorava atenciosamente as frequências de rádio. A bomba tinha três fusíveis. O fusível de proximidade do radar, responsável por detonar a arma nuclear acima do solo, era o mais preocupante. Ele não queria assustar ninguém, mas sabia que aquele fusível operava em uma frequência muito obscura. Se os japoneses surgissem nessa frequência, conseguiriam acionar a bomba.

CONTAGEM REGRESSIVA:
51 MINUTOS

Os aviões meteorológicos sobrevoavam as cidades-alvo. O piloto do *Straight Flush* enviou uma mensagem codificada: "As nuvens cobrem menos de 3/10 em todas as altitudes. Conselho: bombardear o primeiro." Tibbets ligou o intercomunicador. "É Hiroshima", disse.

Ele se virou e pediu que Richard Nelson, o operador de rádio, enviasse uma mensagem de uma palavra para William Uanna, o chefe de segurança do esquadrão em Iwo Jima: "Primeiro."

CONTAGEM REGRESSIVA:
25 MINUTOS

Voando a 9.450m de altitude, o *Enola Gay* cruzou Shikoku, a leste de Hiroshima. O céu estava limpo. As condições de bombardeio eram favoráveis. A tripulação reconheceu as estradas e rios que perscrutou nos mapas e nas fotos de reconhecimento.

CONTAGEM REGRESSIVA:
10 MINUTOS

O *Enola Gay* estava a uma altitude de 9.468m, com uma velocidade de 320km/h quando Hiroshima apareceu. Van Kirk e Ferebee avistaram a ponte Aioi em forma de T. "Dez minutos até o local de ataque", Van Kirk anunciou.

CONTAGEM REGRESSIVA:
3 MINUTOS

A operação da bomba foi iniciada. Tibbets passou o controle do *Enola Gay* para Ferebee. "É todo seu", disse. Ferebee pressionou o olho esquerdo contra o visor da mira. "Estamos sobre o alvo", informou. Lewis fez outra anotação em seu diário: "Haverá uma breve pausa, pois lançaremos a bomba."

CONTAGEM REGRESSIVA:
1 MINUTO

"Coloquem os óculos", ordenou Tibbets. Era isso. Não havia mais como voltar atrás.

CONTAGEM REGRESSIVA:
58 SEGUNDOS

A ponte Aioi em forma de T estava ao alcance.

CONTAGEM REGRESSIVA:
43 SEGUNDOS

As portas do compartimento de bombas se abriram. Ferebee apertou o botão para lançar a bomba. A Little Boy se libertou do gancho de retenção e entrou em queda livre, a 9.468m acima da ponte.

"Bomba lançada!", gritou Ferebee.

Subitamente, o nariz do *Enola Gay* empinou 3m quando Tibbets fez uma curva acentuada de 155° graus para a direita.

Ferebee viu a bomba oscilar antes de ganhar velocidade. "O caminho está livre", avisou no intercomunicador.

"Você consegue enxergar alguma coisa?", perguntou Tibbets a Caron.

Em sua torre, o artilheiro de cauda estava estatelado devido à força g, que drenava o sangue de sua cabeça. "Nada", arfou Caron.

Graças à força da curva, Beser também estava colado contra uma antepara. Por alguns instantes, ele foi incapaz de levantar a mão para ativar o gravador. A bomba continuava a cair em direção à ponte Aioi. Nada ainda. Teria falhado?

Tibbets contatou Caron mais uma vez. "Você está vendo alguma coisa?" Novamente, a resposta foi negativa. De repente, um clarão — mais forte que o sol do meio-dia — iluminou o avião.

Naquele momento, tudo mudou.

CONTAGEM REGRESSIVA:
TEMPESTADE DE FOGO

Em 43 segundos, a Little Boy despencou quase 10km. A bomba explodiu a 576m acima de Hiroshima, cerca de 167m a sudeste da ponte Aioi. A essa altura, o *Enola Gay* estava a 9,5km de distância, voando na maior velocidade que seus motores suportavam.

A aeronave ainda estava em perigo. Tibbets se preparou para as ondas de choque, questionando se o avião suportaria o impacto. Seriam aqueles seus momentos finais? De costas para a cidade, ele não conseguia ver a destruição, mas sabia que era terrível — podia sentir em sua boca. Suas gengivas formigavam; em seu paladar, predominava um sabor de chumbo. Deve ser o gosto das forças radioativas, pensou.

De seu assento na cauda do avião, Caron avistou a onda de choque se aproximando na velocidade do som. Era como um calor refletindo do asfalto em um dia quente de verão. Minha nossa, aí vem ela, pensou. Acionou seu microfone. "Coronel, a onda está vindo em nossa direção", informou.

A onda de choque atingiu o *Enola Gay* a 14,5km a leste de Hiroshima. Ele balançou e rangeu. A tripulação gritou, imaginando se a aeronave se partiria em pleno ar. O estrondo fez com que Tibbets se lembrasse dos projéteis antiaéreos que explodiram perto de seu avião durante as missões de combate na Europa e no Norte da África. Parsons pensou o mesmo. "Fogo antiaéreo!", berrou, antes de perceber que era a onda de choque. Para Lewis, parecia que um gigante estava batendo no B-29 com um martelo.

Então, com a mesma rapidez que começou, o tremor violento parou.

Caron era o único com vista para a destruição. Ao fim da onda de choque, ele tentou descrever a cena para o restante da tripulação. Faltavam-lhe palavras. Tibbets deu meia-volta com o avião para que todos pudessem ver. Quando Hiroshima apareceu, um sentimento de espanto e tristeza tomou conta dos homens.

Uma nuvem arroxeada em forma de cogumelo atingia uma altura de quase 14 mil metros, elevando-se sobre a paisagem destruída. Robert Shumard, o engenheiro de voo assistente, sabia que só havia morte naquela nuvem, talvez todas as almas das vítimas ascendendo ao céu. Abaixo, a cidade estava coberta por uma fumaça escura.

Van Kirk disse que parecia um "caldeirão de óleo em chamas". Para Tibbets, a fumaça representava o Inferno de Dante, "uma ebulição ascendente, pulsando como se estivesse viva". O fogo se alastrava abaixo da fumaça turva, "borbulhando como piche quente".

Caron se concentrou na nuvem. Com seu núcleo vermelho, "parecia lava ou melaço cobrindo toda a cidade", lembrou.

Ferebee, o piloto de bombardeiro, podia ver "partes das coisas realmente se movendo na nuvem — um turbilhão de escombros, lixo e poeira".

Para Richard Nelson, a nuvem era "tão grande e tão alta" que ameaçava engolir o avião.

Beser pegou seu gravador. Todos registraram uma declaração, mas ninguém disse nada profundo. Estavam paralisados. Beser optou por guardar o aparelho.

Lewis ficou pasmo. Momentos antes, ele tinha visto uma cidade vibrante, com barcos em canais estreitos, bondes, escolas, casas, fábricas, lojas. Tudo fora dizimado. Hiroshima desapareceu diante de seus olhos. Agora era "apenas uma enorme massa de nuvens e destroços e fumaça e fogo, tudo misturado". Então recorreu a seu diário, que estava mantendo para o repórter do *New York Times*, e escreveu: "Meu Deus, o que fizemos?"

Eles já tinham visto o suficiente. Tibbets direcionou o avião de volta a Tinian. O mundo nunca mais será o mesmo, pensou. "A guerra, o flagelo da humanidade desde o princípio, agora gerava horrores inacreditáveis", escreveu mais tarde.

A nuvem em forma de cogumelo ascendendo após o lançamento da bomba sobre Hiroshima.

Ao mesmo tempo, eles sentiram alívio. Haviam cumprido a missão. "Acredito que seja o fim da guerra", disse Tibbets a Lewis. Ele colocou o tabaco no cachimbo e acendeu, soltando a fumaça. Fez algumas anotações para Nelson transmitir à base. O primeiro alvo fora bombardeado visualmente, com resultados satisfatórios e sem represália de aviões de combate ou fogo antiaéreo.

Concomitantemente, Parsons ditou sua própria mensagem para a base: "Os efeitos visuais foram mais grandiosos do que no teste do Novo México."

Hiroshima, Japão

A pequena Hideko Tamura estava sob o teto desabado de seu quarto, gritando. Apenas um dia antes, ela voltara para casa, na propriedade de seu avô, mas seu quarto, seus livros, os abraços de seus pais, a manhã ensolarada, a certeza de que nunca mais retornaria àquele acampamento para crianças, tudo se desfez em um instante. Assim como a casa à sua volta.

Hideko pensou em sua mãe, em algum lugar do bairro, demolindo casas abandonadas em um projeto de "voluntariado obrigatório". Naquela manhã, Kimiko quase não foi trabalhar, pois ainda estava cansada da longa viagem para buscar a filha e queria passar algum tempo com ela, mas acabou decidindo ir.

Pouco depois que sua mãe saiu, Hideko ouviu uma sirene de ataque aéreo e ligou o rádio. Três aviões inimigos se aproximavam de Hiroshima. Alguns minutos se passaram e o locutor disse que as aeronaves haviam dado meia-volta. O sinal de advertência foi cancelado.

Ela pegou um livro que seu primo lhe dera na noite anterior e logo ficou entretida com a história.

De repente, um clarão ofuscante iluminou a página. Hideko olhou pela janela, viu uma "enorme faixa de luz branca invadir os espaços por entre as árvores", ouviu um estrondo, como se fosse uma grande cachoeira. E desmaiou.

Ela acordou com uma explosão ensurdecedora, que acarretou um vento assolapador e fez a terra estremecer, derrubando tudo que restara na casa. Foi então que Hideko ouviu a voz da mãe em sua mente, e as instruções sobre como se salvar em caso de bombardeio. "Encontre algo firme para se agarrar."

A garota se apoiou entre duas vigas resistentes e um guarda-louça. Uma lâmpada espatifou-se no chão, junto com os óculos de seu pai e uma cesta de roupas de inverno; as louças despedaçaram-se no chão e as prateleiras caíram na pilha de cacos. A sala escureceu de repente, como se o sol tivesse desaparecido. Hideko estava presa embaixo de algo. Não conseguia mais enxergar. Foi tomada pelo terror. Ela morreria e se conformou com isso, sem protestar.

Repentinamente, o barulho e o tremor pararam. O ar denso e empoeirado começou a clarear. Hideko percebeu que estava viva, salva pelas vigas, mas presa sob os escombros. "Socorro! Por favor, alguém me ajude!", gritou.

Sua tia Fumiko ouviu o pedido de ajuda e retirou a menina dos destroços. Hideko emergiu com apenas alguns hematomas e um corte profundo no calcanhar direito. Fumiko também tinha ferimentos, mas sua querida sobrinha estava bem. Elas revistaram as ruínas da casa e libertaram outros familiares. Todos estavam machucados, atordoados ou chorando. Hideko percebeu que teria que cuidar de si mesma.

Ela pegou um par de calças e tênis de sua bolsa de viagem. Colocou alguns pedaços de papel na ferida e dentro dos sapatos. Estava pronta para continuar seguindo os conselhos da mãe: o próximo passo era sair da casa para não ser encurralada pelo incêndio. Os intensos bombardeios incendiários de Tóquio e outras grandes cidades eram exemplos — várias pessoas morreram queimadas por ficarem presas em suas casas.

"Não podemos ficar aqui", advertiu Hideko. "Os incêndios logo começarão. Por favor, vamos para o rio!", mas seus familiares não reagiram às suas palavras.

Então, seu medo se concretizou. A explosão na fábrica do outro lado da rua formou uma enorme bola de fogo, que se transformou em uma onda laranja, engolindo a área circundante. Hideko gritou de pavor: "Fogo! Fogo!" Os parentes permaneceram imóveis, apáticos. Ela relembrou as instruções de Kimiko. *Saia. Vá para o rio*. Dirigiu-se ao rio Ota, a quase 1km de distância. A água a protegeria. Talvez houvesse pessoas lá que pudessem ajudar.

Hideko respirou fundo e, sozinha, começou sua jornada pela paisagem apocalíptica repleta de mortos e pessoas que certamente morreriam em breve. Ela observou as que ainda estavam vivas, cujas peles descolavam de seus corpos. Em outra rua, as vítimas agonizantes estavam cegas, seus olhos haviam sido arrancados das órbitas pelo vento térmico. Outros, velhos e jovens, rastejavam, implorando por ajuda. Hideko pensou em sua mãe — seria ela um desses seres assustadores?

"Mamãe, cadê você?", bradou. "Não posso ajudá-la. Não sei onde está!" Ela resistiu ao pânico, tentou não chorar. Orou a Deus, pedindo ajuda para encontrar e consolar sua mãe. Enquanto caminhava entre o fogo, os destroços e os corpos, a apavorada menina de 10 anos cantarolou uma canção primaveril que sua mãe lhe ensinara. "Deus, não posso fazer nada. Mas você poderia, por favor, transportar essa música pelo vento e entregá-la à minha mãe? Por favor, console Kimiko. Você sabe onde ela está", pensou

Hideko não era uma criança chorona, mas naquele dia, enquanto cantarolava, não se conteve. Ao longo do caminho em direção ao rio, ela chorou conforme passava pelos vivos e pelos mortos.

A menina não tinha como saber, mas a cidade e o campo ao redor estavam um caos. De súbito, as bases militares externas perderam o contato com Hiroshima por rádio e telefone. Quando as equipes de resgate finalmente chegaram, ficaram chocadas com a devastação. As rádios japonesas informaram: "Quase todos os seres vivos — humanos e animais — literalmente queimaram até a morte."

No entanto, quando chegou ao rio, Hideko estava ciente da situação. Agora precisava encontrar uma maneira de sobreviver.

No Oceano Atlântico

A inúmeros quilômetros de distância, o USS *Augusta* estava há quatro dias viajando, agora ao sul de Terra Nova, a apenas um dia dos EUA. A Sala de Mapas Avançados, estabelecida no escritório do primeiro-tenente, recebeu uma mensagem ultrassecreta do Departamento da Marinha em Washington. A equipe a bordo usou um equipamento criptográfico especial para decodificar o alerta.

Truman estava almoçando no refeitório da popa com seis praças. Às 11h45, o capitão da Marinha Frank Graham adentrou a sala, entregando ao presidente o bilhete e um mapa do Japão, no qual circulara Hiroshima com um lápis vermelho.

"Informações a respeito do Projeto Manhattan", dizia a mensagem. "Resultados precisos e bem-sucedidos em todos os aspectos. Efeitos visíveis mais grandiosos do que em qualquer teste." Truman apertou a mão do capitão. "Esse é o maior acontecimento da história", afirmou.

Dez minutos depois, Graham voltou com uma segunda mensagem, dessa vez do secretário Stimson, que retornara a Washington antes do presidente. "A grande bomba atingiu Hiroshima (...) Os primeiros relatórios indicam êxito total, ainda mais notável do que o teste anterior." Truman se levantou e informou o secretário de Estado Byrnes, que estava do outro lado da mesa: "Está na hora de voltarmos para casa."

O presidente bateu em seu copo com um talher. Os presentes ficaram em silêncio. Ele anunciou que acabara de receber duas mensagens relatando o "primeiro ataque ao Japão com uma nova arma terrivelmente poderosa", que continha um explosivo 15 mil vezes mais potente do que uma tonelada de TNT. O refeitório irrompeu em aplausos.

Com Byrnes no seu encalço, o presidente foi às pressas até a sala dos oficiais do navio para avisá-los. Declarou: "Ganhamos a aposta." Conforme a notícia se espalhava pelo *Augusta*, os tripulantes compartilhavam do mesmo pensamento. Talvez a guerra acabasse logo. Talvez eles voltassem para casa.

Washington, D.C.

Em Washington, Eben Ayers, secretário de imprensa assistente, convocou jornalistas para fazer um "importante" comunicado. Como a cobertura de notícias na Casa Branca costumava ser bem tranquila quando o presidente estava fora, alguns jornais mandaram novatos.

Ayers ficou em pé na frente da sala, segurando as cópias da declaração de Truman. "Tenho aqui o que considero uma reportagem muito boa. É um comunicado do presidente." Então, ele leu o primeiro parágrafo para os repórteres. "Há dezesseis horas, um avião norte-americano lançou uma bomba em Hiroshima, aniquilando sua utilidade para o inimigo. Com uma potência superior a 20 mil toneladas de TNT, seu poder de explosão excedeu mais de 2 mil vezes o da britânica 'Grand Slam', a maior bomba já usada na história da guerra."

Ayers continuou com suas próprias palavras. "A seguir, o comunicado explica tudo. É uma bomba que, pela primeira vez, liberou energia atômica." Porém, a essa altura, os repórteres corriam para a frente da sala a fim de pegar uma cópia da declaração e ligar para seus editores. Um deles gritou: "É uma ótima reportagem!"

Los Alamos, Novo México

Oppenheimer aguardava uma ligação. Enviara o físico John Manley a Washington com instruções: ele deveria telefonar assim que tivesse qualquer notícia sobre o ataque, mas, até agora, nada. Então, decidiu ligar o rádio. E, para sua surpresa, ouviu a voz de Truman.

O presidente anunciou à nação que uma bomba atômica fora lançada. Momentos depois, o telefone finalmente tocou. Era Manley. Ele explicou que o capitão Parsons, o armador, enviara um teletipo do *Enola Gay*, avisando que tudo correra conforme o planejado. Entretanto, Groves o impediu de telefonar até que o pronunciamento de Truman pelo rádio terminasse.

Oppie ficou irritado. "Por que diabos você acha que foi para Washington?", vociferou.

Quando Oppenheimer desligou, o telefone tocou novamente. Dessa vez era Groves.

"Estou muito orgulhoso de você e de toda sua equipe", afirmou o general.

"Deu tudo certo?", perguntou Oppenheimer.

CONTAGEM REGRESSIVA: 1945

"Segundo consta, foi uma explosão imensa."

"Todos estão se sentindo razoavelmente bem com o resultado, e eu gostaria de expressar minhas mais sinceras felicitações. Foi um longo caminho", declarou Oppenheimer.

"Sim", disse Groves. "Foi um longo caminho e uma das coisas mais sábias que fiz foi escolhê-lo como diretor de Los Alamos."

"Bem, tenho minhas dúvidas, general."

"Ora, você sabe que nunca concordei com essas dúvidas."

Naquele momento, um anúncio crepitou nos alto-falantes de toda a instalação de Los Alamos. "Atenção, por favor. Atenção, por favor. Uma de nossas unidades foi lançada com sucesso no Japão." O lugar irrompeu em aplausos. Muitos dos cientistas da Área de Tecnologia comemoraram. O físico Otto Frisch ouviu pessoas correndo e gritando pelo corredor: "Hiroshima foi destruída!"

As linhas telefônicas ficavam ocupadas à medida que os funcionários reservavam mesas nos estabelecimentos em Santa Fé. Frisch achava "macabro" celebrar a morte de tantas pessoas — mesmo que fossem inimigas dos EUA. Alguns pensavam o mesmo. Ainda não conseguiam aceitar o fato de que ajudaram a criar uma arma tão letal. Ninguém sabia ainda quantas pessoas tinham morrido, ou o que havia restado da malfadada cidade japonesa.

Naquela noite, houve uma comemoração no auditório de Los Alamos, o mesmo onde, alguns meses antes, Oppenheimer homenageou o presidente Roosevelt. O lugar estava lotado. Como de costume, Oppie fez uma entrada triunfal, caminhando pelo corredor central até chegar ao palco.

Enquanto os presentes ovacionavam, ele levantou os braços e deu socos no ar como se fosse um boxeador vitorioso no Madison Square Garden. Quando a multidão se aquietou, Oppie disse que o acontecimento foi possibilitado pelo trabalho árduo de todos ali. Ainda era muito cedo para avaliar os resultados, mas tinha certeza de que os japoneses "não gostaram da bomba". Seu único arrependimento: não finalizar a arma a tempo de lançá-la contra os nazistas.

Donald e Lilli Hornig não participaram da comemoração em Los Alamos. Estavam em Milwaukee, visitando a família. O irmão de Donald, que estava de licença, era da Marinha e tinha ordens de ir para o Pacífico. Todos presumiram que ele participaria da invasão no Japão.

Os Hornig viram os jornais da cidade, as manchetes da edição especial: Bomba Atômica Lançada.

De imediato, Donald Hornig soube que seu irmão estava a salvo. Sentiu alegria e alívio, mas ele e Lilli concordavam que era um tipo sombrio de felicidade. Os relatos da destruição eram "simplesmente inacreditáveis". Por muitos anos, o casal seria assombrado por um vago remorso.

Oak Ridge, Tennessee

Ruth Sisson lutava contra o sono. O trabalho era tedioso, o cubículo, já um pouco desgastado, estava excessivamente quente. Sabia que o banco em que se sentava foi projetado para mantê-la ereta e focada — se cochilasse muito profundamente, cairia no chão. Seu turno estava quase terminando. No corredor, ela ouviu assobios e gritos, sons de pessoas "festejando".

Um dos supervisores entrou na sala e se dirigiu às mulheres, contando que os EUA haviam lançado uma bomba atômica sobre o Japão — tão poderosa que matara dezenas de milhares de pessoas. Afirmou que não poderia revelar os detalhes, mas o fim do conflito estava mais próximo. "Todas vocês ajudaram a criar essa arma", disse, com orgulho. As funcionárias comemoraram.

Ruth também estava eufórica, mas não queria celebrar. Ainda não, pois a guerra não acabara. Ela não comemoraria até que os japoneses desistissem e Lawrence voltasse.

No caminho para casa, todos no ônibus disseram que a guerra acabaria em breve. O motorista mencionou que $13km^2$ de Hiroshima foram totalmente queimados, sem sobreviventes.

Quando Ruth chegou em casa, sua mãe a cumprimentou da cozinha: "Você ouviu a notícia?" Ela assentiu. "Talvez Lawrence volte logo", exprimiu a mãe, entusiasmada.

CONTAGEM REGRESSIVA: 1945

Ruth se sentia esperançosa, mas sobretudo exausta. Sua mãe preparou ovos, mas ela mal mexeu na comida. Ausentou-se da mesa e foi para o quarto. Deitou na cama e fechou os olhos. Pensava em Lawrence. Não sabia onde ele estava. Estava cansada de pensar nele.

Outra coisa a incomodava. Algo que não podia dizer em voz alta.

Ruth participara da matança de todas aquelas pessoas. Parte dela se sentia zangada e traída. Colocaram-na para trabalhar em uma arma terrível sem que soubesse, e agora ela tinha sangue nas mãos. Tentava dormir, mas não conseguia.

Sempre que fechava os olhos, via 13km² totalmente queimados.

Washington, D.C.

Draper Kauffman estava em casa quando ouviu a notícia sobre Hiroshima pelo rádio. No início, não conseguiu acreditar. Então, contou à esposa, Peggy, e eles foram à Catedral Nacional de Washington para fazer orações. Rezaram para que a guerra acabasse e as mortes cessassem em ambos os lados.

Tinian

Próximos a Tinian, Tibbets e sua tripulação se preparavam para algum tipo de comemoração. Estavam felizes por terem cumprido a missão, mas o clima no *Enola Gay* mudara. A adrenalina e o espanto haviam exaurido suas forças. A nuvem em forma de cogumelo permanecera visível por mais de seiscentos quilômetros.

Os tripulantes buscavam palavras para descrever o que testemunharam. Não eram novatos. Já haviam lançado inúmeras bombas, visto-as explodir e observado a fumaça subir dos alvos. Mas isso? Era algo além da compreensão.

Na longa viagem de volta a Tinian, eles fizeram muitas perguntas e, finalmente, Tibbets teve a oportunidade de responder à maioria delas. Contou sobre o Projeto Manhattan e como os cientistas trabalharam durante anos para transformar uma teoria incerta em uma arma de destruição em massa.

Ferebee estava receoso. Perguntava-se se sua visão seria afetada, pois não colocara os óculos antes do grande clarão. Preocupava-se com aquela nuvem em forma de cogumelo e com a radiação dentro da própria bomba. Será que os deixaria estéreis? Tinham chegado perto demais. Parsons assegurou que ficariam bem. Afirmou que, pessoalmente, jamais teria se aproximado da Little Boy naquele compartimento de bombas se achasse que era perigosa.

Todos riram de alívio. O resto da viagem foi como uma "festa do pijama". Quando a empolgação diminuiu, muitos tripulantes cochilaram. Haveria um grande alvoroço quando chegassem, e ninguém sabia quando conseguiriam dormir novamente.

Eles pousaram às 14h58. Na pista, havia duzentos líderes militares, incluindo o general Spaatz e o general Farrell. Como era uma ocasião cerimonial, Tibbets foi o primeiro a descer do avião. Ele prestou continência a Spaatz, mas, quando tentou apertar a mão dele, o general o deteve, prendendo a Cruz de Serviço Distinto em seu macacão de voo amarrotado. Mais tarde, as Estrelas de Prata seriam entregues à tripulação e aos homens que participaram da missão.

Os tripulantes foram de jipe até um barracão Quonset para que James Nolan, físico e radiologista que fez os partos em Los Alamos e transportou o urânio no USS *Indianapolis*, os examinasse, em busca de danos da radiação. Ele verificou os olhos de Ferebee e garantiu que a tripulação estava saudável. Durante o interrogatório sobre a missão, quando os comandantes ouviram a descrição da nuvem em forma de cogumelo, do fogo, da fumaça e da morte, parecia inacreditável. Porém, como todos logo descobririam, era ainda pior do que pensavam.

Washington, D.C.

Pouco depois das 23h do dia 7 de agosto, o presidente Truman regressou à Casa Branca. No escritório do segundo andar, reuniu um pequeno grupo de secretários e funcionários do Gabinete que não haviam viajado para a Alemanha. Tocou piano e telefonou para Bess a fim de avisar que chegara em segurança. Ela disse que, no dia seguinte, deixaria Independence e iria ao seu encontro. As bebidas foram servidas enquanto o presidente informava o grupo sobre Potsdam — a diplomacia, as personalidades, a fofoca. Entretanto, havia um assunto que nem sequer foi mencionado: o lançamento da bomba em Hiroshima. O acontecimento era chocante demais, o massacre, imenso demais para a ocasião.

Todavia, em um comunicado oficial, o presidente expôs a difícil escolha que as autoridades japonesas enfrentavam após Hiroshima. "Se não aceitarem nossas condições, podem esperar uma chuva de destruição, como nunca antes vista neste planeta." E foi o que aconteceu.

No dia seguinte, 8 de agosto, a União Soviética declarou guerra à nação japonesa, enviando tanques e aviões de infantaria para invadir a Manchúria. Os céticos chamaram o momento de "conveniente" e suspeitavam que os soviéticos estavam mais interessados em expandir seu império para o Extremo Oriente do que em derrotar o Japão.

Nesse ínterim, aviões norte-americanos lançaram folhetos sobre cidades japonesas, alertando para um segundo ataque nuclear. "Temos o explosivo mais destrutivo já inventado pelo homem (...) O uso dessa arma contra seu território foi apenas o começo. Se tiver alguma dúvida, pergunte sobre o que aconteceu em Hiroshima."

Os líderes japoneses permaneceram em silêncio.

Tinian

Um dia depois, 9 de agosto, o 509º lançou a Fat Man, a arma nuclear com núcleo de plutônio, em Nagasaki. A missão foi um pesadelo de adivinhações e quase erros, e por pouco não falhou antes de começar.

O general LeMay presumiu que Tibbets também realizaria a segunda missão, mas ele se recusou, alegando que participara de Hiroshima apenas para provar que era possível. Queria dar aos outros tripulantes a chance de fazer parte da história, mas ainda seria responsável pelo planejamento.

Inicialmente, Tibbets designou o capitão Charles Sweeney como piloto do *Great Artiste*, que seria o avião de ataque. Em 11 de agosto, ele deveria bombardear Kokura, um centro de fabricação de munições. Porém, após revisar os relatórios meteorológicos, Tibbets mudou os planos, pois a previsão era de vários dias de mau tempo. Assim, o ataque foi antecipado para 9 de agosto — tempo insuficiente para preparar o *Great Artiste*, que ainda carregava o equipamento científico da missão de Hiroshima. Então Sweeney foi escolhido para pilotar o *Bock's Car* como avião de ataque. O piloto Frederick Bock ficaria incumbido do *Great Artiste* e de sua carga de monitores e medições.

A bomba Fat Man.

Dessa vez, William Laurence, repórter do *New York Times*, estaria no avião de ataque para registrar e relatar o acontecimento ao mundo.

"Nos últimos dois dias, presenciei a montagem desse meteoro artificial", escreveu. "Ontem à noite, integrei o seleto grupo de cientistas e representantes do Exército e da Marinha, com o privilégio de testemunhar o ritual de seu carregamento no 'Superfort'. Ao fundo, o ameaçador céu carregado, que, em intervalos, era cindido por fortes relâmpagos. Essa 'engenhoca' é uma coisa bela de se contemplar. Em seu projeto, foram despendidos milhões de horas de trabalho do que é, sem dúvida, o maior esforço intelectual da história. Essa quantidade de poder cerebral concentrado em um único problema é inédita."

CONTAGEM REGRESSIVA: 1945

As dificuldades começaram na pista. Pouco antes da decolagem, a tripulação constatou que uma bomba de combustível nos tanques de reserva estava danificada. Era inviável levar 2.422L de combustível na cauda do avião e não havia tempo para substituir a bomba. Conforme as normas exigidas, Sweeney desligou os motores imediatamente e ordenou que todos desembarcassem.

Tibbets, o general Thomas Farrell e outros líderes militares encontraram-se com eles na pista para uma discussão acalorada. Sweeney explicou que não teria como descarregar o combustível extra e isso poderia acarretar problemas, mas Tibbets não quis nem saber.

"Você não precisa do maldito combustível", vociferou. "Serve apenas para compensar um pouco do peso da bomba na parte dianteira." Na missão de Hiroshima, o combustível reserva não fora utilizado. Ficar ou partir — a decisão era de Sweeney. "Sugiro partir", advertiu Tibbets.

Sweeney hesitou, mas resolveu. "Que se dane. Quero realizar a missão. Partiremos." Os tripulantes se entreolharam e voltaram para o avião.

Sweeney saiu de Tinian com mais de uma hora de atraso.

Durante o longo voo até o Japão, Laurence refletia sobre as pessoas lá embaixo. "Será que ninguém sente pena desses pobres coitados que morrerão? Nem ao pensar em Pearl Harbor ou na Marcha da Morte de Bataan?", escreveu.

Frederick Ashworth, comandante da Marinha, era o armador. Como a Fat Man era uma bomba de plutônio, ele não precisou montá-la após a decolagem, mas, ainda assim, teve que rastejar até o compartimento para remover os plugues de segurança verdes e substituí-los pelos plugues de ativação vermelhos. Após realizar seu trabalho, acomodou-se para cochilar. Foi acordado de sobressalto por um tripulante apavorado. No monitor do painel, uma luz vermelha piscava. A bomba estava ativa — e pronta para explodir. Ao contrário de Parsons, Ashworth não estava familiarizado com seu funcionamento interno. Ele se apressou, tentando encontrar as cópias heliográficas enquanto todos a bordo se preparavam para o pior. Ashworth e o tenente Philip

Barnes, o armador assistente, desceram até o compartimento de bombas, retiraram o invólucro e examinaram os interruptores: dois haviam sido invertidos durante o processo de armamento. Barnes colocou cada um em sua posição correta. A luz vermelha parou de piscar.

No entanto, esse não foi o último problema. O *Bock's Car* deveria se encontrar com os dois aviões de observação, mas, quando chegou ao ponto de encontro, apenas um deles estava lá. Sweeney continuou circulando, queimando combustível, enquanto esperava pela terceira aeronave. Ashworth estava ficando impaciente. Insistiu para que voassem até Kokura.

Contudo, o céu sobre o alvo estava nublado, e os artilheiros japoneses em solo realizavam ataques antiaéreos. O *Bock's Car* não tinha armas para se defender. Sweeney queria contornar a cidade novamente, para ver se o bombardeador Kermit Beahan conseguia encontrar uma abertura nas nuvens. Com o fogo antiaéreo e o combustível baixo, a missão deveria ser cancelada, mas Sweeney sentia que tinham ido longe demais para desistir. Decidiu se direcionar ao alvo alternativo: Nagasaki.

"O destino escolheu Nagasaki como o alvo final", escreveu Laurence.

A cidade costeira era o lar de 253 mil pessoas. Quando o *Bock's Car* sobrevoou o ponto de mira, o céu nublado impossibilitava o lançamento visual. De repente, as nuvens se abriram. "Tenho uma brecha!", gritou Beahan. Às 11h20, a tripulação colocou as máscaras de solda e a Fat Man foi lançada.

A bomba explodiu a 576m acima de Nagasaki. A força gerada pelo núcleo de plutônio equivalia a 21 mil toneladas de TNT — ainda mais potente do que a Little Boy. A Fat Man caiu a quase 3km de distância do ponto de mira, mas o dano foi catastrófico. Cerca de 40 mil pessoas morreram instantaneamente. Outras 70 mil morreriam de lesões e doenças associadas à radiação. A bomba devastou uma área de quase 5km e mais de um terço dos 50 mil edifícios da cidade. Em um ato de justiça poética, a fábrica de munições que produziu os torpedos utilizados em Pearl Harbor foi destruída.

A nuvem em forma de cogumelo erguendo-se sobre Nagasaki após o lançamento da bomba atômica, em 9 de agosto de 1945.

"Apesar do fato de ser plena luz do dia, todos nós percebemos o forte clarão que rompeu a barreira escura de nossas máscaras de solda e inundou a cabine com uma luz intensa", escreveu Laurence. "Tiramos os óculos de proteção após o primeiro clarão, mas a luz verde-azulada ainda permanecia, iluminando todo o céu ao redor. Uma tremenda onda de choque atingiu a aeronave, fazendo-a tremer do nariz à cauda. Depois, houve mais quatro explosões em rápida sucessão, que soavam como o estrondo de tiros de canhão atacando nosso avião de todas as direções.

"Os observadores na cauda do avião viram uma bola de fogo gigante emergir como se saísse das entranhas da Terra, expelindo enormes anéis de fumaça branca. Em seguida, avistaram um imenso pilar de fogo roxo, com 3.050m de altura, ascendendo a uma velocidade exorbitante.

"Quando a aeronave fez outra curva em direção à explosão atômica, o pilar de fogo roxo atingira o nível de nossa altitude. Apenas cerca de 45 segundos haviam se passado. Boquiabertos, a vimos disparar como um meteoro vindo da Terra, e não do espaço sideral, tornando-se cada vez mais viva à medida que se erguia por entre as nuvens brancas. Não era mais fumaça, ou poeira, ou mesmo uma nuvem de fogo, mas uma criatura, uma nova espécie de ser vivo, nascida bem diante de nossos olhos incrédulos."

O *Bock's Car* estava em segurança, mas eles haviam usado combustível demais. Como não conseguiriam retornar a Tinian, foram para Okinawa. "Por pura sorte e devido aos vapores de combustível", Tibbets disse mais tarde, Sweeney pousou na ilha. Até isso era arriscado. O avião aterrissou a 225km/h, cerca de 48km/h a mais do que o aconselhável. Ele quicou a uma altura de 8m, passando por fileiras de bombardeiros B-24 equipados, até que derrapou e parou no final da pista.

Quando os aviões finalmente voltaram a Tinian, não houve festa. O interrogatório sobre a missão parecia uma corte marcial à medida que cada detalhe perturbador era dissecado. Poderia ter sido um desastre de várias formas, diversas vezes. O general LeMay olhou bem nos olhos de Sweeney e interpelou: "Você ferrou tudo, não foi, Chuck?"

LeMay disse que não iniciaria uma investigação, pois não serviria para nada. Eles estavam a salvo. A bomba fora lançada, ainda que longe do alvo. Todos esperavam que o Japão recuperasse o juízo e se rendesse, para que nunca mais tivessem que realizar outra dessas missões terrivelmente complicadas.

Washington, D.C.

Enquanto Nagasaki queimava, o mundo aguardava a reação do Japão. Na noite de 9 de agosto, Truman se dirigiu ao povo norte-americano em um discurso pelo rádio, supostamente para falar sobre a Conferência de Potsdam. Porém, ele abordou os bombardeios de Hiroshima e Nagasaki, instando o povo japonês a deixar imediatamente as cidades industriais que eram alvos em potencial.

"Reconheço o significado trágico da bomba atômica", anunciou o presidente. "Nós a usamos contra aqueles que nos atacaram sem qualquer aviso em Pearl Harbor, contra aqueles que espancaram, executaram e mataram de fome os prisioneiros de guerra norte-americanos, contra aqueles que abandonaram qualquer pretensão de obedecer às leis internacionais da guerra."

Mais uma vez, disse Truman, a escolha era de Tóquio. "Continuaremos a usar essa arma até que o poder de guerrear do Japão seja extinto. Apenas a rendição japonesa nos deterá." Os comandantes do Projeto Manhattan haviam informado o presidente de que outra bomba atômica poderia ficar pronta em oito dias.

O imperador Hirohito não tinha dúvidas de que os EUA continuariam a lançar bombas atômicas se seu país não se rendesse. Como seus líderes militares se opunham ferozmente à rendição, o imperador começou a negociar as condições por conta própria.

Em seu primeiro discurso de rádio, Hirohito se dirigiu aos cidadãos japoneses, que nunca haviam escutado sua voz. "O inimigo possui uma nova e terrível arma, com o poder de matar muitos inocentes e causar danos incalculáveis. Se continuarmos a lutar, isso não só acarretará o colapso final e a destruição da nação japonesa, mas também a extinção total da civilização humana", disse ao seu povo.

Há muito tempo, os japoneses acreditavam que o imperador era a personificação espiritual de seu território, e uma rendição incondicional encerraria seu reinado e eliminaria a identidade cultural do país. Em 10 de agosto, o Japão apresentou uma oferta de rendição aos EUA, com a condição de que o imperador permanecesse como chefe de Estado cerimonial.

Truman escreveu em seu diário: "Exigimos a rendição 'incondicional'. Eles queriam manter o imperador e explicamos que diríamos como, sob nossas condições."

As potências aliadas aceitaram a proposta dos japoneses, deixando claro que os EUA ditariam a resolução do conflito. Hirohito obedeceria ao comandante dos EUA no Japão, Douglas MacArthur.

Na terça-feira, 14 de agosto, às 16h05, Truman recebeu a rendição formal do Japão. Três horas depois, chamou os repórteres ao Salão Oval. Ele ficou em pé atrás de sua mesa, com Byrnes e Leahy de um lado, e Cordell Hull, o antigo secretário de Estado de F. D. R., do outro.

Sue Gentry, do jornal *Examiner*, de Independence, no Missouri, também estava presente. Mais cedo naquela tarde, a jornalista conterrânea tomou chá com a primeira-dama. Truman disse a ela para ficar por perto, pois "poderia conseguir uma reportagem".

O presidente usava um terno azul-marinho trespassado, uma camisa azul, uma gravata com listras pratas e azuis e um lenço. Sob a intensa luz dos holofotes posicionados ao lado das câmeras, ele começou a ler o comunicado. "Esta tarde, recebi uma mensagem do governo japonês", anunciou. "Considero essa resposta uma aceitação total da Declaração de Potsdam, que especifica a rendição incondicional." O general MacArthur se tornaria o comandante supremo dos Aliados no Japão e receberia a rendição formal do inimigo.

As notícias — e o júbilo — se espalharam rapidamente por todo o país. Após quase quatro anos de conflito sangrento, a Segunda Guerra Mundial finalmente acabara. O custo para os EUA era inimaginável:

405.799 mortos, 670.864 feridos. Com base na população da época, um em cada 136 norte-americanos foi morto ou ferido.

O prejuízo era ainda mais alto a nível mundial: 72 milhões de pessoas morreram, incluindo 47 milhões de civis.

E agora a guerra chegara ao fim. Milhares de pessoas se reuniram na Lafayette Square, em frente à Casa Branca. A multidão chegou a cerca de 75 mil. Os presentes subiam nos carros. Buzinas soavam. Uma fila de conga foi formada. E todos começaram a gritar: "Queremos ver Harry! Queremos ver Harry!"

Finalmente, por volta das 19h, o presidente e a primeira-dama apareceram no gramado norte da Casa Branca. Ele fez o sinal de V de vitória e a multidão irrompeu em aplausos. Então, de acordo com um dos participantes, Truman começou a "balançar seus braços como um maestro para dezenas de milhares de norte-americanos que, de repente, se materializaram em frente à mansão".

Os Truman entraram, e o presidente telefonou para sua mãe no Missouri. "Era Harry", informou aos convidados após desligar. "Ele sempre me liga quando algo assim acontece."

Truman também telefonou para Eleanor Roosevelt e disse: "Neste momento de triunfo, gostaria que o presidente Roosevelt tivesse dado a notícia ao nosso povo, não eu."

O presidente saiu para observar a multidão novamente e, dessa vez, tinha um microfone. "Este é um grande dia", afirmou, "o dia pelo qual tanto esperamos. Este é o dia dos governos livres. Este é o dia em que o fascismo e o Estado policial deixam de existir".

Naquela noite, meio milhão de pessoas lotaram as ruas de Washington. Houve comemorações exultantes nas grandes e nas pequenas cidades em todo os EUA e em todo o mundo.

Para Truman e seu país, era o fim de uma terrível batalha. No entanto, também era o começo de uma nova era — encarar a realidade de um mundo que jamais seria o mesmo.

EPÍLOGO

Enquanto a grande maioria dos norte-americanos comemorou o fim da guerra no Pacífico — e a nova superarma que obrigou o Japão a se render —, alguns imediatamente alertaram para o perigo decorrente.

No dia seguinte ao ataque de Hiroshima, o *New York Times* publicou seis triunfais reportagens de primeira capa. Porém, seu editorial assumiu um posicionamento muito diferente. "Ontem, o homem liberou o átomo para destruir seu semelhante, e outro capítulo da história humana foi iniciado. Conquistamos a vitória no Pacífico, mas semeamos tempestade."

Hanson Baldwin, editor de tópicos militares do *Times*, expressou suas preocupações. "Os norte-americanos se tornaram sinônimo de destruição. Agora somos pioneiros na introdução de uma nova arma com efeitos desconhecidos, passível de acelerar nossa vitória, mas que semeará o ódio de forma mais abrangente do que nunca."

Os alertas vieram de todo o país e de todo o espectro político. O conservador *Chicago Tribune* escreveu: "É possível que cidades inteiras e seus habitantes sejam dizimados em uma fração de segundo por uma única bomba."

Bruce Bliven escreveu no liberal *New Republic*: "Não restam dúvidas de que a bomba atômica é, em sua potencialidade, o acontecimento mais significativo da história, do tipo que não se testemunhava há muitas gerações. No mínimo, parece irrefutável que a humanidade

EPÍLOGO

como um todo deve aprender a viver em paz ou enfrentar a perturbadora destruição em grande escala."

No entanto, os responsáveis por continuar a luta após o lançamento da bomba foram os cientistas, que deram o primeiro alerta antes mesmo de Hiroshima. Em novembro de 1945, quase mil funcionários de Los Alamos, Oak Ridge, Hanford e Chicago formaram a Federação dos Cientistas Americanos. Com "seus cortes à escovinha, suas gravatas-borboletas e seus colarinhos clássicos", eles pressionaram o Congresso, opondo-se ao controle militar da tecnologia nuclear. Em 1946, foi criada a Comissão de Energia Atômica, com os civis no comando.

Naquele mesmo ano, Leo Szilard, que liderou a petição antes da devastação de Hiroshima, juntou-se a Albert Einstein e outros para instituir o Comitê Emergencial de Cientistas Atômicos. Sua missão era encorajar o uso pacífico da energia atômica. Porém, na crescente Guerra Fria entre os EUA e a União Soviética, o grupo logo se desfez.

Na década de 1960, Szilard tentou outra vez, fundando o Council for a Livable World. Ele alertou para os perigos da corrida armamentista, mas a competição nuclear entre o Oriente e o Ocidente continuou.

Einstein também lamentou seu papel na criação da bomba atômica. Ele não integrou o projeto S-1, pois sua habilitação de segurança foi indeferida em 1940 devido a suas crenças pacifistas. Todavia, em relação ao fato de ter evidenciado a questão para F. D. R., Einstein afirmou mais tarde: "Se eu soubesse que os alemães não conseguiriam produzir uma bomba atômica, nunca teria levantado um dedo."

Em 1954, apenas cinco meses antes de seu falecimento, ele declarou: "Cometi um grande erro em minha vida quando assinei a carta para o Presidente Roosevelt recomendando a fabricação de bombas atômicas." Sua única desculpa, disse, era a preocupação de que os alemães tivessem seu próprio programa.

Entretanto, nenhum desses eventos — as petições dos cientistas, os editoriais de advertência — importou. Não havia mais guerra. E, depois de quase quatro anos de batalha acirrada e sangrenta, o povo norte-americano se sentiu grato.

EPÍLOGO

Poucos dias após a devastação de Hiroshima e Nagasaki, uma pesquisa de opinião constatou que 85% dos norte-americanos concordavam com a decisão de lançar a bomba atômica. Em consequência do ataque a Pearl Harbor, e de anos de atrocidades cometidas pelos militares japoneses, a compaixão pelo inimigo era quase inexistente.

Em setembro de 1945, o Dr. George Gallup escreveu: "Embora essas armas de poder destrutivo ameacem a segurança da humanidade, na mente do público, a bomba atômica acelerou o fim da guerra e indicou o caminho para o desenvolvimento proveitoso da energia atômica no futuro."

Outro elemento influenciou a opinião norte-americana: a engenhosa campanha de relações públicas realizada pelo governo. Parte disso foi o que eles escolhiam compartilhar. Em uma abundância de comunicados à imprensa, "o público recebeu informações gerais sobre o teste Trinity, os processos atômicos, as centrais de produção, as comunidades, as personalidades significativas e as perspectivas de aproveitamento da energia nuclear. O orquestrado programa de comunicados revelou o drama da história atômica em episódios surpreendentemente detalhados".

Contudo, os norte-americanos souberam o mínimo possível do impacto devastador das explosões atômicas no povo de Hiroshima e Nagasaki. Um fator proposital. O general MacArthur, comandante supremo das forças de ocupação no Japão, impôs uma censura rigorosa de todas as informações relacionadas à destruição causada pelos bombardeios.

Uma equipe de filmagem japonesa de 32 pessoas fez um documentário sobre a desolação total de Hiroshima e Nagasaki, que foi confiscado pelas autoridades dos EUA. Algumas das primeiras imagens vistas pelos norte-americanos não foram fotografias, mas desenhos de um casal japonês, Toshi e Iri Maruki, que foi a Hiroshima logo após o bombardeio para procurar seus parentes. Em 1950, eles foram publicados no livro chamado *Pika-don* ["Flash-bum", em tradução livre].

No entanto, houve brechas no manto de silêncio. O repórter australiano Wilfred Burchett, o primeiro jornalista estrangeiro a visitar

Hiroshima, enviou uma mensagem em código Morse a Londres para evitar a censura. No dia 5 de setembro de 1945, o *Daily Express* publicou seu artigo, que foi divulgado em todo o mundo.

"Hiroshima", escreveu, "não parece uma cidade bombardeada, mas, sim, um local devastado por um rolo compressor monstruoso, que dizimou tudo à sua frente. Relato esses fatos da maneira mais imparcial possível, na esperança de que sejam um aviso para o mundo. Nesse primeiro campo de testes da bomba atômica, testemunhei a desolação mais terrível e assustadora em quatro anos de guerra, que faz com que uma ilha do Pacífico pareça um paraíso. O dano é muito maior do que as fotos podem mostrar".

Entretanto, a maioria dos norte-americanos só foi capaz de entender o que seu governo fizera um ano depois dos bombardeios. William Shawn, o lendário editor da *New Yorker*, sentiu que havia uma história essencial que ainda não tinha sido contada. Ele incumbiu o correspondente de guerra John Hersey de, por meio da China, ir até Hiroshima para passar um mês entrevistando sobreviventes antes de retornar aos EUA e escrever seu relato. Dessa forma, ele evitaria a censura de MacArthur.

O impacto do trabalho de Hersey é inestimável. Ele noticiou em primeira mão os relatos de seis sobreviventes do ataque e as terríveis sequelas da bomba. Apresentou um novo termo aos norte-americanos — *hibakusha* —, que significa literalmente "pessoas afetadas pela explosão". Pela primeira vez, a população dos EUA descobriu o que de fato acontecera em Hiroshima.

Shawn sabia da importância de seu artigo. Ele convenceu o editor a publicá-lo de forma integral, com suas 31 mil palavras, em uma única edição em 31 de agosto de 1946, sem os característicos cartuns da *New Yorker*. O relato completo foi lido no rádio. Cópias prévias foram enviadas aos jornais de todo o país. Muitos deles escreveram editoriais incentivando as pessoas a lerem a revista. Todos os 300 mil exemplares esgotaram imediatamente. Mais tarde naquele ano, 3 milhões de cópias da matéria de Hersey foram vendidas em forma de livro.

EPÍLOGO

Hersey contou a história de seis *hibakusha* — duas mulheres, dois médicos, um pastor metodista e um padre jesuíta alemão. Foi uma viagem ao Inferno de Dante — relatos horríveis de morte instantânea, sofrimento inimaginável, envenenamento por radiação. Hersey escreveu sobre vinte homens "exatamente no mesmo estado horripilante: seus rostos estavam queimados; suas órbitas, ocas; o fluido de seus olhos derretidos escorrera por suas bochechas". Para quem leu, não havia como escapar das imagens, nem da responsabilidade. "Eles foram os sujeitos do primeiro grande experimento sobre o uso da energia atômica."

Um dos sobreviventes entrevistados por Hersey fez sua própria declaração. No início da década de 1950, o pastor Kiyoshi Tanimoto visitou os EUA, passando por 256 cidades. Ele arrecadou dinheiro para criar um Centro para a Paz Mundial em Hiroshima, que serviria como um laboratório de iniciativas de paz.

Todavia, em uma atualização de seu livro, John Hersey contou uma experiência surreal que Tanimoto teve em outra viagem aos EUA. Em 11 de maio de 1955, ele foi convidado a um estúdio de televisão a fim de conceder uma suposta entrevista que o ajudaria a angariar fundos para o movimento antinuclear.

Em vez disso, era um episódio de *This Is Your Life*, um famoso programa nacional ao vivo no qual o apresentador, Ralph Edwards, surpreendia os convidados com personalidades importantes de seu passado. Um missionário que ensinou Tanimoto sobre Cristo compareceu, junto com um amigo da escola de teologia. E então, o choque.

Um homem atarracado apareceu e foi apresentado por Edwards como capitão Robert Lewis, copiloto do *Enola Gay* na missão que destruiu Hiroshima. Lewis falou sobre aquele dia terrível. "Tanimoto permaneceu sentado, com uma expressão impassível", escreveu Hersey.

Lewis presenteou Tanimoto com um cheque em nome da tripulação do *Enola Gay*.

No entanto, embora toda a situação fosse inquietante, até mesmo profundamente perturbadora, a maioria dos EUA ainda apoiava a decisão de lançar a bomba atômica. Nas pesquisas de opinião, a aprovação pública nunca ficou abaixo de 53%. Afinal, a arma acabou com a guerra, provavelmente um ano antes do que uma invasão. E poupou a vida de centenas de milhares de soldados norte-americanos.

Com o passar das décadas, o debate sobre a bomba acompanhou as mudanças nas correntes da política norte-americana. Em 1958, um artigo na *National Review* declarou que o verdadeiro alvo da bomba não era o Japão. Harry Elmer Barnes escreveu que o inimigo já havia sido derrotado. "As dezenas de milhares de japoneses carbonizados em Hiroshima e Nagasaki foram sacrificados não para acabar com a guerra ou salvar vidas de ambos os lados, mas para fortalecer a diplomacia dos EUA perante a Rússia."

Nas décadas de 1960 e 1970, historiadores da "Nova Esquerda", como Gar Alperovitz, fizeram uma afirmação semelhante: a bomba foi um alerta prévio aos soviéticos no início da Guerra Fria. E Truman estava pronto para usar esse trunfo. Durante o Bloqueio de Berlim de 1948 a 1949, ele posicionou bombardeiros B-29, o *Enola Gay*, por exemplo, a uma distância de ataque da capital da Alemanha. Durante a Guerra da Coreia, Truman enviou B-29s para a região.

O debate ecoou por décadas, junto com uma terrível corrida armamentista. Em 1949, a Rússia testou um dispositivo nuclear. Uma nova doutrina de segurança nacional ganhou força — a Destruição Mútua Assegurada (MAD, na sigla em inglês). Nem os EUA nem a União Soviética lançariam um ataque nuclear contra o inimigo, pois não poderiam impedir um ataque de retaliação — ambos os lados seriam aniquilados.

Os EUA e a Rússia negociaram tratados de controle de armas, começando com o Tratado de Interdição Parcial de Testes Nucleares em 1963. Porém, eles apenas limitaram o número de mísseis e ogivas múltiplas, em vez de erradicá-los.

E, com a tecnologia nuclear agora disponível, ela se espalhou para alguns dos maiores locais de risco do planeta. Por décadas, a Índia e o Paquistão disputam território, cada um armado com um arsenal nuclear. Acredita-se que Israel possua as únicas armas nucleares do Oriente Médio, mas o Irã se aproxima cada vez mais da capacidade de

EPÍLOGO

enriquecer urânio para produzir as suas. E a Coreia do Norte continua a desenvolver seus recursos, bem como os mísseis balísticos de longo alcance necessários para atingir os EUA.

Nesse ínterim, a discussão sobre Hiroshima permanece. Em 1995, o Museu Nacional do Ar e Espaço, do Instituto Smithsonian, em Washington, planejou uma exposição para assinalar o 50º aniversário do ataque. O conceito era incentivar os visitantes a reconsiderar a decisão de lançar a bomba, com pleno conhecimento do que aconteceu no local e da continuidade da corrida armamentista.

Contudo, grupos de veteranos e políticos protestaram, alegando que a exposição era muito solidária com os japoneses, um insulto aos soldados norte-americanos que morreram no Pacífico. Um dos tripulantes do *Enola Gay*, Dutch Van Kirk, reclamou dos roteiros oferecidos. "Uma parte dizia algo no sentido de que, para o Japão, o bombardeio foi principalmente uma campanha de vingança e suposto racismo norte-americano. Outra afirmava que todos nós enlouquecemos."

Ele salientou: "Sabe, nem todo mundo enlouqueceu."

No final, o projeto foi radicalmente reduzido e destacou a fuselagem do *Enola Gay*. Até mesmo o avião entrou no debate. Por anos, ele foi armazenado na Base Aérea Andrews, nos arredores de Washington. Suas asas enferrujaram e foram vandalizadas por caçadores de souvenirs. Em 2003, ele foi totalmente restaurado e agora faz parte da coleção do Udvar-Hazy Center, do Instituto Smithsonian, próximo ao Aeroporto de Dulles, no norte da Virgínia.

Alguns historiadores sustentam que o Japão teria se rendido em 1945 — sem a necessidade de os EUA lançarem a bomba ou invadirem o território. Em 8 de agosto, a Rússia declarou guerra ao Japão, enviando 1 milhão de soldados soviéticos para a Manchúria, ocupada pelos japoneses. Também resta saber se Truman poderia ter esclarecido melhor para os líderes em Tóquio que aceitaria uma função para o imperador como parte da "rendição incondicional". Porém, todos esses aspectos têm a vantagem do retrospecto, em muitos casos, décadas depois que as decisões foram tomadas.

268   **EPÍLOGO**

Por exemplo, o almirante Leahy, chefe do Estado-Maior de Truman, que reiterou a ineficácia da bomba várias vezes. Em suas memórias após a guerra, ele escreveu: "Os japoneses já haviam sido derrotados e estavam prontos para se render. Eu sentia que, por sermos os primeiros a usar a bomba, havíamos adotado um padrão ético comum aos bárbaros da Idade Média." Não há qualquer registro de Leahy compartilhando essa percepção com Truman antes de Hiroshima.

Embora a aprovação pública da decisão de lançar a bomba nunca mais tenha alcançado os 85%, ela permaneceu firme e forte. Em 2005, no 60º aniversário do ataque a Hiroshima, 57% apoiavam o uso da arma, enquanto 38% desaprovavam. Havia uma nítida lacuna geracional. Sete em cada dez norte-americanos maiores de 65 anos afirmaram que o uso de armas atômicas era justificável. Menos da metade dos menores de 30 anos concordou.

Essa circunstância evoca o homem que tomou a decisão. Ao longo dos anos e das mudanças no debate político, Harry Truman nunca hesitou. Em 25 de outubro de 1945, dois meses após Hiroshima, o presidente conheceu Robert Oppenheimer. Truman queria que ele apoiasse a legislação que concederia ao governo o controle da energia atômica. Porém, o principal responsável pelo desenvolvimento da bomba agora tinha dúvidas terríveis.

"Sr. Presidente", disse Oppenheimer, "sinto que tenho sangue em minhas mãos". Furioso, Truman relembrou sua resposta: "Eu disse a ele que o sangue estava nas minhas mãos — uma preocupação concernente a mim." Posteriormente, o presidente avisou Dean Acheson, seu último secretário de Estado: "Nunca mais quero ver aquele filho da put* neste escritório."

Em 1948, Truman finalmente conheceu Paul Tibbets, o piloto da missão de lançamento. "Qual a sua opinião?", questionou o presidente.

Tibbets respondeu: "Sr. Presidente, eu cumpri ordens."

Truman bateu na mesa. "Mas é claro que você cumpriu! E fui eu que mandei você para lá."

Pelo resto de sua vida, Truman foi questionado sobre sua decisão. E sempre a defendeu. Em uma carta de 1948 para sua irmã, Mary,

EPÍLOGO

ele escreveu: "Foi uma decisão terrível, mas consegui salvar 250 mil jovens norte-americanos e o faria novamente em circunstâncias semelhantes. A bomba encerrou a Guerra Japa."

No início dos anos 1960, um produtor de televisão teve uma ideia: Truman viajaria a Hiroshima para se reunir com sobreviventes do ataque. "Irei para o Japão se você quiser", disse, "mas não vou ser puxa-saco deles". O projeto nunca aconteceu.

Em uma palestra de 1965, o ex-presidente se referiu novamente à questão de salvar vidas norte-americanas. "Eu não poderia me preocupar com o que a história diria sobre minha moralidade pessoal. Tomei a única decisão viável para mim. Fiz o que achava certo."

A palavra final fica para uma entrevista que Truman concedeu a Alden Whitman, o renomado escritor de obituários do *New York Times*, em 1966, para um artigo que foi divulgado em dezembro de 1972, após seu falecimento. "Eu não apreciava a arma, mas não podia ter escrúpulos se, em longo prazo, milhões de vidas fossem salvas."

No final das contas, apesar de todas as questões sobre a moralidade de lançar a bomba atômica, é utópico pensar que Harry Truman faria qualquer outra escolha. Ele assumiu a presidência sem nem sequer saber do projeto aprovado por F. D. R. três anos antes. Mais de 100 mil pessoas foram contratadas e o investimento era de US$2 bilhões. E, apenas três meses depois, a arma foi testada com sucesso.

Seus principais generais estimaram que uma guerra convencional contra o Japão teria um preço aterrador: pelo menos 250 mil norte-americanos mortos e 500 mil feridos. A batalha se estenderia por mais de um ano. E havia uma maneira de salvar essas vidas e encerrar o conflito.

Há quem ainda questione a decisão de Truman. Nesses casos, é preciso lembrar que ele recorreu a várias pessoas para obter orientação, ouvindo conselheiros como Eisenhower, que contestou o uso da bomba. A decisão o assombrou durante noites de insônia e fortes dores de cabeça no calor do verão alemão. E em seus escritos apocalípticos sobre "a destruição pelo fogo profetizada na Era do Vale do Eufrates", é evidente que reconhecia totalmente os riscos.

Em apenas 116 dias, um novo líder sem experiência no cargo tomou uma das decisões mais importantes da história. Truman inaugurou a era nuclear, criando um mundo no qual o futuro da humanidade depende de gatilhos — emocionais e literais.

Atualmente, em nosso planeta, o arsenal nuclear, com muito mais potência do que a Little Boy e a Fat Man, contabiliza quase 50 mil ogivas e bombas atômicas — equivalente a vários milhões de explosões de Hiroshima. Porém, 75 anos depois, apenas uma nação utilizou a arma durante a guerra. Os Estados Unidos.

POSFÁCIO

A vida continuou, e os EUA prosperaram. Soldados, marinheiros, fuzileiros navais e aviadores voltaram para casa, constituíram famílias, construíram casas, fundaram negócios, formaram comunidades. Frequentaram a faculdade com a G.I. Bill[1] ou retornaram a seus antigos empregos. As mulheres que trabalhavam em fazendas e fábricas abandonaram seus empregos para que os homens pudessem intervir e governar o país novamente. As indústrias voltaram a fabricar carros, eletrodomésticos e bens de consumo. "Cidades-dormitório" surgiram nas periferias. Um sistema de rodovias interestaduais conectava todas as novas comunidades de costa a costa.

No entanto, para muitos, a guerra nunca se desvaneceu.

A MULHER E A CRIANÇA
Ruth Sisson

No dia em que soube da rendição dos japoneses, Ruth Sisson finalmente se permitiu comemorar. Lawrence, seu querido noivo, desembarcou em Nova York e telefonou para ela, esbaforido, dizendo que mal podia esperar para chegar em casa. Seria dispensado em breve, mas não sabia quando. Enquanto estava na Big Apple, tinha uma "coisa importante para comprar". Não disse o quê.

Uma semana depois, ele apareceu em sua porta, ainda de uniforme, sorrindo. Surpresa, Ruth se jogou em seus braços. Abraçaram-se

---

[1] Lei aprovada em 1944 nos EUA, em prol dos soldados que lutaram na Segunda Guerra Mundial. Proporcionava vários benefícios, como o acesso à educação (N. da T.)

POSFÁCIO

beijaram-se, enquanto os familiares se reuniam na varanda para se juntar à alegria. Por fim, Lawrence a soltou.

"Estenda a mão", disse ele, risonho.

Ela encolheu os ombros e respondeu: "Está bem."

Lawrence tirou uma caixinha do bolso, abriu-a e colocou um anel de diamante no dedo de Ruth — era a "coisa importante" que ele comprara em Nova York.

"Esperei muito tempo por isso", afirmou ele.

Os dias seguintes foram um turbilhão. Ruth mostrou seu anel a todos, pediu demissão da fábrica e foi visitar suas cunhadas. Ela e o noivo levaram flores ao túmulo da mãe dele. Quando chegou a hora de definir a data do casamento, Lawrence disse que, antes, tinha uma tarefa importante e difícil a realizar.

Durante a guerra, ele fizera amizade com um jovem de Lake City, no Tennessee, não muito longe de sua cidade natal. Na França, no meio da batalha, Lawrence encontrou seu amigo caído, sangrando. Uma bala perfurara seu estômago. Ele percebeu que o rapaz não poderia ser salvo, mas se ajoelhou e aliviou sua dor com morfina e palavras tranquilizadoras. O jovem não se deixou enganar. Puxou Lawrence para perto, tirou um anel do dedo e uma carteira do bolso da calça.

"Por favor, certifique-se de que meus pais recebam isso. Conte a eles como morri", sussurrou. Lawrence assentiu e pegou os itens, carregando-os até o fim da guerra. Agora, precisava cumprir sua promessa.

"Você irá comigo?", perguntou a Ruth.

Ela nem sequer hesitou. "Sim, claro." Alguns dias depois, quando as folhas começaram a mudar de cor nas montanhas, eles foram para Lake City. "Durante o trajeto, ele não conversou", relembrou Ruth. "Tinha pavor de falar sobre a guerra."

Lawrence não sabia o nome dos pais do garoto, mas sabia que frequentavam a Primeira Igreja Batista. Ele e Ruth encontraram o local. O pastor os levou até a casa do jovem, onde Lawrence sentou-se na sala de estar e contou o que sabia sobre os últimos dias do filho do casal. "Ele foi um soldado corajoso", informou, entregando a carteira e o anel. Lawrence, Ruth e o pastor choraram junto com a mãe e o pai arrasados.

Ruth Sisson e seu noivo, Lawrence Huddleston, após a guerra.

No caminho para casa, Lawrence se abriu um pouco mais sobre o que vivenciara na guerra e o trabalho que fizera, mas não queria assustar Ruth com os detalhes horrendos.

No dia 9 de novembro de 1945, o casal dirigiu até Rossville, na Geórgia, e se casou no cartório. Enquanto desciam os degraus do local, o rádio de um carro próximo tocava sua música: "Oh, What a Beautiful Morning".

Após pedir demissão da fábrica militar, Ruth começou a frequentar as aulas noturnas na Universidade do Tennessee e se tornou uma professora da 1ª série. Posteriormente, fez mestrado em educação e trabalhou como orientadora.

Lawrence nunca superou a guerra. Acordava no meio da noite gritando, atormentado por pesadelos. Assim como muitos homens de sua geração, ele guardava tudo dentro de si. Hoje, chamamos esses sintomas de "transtorno de estresse pós-traumático" ou TEPT. A condição afligiu milhares de veteranos da Segunda Guerra Mundial, mas demorou décadas para ser identificada ou tratada. Como o trauma vivenciado não tinha solução aceitável, os militares como Lawrence sofreram em silêncio.

Ele desenvolveu úlceras e morreu em 1971. Ruth nunca se casou novamente. No final de fevereiro de 2020, aos 94 anos, ela disse que ainda gosta de contar aos seis netos as histórias de como cresceu nas montanhas e trabalhou na secreta fábrica militar que ajudou a vencer a guerra. "Tive uma vida boa. Fui feliz", lembrou. Porém, às vezes, ao pensar no passado, ainda se sente culpada por sua participação na construção da bomba.

Hideko Tamura

No dia em que a bomba destruiu seu lar, Hideko Tamura rezou. Na beira do rio Ota, ela encontrou adultos e crianças reunidos, com as mãos em sinal de prece, enquanto um homem mais velho, o chefe da família, rezava em voz alta pela segurança das pessoas que ficaram para trás. Hideko também abaixou a cabeça e orou por sua mãe e seu pai, que estava no porto. "Por favor, Deus, proteja-os", sussurrou.

As horas seguintes ficaram confusas à medida que ela perambulava: foi para o campo em um caminhão. Bateu nas portas, comeu a soja que desconhecidos distribuíam às vítimas. Hideko e centenas de outros vagavam, atordoados e sem rumo.

Por fim, um homem de bicicleta levou a menina ferida até a casa de sua família, que a alimentou e a vestiu enquanto ele vasculhava Hiroshima em busca dos parentes de Hideko. Horas depois, ela soube que seu pai, sua avó e seu tio Hisao haviam sobrevivido, mas sua mãe ainda estava desaparecida.

POSFÁCIO

Hiroshima após a bomba.

Seu pai a levou para um pequeno vilarejo onde os familiares tinham uma casa para compartilhar. Todos os dias, Jiro, Hideko e outros voltavam a Hiroshima a fim de procurar Kimiko. Foram a postos de resgate, escolas, delegacias e templos para verificar os mortos e os moribundos. A cidade outrora movimentada desaparecera. Agora Hiroshima estava repleta de "lugares horríveis, impregnados do cheiro de carne podre e morte", lembrou ela. Era insuportável. Corpos inchados e queimados jaziam nas ruas, seus rostos estavam irreconhecíveis.

As pessoas próximas ao epicentro da explosão evaporaram; Hideko podia ver suas sombras marcadas nas paredes e no asfalto. Sua amiga Miyoshi também estava morta. Para resistir, ela cantarolava as músicas que sua mãe ensinou, suas canções de ninar e melodias favoritas.

Finalmente, em setembro, eles encontraram uma vizinha que estava com Kimiko quando a bomba explodiu. Elas estavam descansando em um prédio de concreto abandonado. O clarão quase as cegou. Kimiko puxou o chapéu de palha sobre as orelhas e correu para dentro no instante em que a estrutura desabou. Ela e várias outras pessoas ficaram presas.

A mulher levou Jiro até o prédio. Nos escombros, ele encontrou vários corpos carbonizados, um com seu antigo cantil do Exército ao lado — aquele que dera à esposa. Consternado, Jiro se ajoelhou e recolheu as cinzas de Kimiko em seu lenço.

Hideko implorou ao pai para levá-la ao prédio, mas ele se recusou. O tempo passou, mas foi difícil para ela lidar com a culpa de ter pressionado sua mãe a trazê-la de volta a Hiroshima no dia 5 de agosto. Se não tivesse insistido, estariam naquela vila distante quando a bomba foi lançada. Sua mãe e sua amiga Miyoshi ainda estariam vivas.

As estimativas do número de mortos e feridos no bombardeio variaram muito ao longo dos anos. Um relatório do U.S. Strategic Bombing Survey, publicado em 1º de julho de 1946, estimou que 60 mil a 70 mil pessoas foram mortas e 50 mil, feridas. Porém, o total de mortos — incluindo os milhares que faleceram de doenças causadas pela radiação nas semanas e meses seguintes — foi estimado em 135 mil, incluindo cerca de 20 mil militares.

Após a guerra, o pai de Hideko construiu uma casa às margens do rio Ota, perto de Hiroshima. Ela encontrou conforto nos "pores do sol, brilhando sobre a água corrente do rio que deságua na baía".

Os sobreviventes não eram aclamados como heróis, explicou Hideko. "Costumávamos ser muito discretos sobre o fato de termos sobrevivido. Éramos considerados indesejáveis. Como um sobrevivente se cansava rápido, era um risco para o emprego. Como uma sobrevivente dava à luz filhos deformados, era um risco para o casamento. Em um país onde predominava o casamento arranjado, ser identificada como uma sobrevivente, bem, não era nada favorável."

Aos 17 anos, Hideko criou coragem para se suicidar. Ficou na plataforma da estação ferroviária, esperando para pular na frente da locomotiva que se aproximava, mas o veículo guinchou, parando um pouco antes de alcançá-la. Um idoso se jogara na frente do mesmo trem.

Uma professora de sua escola missionária metodista convenceu Hideko a continuar a viver, a se juntar ao novo mundo que nasceu em 6 de agosto de 1945, mesmo que o antigo tivesse morrido.

Hideko tocando a Cúpula da Bomba Atômica pela última vez antes de sair de Hiroshima, em agosto de 1952.

Hideko foi para os EUA e, em 1953, se formou em sociologia na College of Wooster, em Ohio. Casou-se com um norte-americano, teve filhos saudáveis e continuou seus estudos na Universidade de Chicago — o mesmo lugar onde, em 1942, cientistas do Projeto Manhattan produziram a primeira reação em cadeia nuclear controlada. Ela se tornou psicoterapeuta e assistente social do Departamento de Radiologia dos hospitais da Universidade de Chicago.

A Dr. Hideko Tamura Snider sabe que não pode mudar o passado. Ela foi para os EUA devido às oportunidades educacionais da época. Embora as memórias ainda sejam vívidas, ela tenta não sentir rancor pelo que aconteceu. É por isso que se tornou uma ativista pela paz. Seu desejo é que mais ninguém vivencie o seu sofrimento.

Em 6 de agosto de 2007 — exatamente 62 anos depois que a bomba destruiu Hiroshima —, sua neta nasceu. "Foi o mais incrível surgimento de esperança", disse. "Mudou o teor e o sentimento da minha dor. Eu poderia me concentrar no nascimento de uma nova vida."

OS CIENTISTAS E O GENERAL

J. Robert Oppenheimer

Após Hiroshima e Nagasaki, Oppenheimer e muitos outros cientistas acreditavam que as armas nucleares e a tecnologia deveriam ser rigidamente controladas pela comunidade científica internacional.

De repente, ele se tornou o cientista mais famoso do mundo. À medida que sua fama crescia, o mesmo acontecia com sua depressão. Os relatos sobre a dimensão do sofrimento humano no Japão eram difíceis de ouvir. Ele temia que políticos e generais acessassem as bombas nucleares com muita facilidade quando conflitos futuros surgissem.

Portanto, Oppie não trabalharia mais na construção de bombas. O governo planejava continuar seu programa de pesquisa e desenvolvimento, mas ele não queria participar. Em outubro de 1945, renunciou ao cargo de diretor científico. Em uma cerimônia especial, manifestou suas impressões. "Se as bombas atômicas integrarem os arsenais de um mundo em guerra ou os arsenais de nações que se preparam para a guerra, então chegará o tempo em que a humanidade amaldiçoará Los Alamos e Hiroshima."

Após a guerra, Oppenheimer voltou a lecionar, assumindo um cargo no Instituto de Estudos Avançados de Princeton, um centro independente de pesquisas teóricas de pós-doutorado e lar acadêmico de Albert Einstein e outros grandes cientistas. Ele decidiu promover o uso seguro da energia atômica. Em 1947, por unanimidade, foi eleito

POSFÁCIO

presidente do comitê consultivo geral da recém-formada Comissão de Energia Atômica — uma agência civil que supervisionava os assuntos atômicos dos EUA.

No entanto, quando a União Soviética desenvolveu armas nucleares, os EUA adentraram uma nova era de medo e suspeita. E Oppenheimer foi prejudicado. Ele não era mais aclamado como o pai da bomba atômica. Em vez disso, foi rotulado como um risco à segurança.

Durante anos, os norte-americanos ouviram falar da "Ameaça Vermelha", o perigo de os comunistas dominarem o país e o mundo. Qualquer segurança que os EUA sentiam por ser a única nação com arsenal nuclear foi destruída em 29 de agosto de 1949, quando a União Soviética detonou sua primeira arma atômica. A bomba nuclear soviética causou uma enorme pressão para os EUA desenvolverem uma arma de fusão ainda maior, uma "bomba de hidrogênio". A oposição de Oppenheimer a armas nucleares mais avançadas era considerada traição em alguns círculos. Em 1954, a Comissão de Energia Atômica realizou uma audiência pública sobre a habilitação de segurança do cientista. Sua antiga simpatia ao comunismo foi divulgada. Ele negou qualquer ligação com o Partido Comunista, mas disse que conheceu comunistas no final dos anos 1930 e no início dos anos 1940. "Não os considerava perigosos e alguns de seus objetivos declarados me pareciam oportunos", afirmou.

A Comissão constatou que, embora fosse leal, Oppenheimer era um risco à segurança, em parte porque sua relação com comunistas conhecidos "ultrapassava os limites toleráveis de prudência e autocontrole". Seu acesso aos segredos atômicos foi indeferido. Um dos homens mais famosos do mundo, o homem que tornou a ciência interessante, "o símbolo vivo da nova era atômica", foi expulso de sua área de especialização e substituído por cientistas como Edward Teller, "o pai da bomba de hidrogênio".

Entretanto, algo estranho aconteceu. Muitos norte-americanos passaram a considerar Oppenheimer um cientista mártir, alguém que pagou um preço alto demais por sua integridade. Ele raramente falava em público sobre Hiroshima, mas, quando o fazia, exprimia arrependimento. Em junho de 1956, chamou o ataque de "erro trágico".

Em 1963, nove anos depois que a Comissão retirou sua habilitação de segurança, ela lhe concedeu sua maior homenagem: o prêmio Enrico Fermi de US$50 mil por "suas contribuições excepcionais para a física teórica e a liderança científica e administrativa". O presidente Lyndon Johnson foi quem entregou o prêmio.

No início de 1966, os médicos descobriram que Oppie tinha câncer de garganta; ele faleceu no ano seguinte. A essa altura, sua imagem pública fora restaurada. No Senado dos Estados Unidos, J. William Fulbright, um democrata do Arkansas, elogiou Oppenheimer. "Não nos lembremos apenas do que sua genialidade fez por nós, mas também do que fizemos a ele."

Donald e Lilli Hornig

Para muitos cientistas e acadêmicos, a rendição do Japão marcou o fim de seu tempo em Los Alamos. Muitos já haviam começado a planejar seus próximos passos quando a bomba caiu sobre Hiroshima.

Donald Hornig, o físico que passou aquela noite tempestuosa com a bomba antes do teste no Novo México, tornou-se professor adjunto na Universidade Brown; depois, foi presidente do departamento de química de Princeton; e, em 1964, conselheiro científico de Lyndon Johnson. Após seis anos, foi eleito presidente da Universidade Brown.

Sua esposa, Lilli, completou seu pós-doutorado em química na Brown e se tornou uma defensora fervorosa das mulheres no ensino superior, fundando a Higher Education Resource Services, uma organização sem fins lucrativos dedicada à causa. Ambos assinaram a petição de Leo Szilard, mas disseram mais tarde que não se arrependiam da participação no Projeto Manhattan. Tinham sentimentos contraditórios em relação ao uso da energia nuclear como arma de guerra.

"Acho que todos nós ficamos eufóricos por ter funcionado", disse Lilli no final de sua vida. "Mas carregamos certa culpa. Muitas pes-

POSFÁCIO

soas morreram. É muito difícil. Você sente culpa por todas aquelas vidas, mas, claro, o verdadeiro problema é a guerra, e não as armas."

Para a maioria dos cientistas, esse era o dilema. Durante o Projeto Manhattan, alguns estavam tão consumidos pelo desafio de transformar a teoria em uma bomba eficaz que não consideraram as consequências morais ou físicas. Depois, muitos foram assombrados pelo poder destrutivo da arma. Alguns ficaram deprimidos devido à sua contribuição para o desenvolvimento da bomba atômica.

O general Leslie Groves

Após o fim da guerra, Groves foi promovido a general de divisão. Aposentou-se em 1948 e conseguiu um emprego na Sperry Rand Corporation, uma empreiteira da indústria bélica. Ao longo dos anos, ele foi um dos maiores apoiadores de Oppenheimer. E compartilhou muitas das preocupações do cientista sobre armas nucleares.

"Quando o Dia da Vitória sobre o Japão finalmente chegou, foi uma ocasião séria e reflexiva para a maioria que trabalhou intensamente e por muito tempo a fim de ajudar a realizá-la", escreveu Groves. "Havíamos resolvido o problema imediato de finalizar a guerra, mas, ao fazê-lo, suscitamos várias incógnitas." Mais tarde, ele afirmou: "Essa arma deve ser mantida sob o controle dos EUA até que todas as nações do mundo estejam tão ansiosas pela paz quanto nós."

Ele morreu em 1970, um mês antes de seu 74º aniversário. Em seu obituário, foi elogiado como o "severo engenheiro do Exército que liderou o Projeto Manhattan". Nas palavras de um colunista: "Groves teve a coragem necessária ao trabalho."

O JORNALISTA

Para William Laurence, a bomba era a reportagem do século. Porém, assim como foi o caso de muitos dos envolvidos no Projeto Manhattan, seu trabalho seria duramente criticado pelas gerações posteriores.

No final de 1945, o *Times* publicou matérias exclusivas de Laurence — dez ao todo. No ano seguinte, ele recebeu o Prêmio Pulitzer por seu relato como testemunha ocular do bombardeio de Nagasaki e artigos subsequentes sobre o desenvolvimento, a produção e a importância da bomba atômica.

O Pulitzer foi apenas o começo. Ele foi apelidado de "Atomic Bill". Creditado por criar o termo "era atômica", Laurence continuou como repórter científico do *Times*. Em 1946, seu livro *Dawn Over Zero: The story of the atomic bomb* [sem publicação no Brasil] foi lançado.

Laurence foi repórter e editor do *Times* por 34 anos. Ele se aposentou em 1964 e faleceu em 1977, aos 89 anos. Seu obituário no renomado jornal o descreveu como um dos primeiros repórteres científicos do país, sendo sua maior exclusividade o início da era nuclear. Ele escrevia com um "estilo que costumava evocar imagens vívidas, mas que era simples e passível de compreensão por qualquer pessoa".

Todavia, em 2004, 27 anos após seu falecimento, um grupo de jornalistas exigiu que o Conselho do Pulitzer destituísse Laurence de seu prêmio. Argumentaram que as reportagens foram produzidas enquanto ele "estava na folha de pagamento do Departamento de Guerra" e que, após os bombardeios atômicos, ele escreveu uma matéria de primeira página no *Times* contestando a ideia de que "a contaminação radioativa matava pessoas". Eles acrescentaram: "Sua fiel repetição do discurso governamental foi essencial para inaugurar meio século de silêncio acerca das sequelas letais da bomba."

O *New York Times* não devolveu o Pulitzer de Laurence.

A TRIPULAÇÃO

Os tripulantes do *Enola Gay* foram considerados heróis ao retornarem a Tinian e quando chegaram nos EUA. Notícias, condecorações e desfiles foram sucedidos por artigos, livros e filmes sobre a missão.

Alguns anos após a guerra, a NBC produziu um programa de rádio chamado *The Story of the Atomic Bomb: The Quick and the Dead* [A História da Bomba Atômica: Os Vivos e os Mortos, em tradução li-

POSFÁCIO

vre]. Celebridades, como Bob Hope, e líderes militares, como o general Dwight Eisenhower, narraram momentos importantes da história da bomba. Robert Lewis leu seu diário de bordo, incluindo o trecho: "Haverá uma breve pausa, pois lançaremos a bomba."

Alguns tripulantes continuaram no Exército e outros voltaram à vida civil. Robert Shumard tornou-se gerente de vendas de uma empresa de materiais de encanamento e aquecimento em Detroit. George "Bob" Caron, o artilheiro de cauda com o boné do Dodgers, tornou-se engenheiro de projeto da Sundstrand Corporation em Denver.

Com o passar do tempo, às vezes os heróis de outrora eram surpreendidos por perguntas sobre a moralidade da bomba. O debate se intensificava à medida que as armas nucleares proliferavam.

Robert A. Lewis

Ao longo dos anos, o capitão Robert A. Lewis reiterou o que quis dizer quando escreveu: "Meu Deus, o que fizemos?" Em uma entrevista de 1960 para um projeto militar em homenagem ao 15º aniversário de Hiroshima, ele disse que não se arrependia da missão e que seu registro no diário fora mal interpretado. "O que fizemos ao projetar e desenvolver uma bomba para destruir a humanidade?", explicou.

Se ele pudesse se voluntariar de novo para a missão, o faria? Lewis não vacilou. "Eu não hesitaria em defender o meu país. De forma alguma. Se isso significasse lançar uma bomba atômica, ou uma bomba de hidrogênio, eu faria prontamente."

Lewis conseguiu um emprego como piloto de avião, depois se tornou gerente de fábrica da empresa de doces onde trabalhava antes da guerra, em Nova Jersey. Casou-se, teve cinco filhos e passou a vida refletindo sobre a missão.

Ele se encontrou com sobreviventes de Hiroshima e ficou amigo de um deles, o reverendo Hubert Schiffler. Na manhã em que a bomba caiu, Schiffler estava a oito quarteirões do marco zero. Posteriormente, Lewis se tornou um escultor de pedra. Uma de suas obras foi intitulada *God's Wind at Hiroshima.*

Em 1971, o diário de bordo de Lewis foi vendido por US$37 mil a David Kirschenbaum, um negociante de livros e manuscritos raros. Depois, foi revendido ao empresário Malcolm Forbes. Lewis fez seis cópias do diário à mão para sua família. Em 2015, uma delas foi vendido por US$50 mil.

Anos depois, Lewis ainda ressentia a maneira como Tibbets o tratou. Em cartas e conversas com Joseph Papalia, historiador do 509º, ele disse que os livros e filmes não retratavam com precisão a missão. Ficou particularmente zangado com um filme da NBC para a TV que exaltava o alto escalão. "Os praças sempre faziam o trabalho mais difícil", afirmou em uma carta de 1981. "Seria interessante uma história apenas sobre eles, seu treinamento, sua experiência e seus sentimentos."

Ainda assim, ele filosofava sobre tudo o que aconteceu.

"Daqui a 500 anos, se a Terra ainda existir, 6 de agosto de 1945 será lembrado como o dia em que o mundo testemunhou o nascimento de uma nova e terrível arma, e não se fulano ou sicrano era o piloto ou o bombardeador. Ao visitar Hiroshima, o Papa João Paulo II expressou melhor essa questão: 'Recordar Hiroshima é comprometer-se com a paz. Recordar Hiroshima é abominar a guerra'."

Lewis faleceu em 1983, aos 65 anos. Ele foi assombrado até o fim pelas imagens da cidade em chamas. Escreveu em seu diário: "Mesmo que eu viva cem anos, jamais conseguirei apagar aqueles poucos minutos de minha mente."

Thomas Ferebee

Ferebee continuou no Exército após a Segunda Guerra Mundial. Passou a maior parte de sua carreira no Comando Aéreo Estratégico, servindo na Guerra da Coreia, na Guerra Fria e na Guerra do Vietnã. Aposentou-se em 1970 como coronel.

POSFÁCIO

Ele se casou e teve quatro filhos. Nunca manifestou qualquer arrependimento quanto à sua participação no bombardeio e chegou a afirmar que "foi um trabalho que precisava ser feito".

No final de 1999, Ferebee informou seus amigos que estava com câncer no pâncreas e tinha apenas seis meses de vida. Ele pediu: "Digam algo bom no meu funeral."

"Se eu conseguir pensar em algo", brincou Van Kirk.

Ferebee faleceu em março de 2000, aos 81 anos. Van Kirk e Tibbets foram ao funeral, realizado em uma capela na zona rural de Mocksville, na Carolina do Norte. Ele encontrou paz à medida que envelheceu — cuidando das rosas em seu jardim, pescando robalo com seus filhos e jogando bola com seus netos. Sua esposa, Mary Ann, disse que Ferebee teve uma vida além da bomba atômica. "Tom era um homem gentil, atencioso e generoso", lembra ela.

Acima da lareira da sala de estar de sua casa, havia uma foto de um B-29 voando pelo céu. A imagem foi assinada por Tibbets, Van Kirk e dois outros tripulantes.

No funeral, Van Kirk afirmou que Ferebee era um mestre do visor da mira e um excelente jogador de pôquer. "Aposto que um grande jogo está acontecendo no céu" com outros amigos falecidos. "Só espero que eles guardem um lugar para mim caso eu apareça por lá."

Theodore "Dutch" Van Kirk

O último tripulante vivo do *Enola Gay*, Van Kirk, faleceu em 2014, aos 93 anos. Após a guerra, ele retornou a Northumberland, na Pensilvânia, para ficar com a esposa e o filho. Fez mestrado em engenharia química na Universidade Bucknell e teve uma longa carreira na DuPont.

Assim como seus colegas, Van Kirk defendia o uso de bombas atômicas. "Lutávamos contra um inimigo que tinha a reputação de nunca se render, nunca aceitar a derrota", expressou. "É muito difícil falar sobre moralidade e guerra na mesma frase."

Jacob Beser

Jacob Beser foi o único que voou nas duas missões da bomba atômica. Ele permaneceu no Exército até 1946, depois iniciou uma longa carreira em projetos de defesa na Westinghouse. Retornou a Baltimore, se casou e teve quatro filhos.

Beser faleceu em junho de 1992. Ele escreveu um discurso para uma conferência científica no qual foi pragmático acerca do motivo pelo qual os EUA usaram a bomba.

"Nos EUA em tempos de guerra, é natural que os líderes eleitos tentem garantir a vitória com uma perda mínima de vidas. Desde o primeiro dia, o uso excessivo de armamento foi a abordagem utilizada por nossas forças armadas para alcançar o efeito desejado. Os ataques de bombardeio no Império são bons exemplos. Usar as bombas atômicas contra o Japão foi simplesmente a etapa final dessa abordagem", escreveu.

Beser disse acreditar que o lançamento das bombas finalizou a guerra no Pacífico.

"Muitas vezes me perguntaram se eu tinha algum remorso pelo que fizemos em 1945. Garanto que não me arrependo e nunca me desculparei por como agimos para encerrar a Segunda Guerra Mundial. A guerra humanitária é um oxímoro. A guerra, por natureza, é atroz. Distinguir um método de matar aceitável de um inaceitável é absurdo."

Ele afirmou que, com 50 mil armas atômicas no mundo, uma guerra nuclear significaria o fim da humanidade.

Talvez seja essa a questão que assombrou todos os envolvidos no Projeto Manhattan. Eles desvendaram os segredos do átomo e fizeram com que a civilização ficasse à beira da destruição.

No final de sua vida, Beser declarou: "A solução para o problema não é lamentar o que já aconteceu, mas nos esforçarmos, individual e coletivamente, para erradicar as causas das guerras e a própria guerra."

E advertiu: "Até agora, a dissuasão tem dado certo. Mas ela não vai funcionar para sempre."

Paul W. Tibbets

O serviço militar de Tibbets não terminou com a missão de Hiroshima. Ele permaneceu na Força Aérea e, em 1959, foi promovido a general de brigada. Serviu como comandante de duas alas de bombardeio do Comando Aéreo Estratégico antes de se aposentar em 1966. Estabeleceu-se em Columbus, no estado de Ohio, e depois se tornou o presidente do conselho da Executive Jet Aviation. Continua sendo um dos pilotos mais famosos da história e foi consagrado no Hall da Fama da Aviação Nacional. Faleceu em 2007, aos 92 anos.

Assim como sua tripulação, Tibbets nunca hesitou em defender sua missão. Em uma entrevista pouco conhecida, realizada no 15º aniversário de Hiroshima, ele, que acabara de ser promovido a general, falou sobre a bomba.

"Acredito que essa arma impediu que os EUA e as forças aliadas invadissem o Japão", lembrou. "E, por causa disso, tenho certeza de que salvamos inúmeras vidas. Não posso arriscar uma estimativa de quantas, mas acho que a bomba possibilitou um fim rápido à guerra (...) Os mortos pelas explosões foram vítimas da batalha, uma consequência que já se deve esperar de uma guerra."

Quando indagado sobre como se sentia quanto à moralidade das armas de destruição em massa, Tibbets tentou explicar seu posicionamento.

"Se guerras são travadas, acredito que o objetivo é vencê-las. Você obterá a vitória se utilizar todos os recursos à sua disposição. E, se tiver a sorte de possuir armas poderosas ou mais poderosas do que as de seus inimigos, só há uma opção: usá-las."

Quando questionado sobre arrependimento, ele foi categórico: "Já me fizeram essa pergunta antes. Garanto que não tenho absolutamente nenhum sentimento de culpa. Não sinto remorso algum. Realizei uma missão, uma missão militar em tempo de guerra."

Ao longo dos anos, Tibbets se manteve próximo de Van Kirk e Ferebee. Para ele, o ano que passaram juntos na Europa, em 1942, foi a melhor época de sua vida. Cada missão era um encontro com a morte, conforme o *Red Gremlin* era atingido por fogo antiaéreo e lançava bombas nas cidades alemãs. Eles viviam o momento, farreando nas casas noturnas de Londres, bebendo, jogando cartas, apostando, ficando acordados a noite toda e vendo o sol nascer. Estavam em seus 20 anos, lutando pelos EUA, pela democracia, pela liberdade.

Com o tempo, a amizade de Tibbets com Van Kirk e Ferebee se fortaleceu. Em 1989, na dedicatória do livro que deu de presente a Van Kirk, ele escreveu: "Esta dedicatória não será suficiente para expressar meus sentimentos por você (eu disse o mesmo a Tom), pois, na minha opinião, ambos sempre foram especiais. Durante a guerra, eu nos considerava um banquinho de três pernas; às vezes contra as probabilidades. Após a guerra, você escolheu um caminho diferente, mas eu, e sei que Tom também, senti que você 'não estava tão longe'. Desde que nos aposentamos, acho que ficamos ainda mais próximos e é assim que continuará a ser."

Quando Tibbets faleceu, por solicitações suas, não houve funeral nem lápide. Ele temia que os opositores ao bombardeio pudessem usá-los como locais de protesto. Em vez disso, seu corpo foi cremado e suas cinzas foram espalhadas no Canal da Mancha, onde realizou muitas missões durante a guerra.

O PRESIDENTE
Harry S. Truman

Nas semanas seguintes ao fim da Segunda Guerra Mundial, o índice de aprovação do presidente atingiu 87%. Porém, ao enfrentar uma série de desafios do pós-guerra, sua popularidade começou a cair.

Embora a União Soviética fosse uma aliada poderosa durante o conflito, as relações pioraram rapidamente quando ficou claro que os soviéticos pretendiam manter o controle do Leste Europeu. Era o início da Guerra Fria. Entretanto, Truman também enfrentava problemas nos EUA à medida que a economia mudava da guerra para a paz.

POSFÁCIO

Ele tinha que lidar com os interesses geralmente conflitantes de consumidores, trabalhadores e empresas. Havia inflação e agitação sindical. O cenário político para sua eleição parecia desolador. Em 1946, os republicanos assumiram o controle das duas câmaras do Congresso. Especialistas previam que Truman perderia a eleição presidencial de 1948 para o governador republicano de Nova York, Thomas Dewey.

No entanto, ele contrariou a sabedoria convencional. Realizou uma campanha persistente e eficaz, fazendo discursos recorrentes na parte de trás dos trens enquanto viajava pelos EUA. Em quase todas as ocasiões, era saudado por uma multidão entusiasmada que gritava: "Acabe com eles, Harry!" Em novembro de 1948, em uma das maiores vitórias de virada da história política dos EUA, Truman derrotou Dewey.

Embora tivesse conquistas notáveis — decretos executivos que proibiam a discriminação racial nas forças armadas e no governo —, Truman continuava a enfrentar problemas em seu país e no exterior. Ele introduziu o programa que chamou de "Fair Deal", concebido com base no New Deal, de F. D. R. O projeto incluía propostas de saúde universal e de mais recursos à educação, mas o Congresso não o aprovou.

A Guerra da Coreia estourou em 1950 e Truman logo comprometeu as tropas dos EUA no conflito. Milhares de norte-americanos foram mortos e feridos em uma guerra que muitos cidadãos não entendiam. Ele também precisou lidar com a "caça aos comunistas" do senador Joseph McCarthy e seus aliados. Tudo isso contribuiu para o declínio de sua popularidade. Truman decidiu não tentar a reeleição em 1952. Em janeiro de 1953, quando deixou o cargo, seu índice de aprovação era de apenas 31%.

Truman voltou para Independence, no Missouri, não mais protegido pelo Serviço Secreto. Mudou-se para a antiga casa de sua sogra na North Delaware Street, nº 213. Quando um repórter perguntou o que ele pretendia fazer primeiro, brincou: "Guardar as malas no sótão."

Ele construiu sua biblioteca presidencial em Independence. Passava seus dias fazendo caminhadas matinais pela cidade, cumprimen-

POSFÁCIO

tando velhos amigos e visitantes importantes, e trabalhando em seu escritório na biblioteca. Quem fosse até o local poderia apertar sua mão. Truman disse a um amigo: "Agora você não precisa agendar um horário para me ver."

Entretanto, com o passar dos anos, algo interessante aconteceu com sua reputação. Os historiadores presidenciais e o público começaram a julgá-lo de maneira diferente. Eles perceberam como Truman reagiu à ameaça soviética com iniciativas políticas, diplomáticas e militares destinadas a conter a agressão russa. Houve o Plano Marshall, que concedeu mais de US$12 bilhões em assistência financeira para ajudar a reconstruir o Oeste Europeu após a devastação da Segunda Guerra Mundial. Ademais, Truman ajudou a formar a Organização do Tratado do Atlântico Norte (OTAN) — a aliança dos EUA e do Canadá com dez nações europeias em um pacto de defesa mútua, baseado no princípio de que atacar um país é o mesmo que atacar todos.

Com o tempo, a reputação de Truman melhorou. Agora, os historiadores julgam favorável sua passagem pela Casa Branca. Eles o consideram o homem franco do interior dos EUA. E apreciam suas realizações.

É comum encontrar o nome de Truman no topo da lista dos principais presidentes norte-americanos, sendo precedido apenas por Abraham Lincoln, George Washington e seu antigo chefe, F. D. R.

Em 1972, um dia antes do Natal, ele faleceu, aos 88 anos. Foi enterrado no jardim da Biblioteca Truman. Em sua lápide, estão apenas as datas em que ocupou seus cargos oficiais — de juiz do Condado de Jackson a presidente dos Estados Unidos.

Bess Truman viveu por mais dez anos. Em 1982, foi enterrada ao lado de Harry, à direita de seu túmulo. Dizem que essa era a sua vontade, pois ela sempre foi o braço direito do marido.

NOTAS

CONTAGEM REGRESSIVA: 116 DIAS

1   "um senador prolixo de Wisconsin": Biblioteca Harry Truman, carta de Truman, 15 de abril de 1945.
2   "Conselho de Educação": U.S. Capitol Historical Society.
2   "um pouco mais pálido": Baime, *The Accidental President*, p. 25.
5   o primeiro a chegar: Biblioteca Harry Truman, carta de Truman, 16 de abril de 1945.
5   "sentado em uma enorme poltrona de couro": Baime, *The Accidental President*, p. 30.
6   o atualizaria: *Memoirs by Harry S Truman*, vol. 1, p. 10.
6   "o mundo caiu sobre mim": Biblioteca Harry Truman, carta de Truman para May Wallace, 12 de abril de 1945.
6   "e encarar as consequências": diário de Truman, registro de 12 de abril de 1945.

CONTAGEM REGRESSIVA: 113 DIAS

8   "data que viverá na infâmia": *Public Papers*, Franklin D. Roosevelt, 7 de dezembro de 1941.
9   "Não havia mais nenhum": Smith e Weiner, *Robert Oppenheimer: Letters and collections*, p. 287.
12   "personalidade magnética": Thomas O. Jones, entrevista, *Voices of the Manhattan Project*, 9 de agosto de 2002.
13   "Sei que podemos": carta de Franklin D. Roosevelt, 29 de junho de 1943.
13   "gesto de consolação": Smith e Weiner, *Robert Oppenheimer: Letters and collections*, p. 287.
15   "Há três dias": Ibid., p. 288.
16   "Roosevelt foi um grande arquiteto": Palevsky, *Atomic Fragments: A daughter's questions*, p. 116.

CONTAGEM REGRESSIVA: 105 DIAS

19   "uma amostra emocionante": Paul Tibbets, entrevista, *Airport Journals*, 2002.
20   "Quer aprender": Ibid.
22   "Eles estão construindo um avião": Ibid.
23   "Você já foi preso?": Tibbets, *The Return of the Enola Gay*, p. 159.
26   "É você, Bob?": Caron, *Fire of a Thousand Suns*, p. 151.
26   "Bob, preciso": Thomas e Witts, *Enola Gay: The bombing of Hiroshima*, p. 27.
26   "Vocês não podem contar": Widowsky, entrevista, Atomic Heritage Foundation, 2016.
27   "Caramba, você": Tibbets, *The Return of the Enola Gay*, p. 186.

291

CONTAGEM REGRESSIVA: 104 DIAS

29   "Camicases": Kauffman, Instituto Naval dos EUA, entrevistas, vol. 1.

30   "inimigo está mais forte": Stilwell, *Stars and Stripes*, 9 de abril de 1945.

30   "maior força armada": Roosevelt, *Stars and Stripes*, 24 de março de 1945.

34   "Nós nos tornávamos guerreiros despidos": Cunningham, *The Frogmen of World War II: An oral history of the U.S. Navy's underwater demolition teams*, p. 106.

35   "Explicarei da seguinte forma": Kauffman, Instituto Naval dos EUA, entrevistas, vol. 1.

36   "Esse é o pior motivo": Bush, *America's First Frogman: The Draper Kauffman story*, p. 183.

CONTAGEM REGRESSIVA: 103 DIAS

37   "ansioso para decidir mesmo antes de pensar": Baime, *The Accidental President*, p. 204.

38   falido e desempregado: Miller, *Plain Speaking: An oral biography of Harry S. Truman*, e-book.

40   a aprovação de Bess: McCullough, *Truman*, p. 579.

40   "fazê-lo dizer 'estrume'": "Remembering Bess", *Washington Post*, 19 de outubro de 1982.

41   "se ele quiser acabar com o Partido Democrata": Baime, *The Accidental President*, p. 101.

43   preferia ser chamado de "coronel Stimson": Dobbs, *Six Months in 1945: From World War to Cold War*, p. 166.

43   "acarretavam um controle muito vigoroso": entrevista de Leslie Groves, parte 1, Atomic Heritage Foundation, 5 de janeiro de 1965.

44   "um alarme soava 'Cuidado' no cérebro": Vogel, *The Pentagon: A history*, p. 26.

46   "Uma única bomba desse tipo": Albert Einstein, carta de 2 de agosto de 1939.

50   "Sou o diretor": Groves, *The A-Bomb Program in Science, Technology and Management*, p. 40.

52   "É um projeto importante": Dobbs, *Six Months in 1945: From World War to Cold War*, p. 172.

CONTAGEM REGRESSIVA: 90 DIAS

53   "Não precisam ficar inquietos": *Public Papers*, Harry S. Truman, 8 de maior de 1945, p. 44.

54   "Este é um momento solene": Ibid.

55   "Dia da Vitória na Europa Proclamado. Em breve, Japão": *Pittsburgh Press*, 7 de maio de 1945.

55   "Japas Tiram Medidas para Quimono Funerário": *Hattiesburg (Mississippi) American*, 7 de maio de 1945.

55   "Acabou": *Daily News*, 7 de maio de 1945.

CONTAGEM REGRESSIVA: 70 DIAS

66   *Quioto:* A antiga capital: *Summary of Target Committee Meetings*, 10 e 11 de maio de 1945.

66   "Muitas pessoas e indústrias": Ibid.

66   "É de um tamanho tão considerável": Ibid.

NOTAS 293

67 "Uma importante área industrial urbana": Ibid.

67 "O arsenal é importante": Ibid.

67 "Sua importância aumenta": Ibid.

67 "todos *aqueles* oficiais de alta patente": Thomas e Witts, *Enola Gay: The bombing of Hiroshima*, p. 133.

69 "grandes quantidades de Arrow Beer": Jacob Beser, *Last Lecture*, palestra, 1992.

69 "Os EUA foram atacados": H. V. Kaltenborn, transcrição, transmissão de rádio, 7 de dezembro de 1941.

71 "Há uma guerra total": Jacob Beser, *Last Lecture*, palestra, 1992.

71 "Se os EUA precisassem": Ibid.

71 "Tenente, você será": Beser, *Hiroshima and Nagasaki Revisited*, p. 35.

72 "Como se sente": Beser, *The Rising Sun Sets: The complete story of the bombing of Nagasaki*, p. 62.

73 "forças fundamentais do universo": Jacob Beser, *Last Lecture*, palestra, 1992.

76 "E não há como um submarino": Ibid.

CONTAGEM REGRESSIVA: 66 DIAS

86 "Não há maneira fácil de vencer": *Public Papers*, Harry S. Truman, June 1, 1945.

86 "Independentemente de como for": Smith, *Fire in the Sky*, p. 54.

86 direito internacional e: Stimson, *Active Service in Peace and War*, p. 632.

86 "alvos militares legítimos": Ibid.

87 "um Frankenstein": Stimson, anotações, Comitê Interino, 9 de maio de 1945.

87 a reputação dos EUA: Stimson, diário, citado por Rhodes, *The Making of the Atomic Bomb*, p. 640.

87 "mudança revolucionária nas relações": Stimson, anotações, Comitê Interino, 9 de maio de 1945.

88 "a sensatez de testar bombas": Rhodes, *The Making of the Atomic Bomb*, p. 635.

88 "Talvez o maior": Szilard, *Perspectives in American History*, vol. 2, 1968, p. 146.

89 "seria extraordinário": Oppenheimer, anotações da reunião do Comitê Interino, 31 de maio de 1945, p. 13.

89 "luminescência brilhante": Ibid.

90 "Nada teria sido": Stimson, "The Decision to Use the Atomic Bomb", *Harper's Magazine*, fevereiro de 1947.

90 "Era essencial": Ibid.

90 "As opiniões de nossos colegas": Oppenheimer, *Recommendations on the Immediate Use of Nuclear Weapons, by the Scientific Panel of the Interim Committee*, 16 de junho de 1945.

90 "Um impacto tão": Stimson, "The Decision to Use the Atomic Bomb".

CONTAGEM REGRESSIVA: 53 DIAS

95 "Hoje foi um dia": Thomas e Witts, *Enola Gay: The bombing of Hiroshima*, p. 52.

CONTAGEM REGRESSIVA: 49 DIAS

99 "Querida Bess", escreveu: carta de Truman para Bess, 12 de junho de 1945.

101 "de preparação das defesas": *Minutes of White House meeting*, 18 de junho de 1945.

103 "Pode falar": Baime, *The Accidental President*, p. 251.

NOTAS

104 "A ideia de alguém literalmente se atirar": Bush, *America's First Frogman: The Draper Kauffman story*, p. 184.

105 "A situação toda é incompreensível": carta do almirante James Kauffman para Draper Kauffman, 1940.

CONTAGEM REGRESSIVA: 36 DIAS

111 "Intrigante", afirmou Hornig. "Quem está me requisitando?": Donald Hornig, entrevista, Biblioteca Lyndon Baines Johnson, 4 de dezembro de 1968.

111 "Todo mundo ficou irritado": Ibid.

111 "Lembre-se, Hornig, o Tio Sam": Ibid.

112 "Não é minha função": Lilli Hornig, entrevista, Atomic Heritage Foundation, 2003.

CONTAGEM REGRESSIVA: 34 DIAS

119 "não era para o público leigo": Laurence, *The New York Times*, obituário, 19 de março de 1977.

119 "Nunca pensei nisso": Ibid.

121 "As pessoas não vão acreditar": Laurence, "Drama of Atomic Bomb Found Climax in July 16 Test", *The New York Times*, 26 de setembro de 1945.

121 "Elas acreditarão": Ibid.

121 "O segredo para a energia": Ibid.

122 "as impossibilidades do passado": Ibid.

CONTAGEM REGRESSIVA: 21 DIAS

123 "terei um trunfo": Moffett, "Truman's Atom-Bomb Dilemma", *Christian Science Monitor*, 31 de julho de 1995.

124 "e devemos ganhar": Walker, *Prompt and Utter Destruction: Truman and the use of the atomic bombs on Japan*, pp. 52–53.

124 russos entrariam na batalha: *Memoirs by Harry S Truman*, vol. 1, p. 314.

124 jogar pôquer em seu quarto: Baime, *The Accidental President*, p. 275.

125 "Tem tons de amarelo e vermelho-sujo": diário de Truman, 16 de julho de 1945.

125 "devoravam": Registro de Potsdam, Biblioteca e Museu Harry S. Truman.

127 "encantado" com Truman: Baime, *The Accidental President*, p. 280.

127 "persuadir com elogios": McCullough, *Truman*, e-book.

127 inspecionou as tropas: Dobbs, *Six Months in 1945: From World War to Cold War*, p. 289.

127 "Ninguém conseguiu ainda": Ibid.

128 "Nunca vi tanta desolação": Registro de Potsdam, Biblioteca e Museu Harry S. Truman.

135 "a quilômetros de distância do nada": Laurence, "Drama of Atomic Bomb Found Climax in July 16 Test", *The New York Times*, 26 de setembro de 1945.

135 "Não olhe": Ibid.

136 "Senhor, estas questões": Lamont, *Day of Trinity*, p. 226.

137 "barulho incrível": Farrell, relatório do teste Trinity para Truman, 21 de julho de 1945.

138 "Não considero mais": Groves, memorando para Stimson, 18 de julho de 1945.

138 "o mundo inteiro": Hershberg, *James B. Conant: Harvard to Hiroshima and the making of the nuclear age*, p. 232.

NOTAS

138   "abrir as cortinas": Teller e Brown, *The Legacy of Hiroshima*, p. 17.

138   "Estou certo de que": Laurence, "Drama of Atomic Bomb Found Climax in July 16 Test", *The New York Times*, 26 de setembro de 1945.

138   "Recebemos muitas perguntas": Groves, *Now It Can Be Told*, p. 301.

139   "A Era Atômica começou": Laurence, "Drama of Atomic Bomb Found Climax in July 16 Test", *The New York Times*, 26 de setembro de 1945.

140   "maravilhoso e abominável": *Bulletin of the Atomic Scientists* 32 (5 de maio de 1975).

140   "Agora somos todos um bando de filhos da put*": Lamont, *Day of Trinity*, p. 242.

CONTAGEM REGRESSIVA: 20 DIAS

141   "esforço excessivo": Beschloss, *The Conquerors: Roosevelt, Truman and the destruction of Hitler's Germany, 1941–1945*, p. 244.

142   Seus olhos, amarelados: Baime, *The Accidental President*, p. 289.

142   "tez do Kremlin": McCullough, *Truman*, p. 417.

144   se sentiu confortável com a distribuição dos lugares: Baime, *The Accidental President*, p. 291.

145   "Eu estava com tanto receio": carta de Truman para Bess, 12 de junho de 1945.

CONTAGEM REGRESSIVA: 19 DIAS

148   "um ou dois impactos violentos": Baime, *The Accidental President*, p. 300.

148   "sobre seu território": diário de Truman, 18 de julho de 1945.

149   "Concisa e sem rodeios": Baime, *The Accidental President*, e-book.

149   "Stalin só grunhe": carta de Truman para sua mãe, citado por Truman, *Harry Truman*, e-book.

149   "retornar aos EUA e fazer o mesmo no Senado": diário de Truman, 18 de julho de 1945.

CONTAGEM REGRESSIVA: 18 DIAS

151   "Acho que logo ele voltará para casa": Ruth Sisson, entrevista, 21 de julho de 2019.

CONTAGEM REGRESSIVA: 17 DIAS

155   "ambos participem": Dobbs, *Six Months in 1942: From World War to Cold War*, p. 301.

157   "sentimento de depressão": Ambrose, *Eisenhower: Soldier, general of the Army, President-Elect, 1890–1952*, e-book.

CONTAGEM REGRESSIVA: 16 DIAS

162   "Todas as suas equipes": Tibbets, *The Return of the Enola Gay*, p. 189.

163   "É uma má notícia": Ibid., p. 192.

165   "Caramba, tenente Beser": Thomas e Witts, *Enola Gay: The bombing of Hiroshima*, p. 182.

165   "O chefe": Ibid.

CONTAGEM REGRESSIVA: 13 DIAS

168   uma hora para finalizar a leitura: Baime, *The Accidental President*, p. 311.

168   "uma confiança inteiramente nova": diário de Stimson, 21 de julho de 1945.

169   "continuariam a guerra contra os japoneses até que parassem de resistir": McCullough, *Truman*, p. 436.

296 NOTAS

170 "Nós descobrimos a bomba mais": diário de Truman, 25 de julho de 1945.
170 "Esta arma deve ser usada": Ibid.
171 "abalar os japoneses": entrevista de Marshall, 11 de fevereiro de 1957.
172 "valiam algumas cidades japonesas": McCullough, *Truman*, p. 439.
173 "começou em 24 de julho de 1945, às 19h30, no Palácio Cecilienhof": Baime, *The Accidental President*, p. 317.

CONTAGEM REGRESSIVA: 12 DIAS

176 "Fizemos uma coisa terrível": Badash, Hirshfelder e Brioda, *Reminiscences of Los Alamos 1943–1945*, p. 132.
176 "Aqueles pobres coitadinhos": Bird e Sherwin, *American Prometheus: The triumph and tragedy of J. Robert Oppenheimer*, p. 313.
176 "Não permitam que lancem": Moynahan, *Atomic Diary*, p. 15.
177 "Mande um beijo para minha menina": carta de Truman para Bess, citado em "Excerpts from Truman's 1911 and Potsdam Letters to Bess Wallace Truman", *The New York Times*, 14 de março de 1983.
178 "Transmitiremos uma mensagem de alerta": diário de Truman, 25 de julho de 1945.
178 "Talvez seja o fim": Dobbs, *Six Months in 1942: From World War to Cold War*, p. 333.
179 "digno de ponderação": Baime, *The Accidental President*, p. 319.

CONTAGEM REGRESSIVA: 8 DIAS

186 "dois ou três": Van Kirk, *My True Course: Northumberland to Hiroshima*, p. 433.
187 "Você estará na missão": Thomas e Witts, *Enola Gay: The bombing of Hiroshima*, p. 208.
188 "touro jovem": Tibbets, *The Return of the Enola Gay*, p. 221.

CONTAGEM REGRESSIVA: 6 DIAS

189 "neste país miserável": Baime, *The Accidental President*, p. 323.

CONTAGEM REGRESSIVA: 5 DIAS

195 "bom suprimento": Thomas e Witts, *Enola Gay: The bombing of Hiroshima*, p. 218.
196 "competente e confiável": Tibbets, *The Return of the Enola Gay*, p. 203.

CONTAGEM REGRESSIVA: 4 DIAS

197 "desse filho da put*": carta de Truman para Dean Acheson, 13 de março de 1957.
199 "fazer uma pequena aposta?": Baime, *The Accidental President*, p. 330.
199 "arma de destruição tão monstruosa": McCullough, *Truman*, p. 548.
200 "Nosso objetivo principal": Thomas e Witts, *Enola Gay: The bombing of Hiroshima*, p. 219.
200 "É o ponto de mira mais perfeito": Ibid.

CONTAGEM REGRESSIVA: 3 DIAS

204 "Você vai tirar duas": Kauffman, Instituto Naval dos EUA, entrevistas, vol. 1.

CONTAGEM REGRESSIVA: 2 DIAS

207 "Está ficando tarde": Hideko Tamura, entrevista, julho de 2019.
209 "Há ataques aéreos": Ibid.
210 "Ouvi dizer": Caron, *Fire of a Thousand Suns*, p. 175.

NOTAS

210 "Fico triste por": Ibid.
211 "Qualquer um capaz": Ibid., p. 176.
211 "Chegou o momento": Thomas e Witts, *Enola Gay: The bombing of Hiroshima*, p. 227.
213 "O clarão da": Ibid., p. 229.
213 "Ninguém sabe": Caron, *Fire of a Thousand Suns*, p. 229.
214 "Tudo o que fizemos": Ibid., p. 230.

CONTAGEM REGRESSIVA: 1 DIA

216 "Se o avião colidir": Laurence, *Dawn Over Zero*, p. 171.
216 "Rezo para que": Ibid.
216 "Você sabe como fazer?": Ibid., p. 173.
216 "Não", admitiu Parsons. "Mas tenho": Ibid.
219 uma ruiva corajosa: Tibbets, *The Return of the Enola Gay*, p. 203.
221 "O que diabos": Thomas e Witts, *Enola Gay: The bombing of Hiroshima*, p. 233.
222 "Eu não estava preocupado": Ibid.
223 "Por favor, mantenha-o": Beser, *Hiroshima and Nagasaki Revisited*, p. 89.
224 "Por que esse papel estranho?": Ibid., p. 114 .

CONTAGEM REGRESSIVA: 9 HORAS, 15 MINUTOS

226 "Raios me partam": Tibbets, *The Return of the Enola Gay*, p. 211.
226 "Seria mais fácil": Ibid.

CONTAGEM REGRESSIVA: 9 HORAS

227 "Pai Todo-Poderoso": Laurence, *Dawn Over Zero*, p. 173.

CONTAGEM REGRESSIVA: 7 HORAS, 10 MINUTOS

231 "Rapazes, esta": Thomas e Witts, *Enola Gay: The bombing of Hiroshima*, p. 240.

CONTAGEM REGRESSIVA: 6 HORAS, 30 MINUTOS

234 "A bomba está": Van Kirk, *My True Course: From Northumberland to Hiroshima*, p. 462.

CONTAGEM REGRESSIVA: 3 HORAS, 30 MINUTOS

235 "Coronel, estamos": Tibbets, *The Return of the Enola Gay*, p. 219.
235 "Assunto encerrado": Ibid.
235 "O que acontece se": Van Kirk, *My True Course: From Northumberland to Hiroshima*, p. 465.
235 "Aí teremos": Ibid.

CONTAGEM REGRESSIVA: 2 HORAS, 15 MINUTOS

236 "A bomba agora": Lewis, diário de bordo do copiloto, agosto de 1945.

CONTAGEM REGRESSIVA: 10 MINUTOS

237 "Dez minutos até": Tibbets, *The Return of the Enola Gay*, p. 228.

CONTAGEM REGRESSIVA: 43 SEGUNDOS

237 "Bomba lançada!": Caron, *Fire of a Thousand Suns*, p. 247.
238 "O caminho está livre": Ibid.
238 "Você consegue enxergar": Ibid.

CONTAGEM REGRESSIVA: TEMPESTADE DE FOGO

239 "Coronel, a onda está vindo": Caron, *Fire of a Thousand Suns*, p. 250.
240 "uma ebulição ascendente": Van Kirk, entrevista, fevereiro de 1960.
240 "parecia lava": Caron, *Fire of a Thousand Suns*, p. 250.
240 "partes das coisas": Ferebee, entrevista, fevereiro de 1960.
240 "tão grande": Nelson, entrevista, fevereiro de 1960.
240 "Meu Deus, o que": Lewis, entrevista, fevereiro de 1960.
241 "Acredito que seja": Tibbets, *The Return of the Enola Gay*, p. 234.
243 "Não podemos ficar": Hideko Tamura, entrevista, julho de 2019.
245 do que uma tonelada de TNT: Biblioteca Truman, Registro da Viagem do Presidente Harry S. Truman à Conferência de Berlim, 6 de agosto de 1945.
246 "É uma ótima reportagem": Baime, *The Accidental President*, p. 340.
246 "Por que diabos": Badash, Hirshfelder e Brioda, *Reminiscences of Los Alamos 1943–1945*, p. 37.
246 "Estou muito orgulhoso": Groves, transcrição de um telefonema para Oppenheimer, 6 de agosto de 1945.
247 "Atenção, por favor": Else, *The Day After Trinity*, p. 58.
247 "Hiroshima foi": Rhodes, *The Making of the Atomic Bomb*, p. 735.
252 "presenciei a": Laurence, "Atomic Bombing of Nagasaki", *The New York Times*, 9 de setembro de 1945.
253 "Que se dane": Tibbets, *The Return of the Enola Gay*, p. 247.
253 "Será que ninguém": Laurence, "Atomic Bombing of Nagasaki", *The New York Times*, 9 de setembro de 1945.
254 "O destino escolheu Nagasaki": Ibid.
256 "Apesar do fato": Ibid.
256 "Por pura sorte e": Tibbets, *The Return of the Enola Gay*, p. 250.
257 "Você ferrou tudo": Ibid.
257 "O inimigo": Texto do discurso de Hirohito, *The New York Times*, 15 de agosto de 1945.
258 "poderia conseguir uma reportagem": McCullough, *Truman*, p. 461.
259 "tivesse dado a notícia ao nosso povo": Baime, *The Accidental President*, p. 353.

EPÍLOGO

261 "semeará o ódio de forma mais abrangente": O'Reilly, *Killing the Rising Sun*, p. 209.
261 "em uma fração de segundo por uma única bomba": McCullough, *Truman*, p. 456.
262 "seus cortes à escovinha, suas gravatas-borboletas e seus colarinhos clássicos": Federação de Cientistas Americanos, *President's Message: Reinvention and renewal*, 10 de maio de 2016.
262 "recomendando a fabricação de bombas atômicas": Linus Pauling e o Movimento Internacional pela Paz.
263 "em episódios surpreendentemente detalhados": Departamento de Energia dos EUA, *Informing the Public*.
263 chamado *Pika-don*: Atomic Heritage, *Survivors of Hiroshima and Nagasaki*, 27 de julho de 2017.
266 "diplomacia dos EUA perante a Rússia": Mohan e Tree, "Hiroshima, American Media and the Construction of Conventional Wisdom", *Journal of American-East Asian Relations* 4, no. 2 (verão de 1995): 159.

NOTAS

268   "nunca mais quero ver aquele filho da put*": Bird e Sherwin, *American Prometheus: The triumph and tragedy of J. Robert Oppenheimer*, e-book.

268   "Fui eu que mandei você para lá": O'Reilly, *Killing the Rising Sun*, p. 278.

269   "A bomba encerrou a Guerra Japa": Truman, *Harry Truman*, e-book.

269   "Fiz o que achava certo": Truman, *Harry Truman*, e-book.

POSFÁCIO

272   "Estenda a mão": Ruth Huddleston, entrevista, julho de 2019.

274   "Tive uma vida": Ibid.

276   "Costumávamos": Hideko Tamura Snider, entrevista, julho de 2019.

278   "Foi o mais": Ibid.

278   "Se as bombas atômicas": Bird e Sherwin, *American Prometheus: The triumph and tragedy of J. Robert Oppenheimer*, p. 329.

280   "Acho que": Lilli Hornig, *Providence Journal*, 9 de agosto de 2015.

281   "Quando o Dia": Groves, *Now it Can Be Told: The story of the Manhattan Project*, p. 354.

283   "O que fizemos": Lewis, entrevista, fevereiro de 1960.

284   "Os praças": Lewis, 10 de março de 1981, carta para Joseph Papalia, historiador do 509º Grupo Composto.

284   "Daqui a 500 anos": Ibid.

285   "digam algo bom": Van Kirk, *My True Course: From Northumberland to Hiroshima*, p. 535.

285   "Aposto": Ibid., p. 536.

285   "Lutávamos": Van Kirk, entrevista, fevereiro de 1960.

286   "Nos EUA": Jacob Beser, *Last Lecture*, palestra, 1992.

286   "Muitas vezes": Ibid.

286   "A solução para": Ibid.

287   "Acredito que essa arma": Tibbets, entrevista, fevereiro de 1960.

288   "Esta dedicatória não": Van Kirk, *My True Course: From Northumberland to Hiroshima*, p. 530.

290   "um horário para me ver": McCullough, *Truman*, p. 932.

CRÉDITO DAS IMAGENS

PÁGINA/CRÉDITO

6   Biblioteca Presidencial Harry S. Truman

12   Laboratório Nacional de Los Alamos

15   Arquivos Nacionais e Administração de Documentos

21   Arquivos Nacionais e Administração de Documentos

24   Arquivos Nacionais e Administração de Documentos

32   Arquivos Nacionais e Administração de Documentos

NOTAS

43	Departamento de Energia dos EUA
45	Departamento de Energia dos EUA
47	Arquivos Nacionais e Administração de Documentos
59	Cortesia de Ruth Huddleston
63	Cortesia de Ruth Huddleston
68	Cortesia da família de Jacob Beser
79	Cortesia de Hideko Tamura Snider
95	Arquivos Nacionais e Administração de Documentos
109	Foto de Lilli Hornig: Laboratório Nacional de Los Alamos
	Foto de Donald Hornig: Biblioteca Presidencial Lyndon Baines Johnson
114	Arquivos Nacionais e Administração de Documentos
118	Arquivos Nacionais e Administração de Documentos
126	United States Army Signal Corps, Biblioteca Presidencial Harry S. Truman
128	United States Army Signal Corps, Biblioteca Presidencial Harry S. Truman
130	Primeira imagem: Laboratório Nacional de Los Alamos
	Segunda imagem: Laboratório Nacional de Los Alamos
133	Laboratório Nacional de Los Alamos
137	Laboratório Nacional de Los Alamos
139	Arquivos Nacionais e Administração de Documentos
140	Laboratório Nacional de Los Alamos
143	United States Army Signal Corps, Biblioteca Presidencial Harry S. Truman
150	Primeira foto: Biblioteca Presidencial Harry S. Truman
	Segunda foto: Biblioteca Presidencial Harry S. Truman
153	Cortesia de Ruth Huddleston
161	Atomic Heritage
183	Atomic Heritage
191	Biblioteca Presidencial Harry S. Truman
201	Arquivos Nacionais e Administração de Documentos
208	Cortesia de Hideko Tamura Snider
212	Arquivos Nacionais e Administração de Documentos
218	Primeira imagem: Arquivos Nacionais e Administração de Documentos
	Segunda imagem: Cortesia do 509º Grupo Composto
222	Arquivos Nacionais e Administração de Documentos
229	Arquivos Nacionais e Administração de Documentos
231	Arquivos Nacionais e Administração de Documentos
241	Arquivos Nacionais e Administração de Documentos
252	Arquivos Nacionais e Administração de Documentos
255	Arquivos Nacionais e Administração de Documentos
273	Cortesia de Ruth Huddleston
275	Arquivos Nacionais e Administração de Documentos
277	Cortesia de Hideko Tamura Snider

BIBLIOGRAFIA

LIVROS

Ambrose, Stephen E. *Eisenhower: Soldier, general of the Army, President-Elect 1890–1952*. Nova York: Simon & Schuster, 2014.

Badash, Hirshfelder e Brioda, *Reminiscences of Los Alamos 1943–1945*. Boston, Massachusetts: D. Reidel Publishing Company, 1980.

Baime, A. J. *The Accidental President: Harry S. Truman and the four months that changed the world*. Boston: Houghton Mifflin Harcourt, 2017.

Beschloss, Michael. *The Conquerors: Roosevelt, Truman, and the destruction of Hitler's Germany, 1941–1945*. Nova York: Simon & Schuster, 2002.

Beser, Jacob. *Hiroshima and Nagasaki Revisited*. Memphis, Tennessee: Global Press, 1988.

Beser, Jerome e Jack Spangler. *The Rising Sun Sets: The complete story of the bombing of Nagasaki*. Baltimore: Jacob Beser Foundation, 2007.

Bird, Kai e Martin J. Sherwin. *American Prometheus: The triumph and tragedy of J. Robert Oppenheimer*. Nova York: Vintage Books, 2005.

Blassingame, Wyatt. *The Frogmen of World War II*. Nova York: Random House, 1964.

Bundy, McGeorge. *Danger and Survival: Choices about the bomb in the first fifty years*. Nova York: Random House, 1988.

Bush, Elizabeth Kauffman. *America's First Frogmen: The Draper Kauffman story*. Annapolis, MD: Naval Institute Press, 2004.

Cantelon, Philip L. e Robert C. Williams, eds. *The American Atom: A documentary history of fission to the present, 1939–1984*. Filadélfia: University of Pennsylvania Press, 1984.

Caron, George R. *Fire of a Thousand Suns: The George R. "Bob" Caron story-tail gunner of the Enola Gay*. Westminster, CO: Web Publishing, 1995.

Comissão de Energia Atômica dos EUA. *In the Matter of J. Robert Oppenheimer: Transcript of hearing before personnel security board Washington, D.C., April 12, 1954, Through May 6, 1954*. Washington, D.C.: U.S. Government Printing Office, 1954.

Conant, Jennet. *109 East Palace: Robert Oppenheimer and the secret city of Los Alamos*. Nova York: Simon & Schuster, 2005.

Dietz, Suzanne Simon. *My True Course: Dutch Van Kirk, Northumberland to Hiroshima*. Lawrenceville, GA: Red Gremlin Press, 2012.

Dobbs, Michael. *Six Months in 1945: FDR, Stalin, Churchill, and Truman-from World War to Cold War*. Nova York: Vintage, 2013.

Edgerton, Robert B. *Warriors of the Rising Sun: A history of the Japanese Military*. Nova York: Norton, 1997.

Farrell, Robert H. *Off the Record: The private papers of Harry S. Truman*. Nova York: Harper & Row, 1980.

Giovannitti, Len e Fred Freed. *The Decision to Drop the Bomb: A political history*. Nova York: Coward-McCann, 1965.

BIBLIOGRAFIA

Groves, Leslie M. *Now It Can Be Told. The Story of the Manhattan Project*. Nova York: Da Capo Press, 1962.

Harder, Robert O. *The Three Musketeers of the Army Air Forces: From Hitler's fortress Europa to Hiroshima and Nagasaki*. Annapolis, MD: Naval Institute Press, 2015.

Hersey, John. *Hiroshima*. Londres: Penguin Books, 1946.

Hershberg, James. *James B. Conant: Harvard to Hiroshima and the making of the nuclear age*. Nova York: Knopf, 1993.

Hewlett, Richard G. e Oscar Anderson Jr. *The New World, 1939–1946*. Vol. 1 of *A History of the United States Atomic Energy Commission*. University Park: Pennsylvania State University Press, 1962.

Isley, Jeter A. e Philip Crowl. *The U.S. Marines and Amphibious War: Its theory and its practice in the Pacific*. Princeton, NJ: Princeton University Press, 1951.

Jones, Vincent. *Manhattan: The army and the atomic bomb*. Center of Military History, Exército dos EUA, 1985.

Kelly, Cynthia. *Manhattan Project: The birth of the atomic bomb in the words of its creators, eyewitnesses, and historians*. Nova York: Black Dog & Leventhal, 2017.

Kiernan, Denise. *The Girls of Atomic City: The untold story of the women who helped win World War II*. Nova York: Touchstone, 2013.

Krauss, Robert e Amelia Krauss. *The 509th Remembered: A history of the 509th Composite Group as told by the veterans that dropped the atomic bombs on Japan*. Buchanan, MI: First Atomic Bombardment, 2005.

Kunetka, James. *City of Fire: Los Alamos and the atomic age, 1943–1945*. Albuquerque: University of New Mexico Press, 1978.

Lamont, Lansing. *Day of Trinity*. Nova York: Atheneum, 1985.

Laurence, William L. *Dawn Over Zero: The story of the atomic bomb*. Nova York: Knopf, 1946.

McCullough, David. *Truman*. Nova York: Simon & Schuster, 1993.

Miller, Merle. *Plain Speaking: An oral biography of Harry S. Truman*. Nova York: Rosetta Books, 2018.

Morrison, Samuel Eliot. *Victory in the Pacific*. Boston: Little, Brown, 1960.

Moynahan, John F. *Atomic Diary*. Newark, N.J.: Barton Publishing Company, 1946.

Norris, Robert. *Racing for the Bomb: The true story of General Leslie R. Groves, the man behind the birth of the atomic age*. Nova York: Skyhorse, 2014.

O'Reilly, Bill e Martin Dugard. *Killing the Rising Sun: How America vanquished World War II Japan*. Nova York: Henry Holt, 2016.

Oppenheimer, Robert, Alice Kimball Smith e Charles Weiner. *Robert Oppenheimer: Letters and recollections*. Cambridge, MA: Harvard University Press, 1980.

Palevsky, Mary. *Atomic Fragments: A daughter's questions*. Berkeley: University of California Press, 2000.

Polnberg, Richard. *In the Matter of J. Robert Oppenheimer: The security clearance hearing*. Ithaca, NY: Cornell University Press, 2002.

Rhodes, Richard. *The Making of the Atomic Bomb*. Nova York: Touchstone, 1986.

Smith, Jeffrey. *Fire in the Sky: The story of the atomic bomb*. Bloomington, IN: Author-House, 2010.

Smyth, Henry D. *Atomic Energy for Military Purposes: The official report on the development of the atomic bomb under the auspice of the United States government 1940–1945*. Washington, DC: U.S. Government Printing Office, 1945.

BIBLIOGRAFIA

Snider, Hideko Tamura. *One Sunny Day. A Child's Memories of Hiroshima*. Peru, IL: Carus, 1996.
Stimson, Henry e McGeorge Bundy. *On Active Service in Peace and War*. Nova York: Hippocrene Books, 1971.
Szasz, Ferenc. *The Day the Sun Rose Twice*. Albuquerque: University of New Mexico Press, 1984.
Teller, Edward e Allen Brown. *The Legacy of Hiroshima*. Nova York: Doubleday, 1962.
Thomas, Gordon e Max Morgan Witts. *Enola Gay: The bombing of Hiroshima*. Old Saybrook, CT: Konecky & Konecky, 1977.
Tibbets, Paul W. *Return of the Enola Gay*. Columbus, OH: Mid Coast Marketing, 1998.
Truman, Harry S. *Memoirs by Harry S Truman*. Vol. 1, *Year of Decisions*. Nova York: Doubleday, 1955.
———. *Where the Buck Stops: The personal and private writings of Harry S. Truman*. New Word City, 4 de fevereiro de 2015.
Truman, Margaret S. *Harry Truman*. New Word City, 2015.
Truslow, Edith C. *Manhattan District History: Nonscientific aspects of Los Alamos Project Y: 1942 Through 1946*. Los Alamos, NM: Los Alamos Historical Society, 1997.
VanDeMark, Brian. *Pandora's Keepers: Nine men and the atomic bomb*. Nova York: Little, Brown, 2003.
Vogel, Steve. *The Pentagon: A history*. Nova York: Random House, 2008.
Walker, J. Samuel. *Prompt and Utter Destruction: Truman and the use of the atomic bombs on Japan*. Chapel Hill: University of North Carolina Press, 1997.
Wyden, Peter. *Day One*. Nova York: Simon & Schuster, 1984.

ARQUIVOS E DOCUMENTOS

Arquivos Nacionais e Administração de Documentos, Washington, D.C. Estes arquivos incluem documentos da Marinha dos EUA, do Exército dos EUA e outros acervos militares relacionados à Segunda Guerra Mundial, à Guerra do Pacífico e ao Projeto Manhattan. Eles incluem memorandos não confidenciais sobre as missões da bomba atômica, como atas de reuniões do Comitê Interino e do Comitê de Alvos, diários de bordo, gráficos de rastreamento de navegação e ordens.
Beser Foundation, Baltimore, Maryland. O arquivo inclui registros, documentos e outros materiais relacionados às missões de Hiroshima e Nagasaki. Os materiais incluem registros pessoais doados por Jacob Beser, o único homem a voar em ambas as missões da bomba atômica, diários de bordo, transcrições de entrevistas com tripulantes, mapas e correspondência.
Departamento de Energia dos EUA. Escritório de Recursos Históricos e Patrimoniais. Projeto Manhattan.
Departamento de Estado dos EUA. *Foreign Relations of the United States: Diplomatic papers, the conference of Berlin (The Potsdam Conference)*, 1945, vol. 2. Diário de Stimson, 24 de julho de 1945.
Departamento de Estado dos EUA. Gabinete do Historiador. Diplomacia Atômica.
Federação de Cientistas Americanos.
Frank, James. *Report of the Committee on Social and Political Implications*. Junho de 1945.
George C. Marshall Foundation. *George C. Marshall: Interviews and reminiscences for Forrest C. Pogue*. 11 de fevereiro de 1957. Biblioteca e Museu Presidencial Harry S. Truman.

304   BIBLIOGRAFIA

História do 509º Grupo Composto desde sua ativação até 15 de agosto de 1945.

Hornig, Donald. *Lyndon Baines Johnson-Library*. 4 de dezembro de 1968.

Instituto Naval dos EUA, Annapolis, Maryland. Um conjunto de entrevistas gravadas com o almirante Draper L. Kauffman, Volume I e Volume II. Contém mais de 1.300 páginas de transcrições de entrevistas com Kauffman, nas quais ele reflete sobre seu tempo na Marinha dos Estados Unidos e nas equipes de demolição subaquática durante a Segunda Guerra Mundial.

Linus Pauling e o Movimento Internacional pela Paz. Universidade do Estado do Oregon.

Public Papers, Franklin D. Roosevelt.

Public Papers, Harry S. Truman.

PERIÓDICOS

Bainbridge, Kenneth T. "A Foul and Awesome Display". *Bulletin of the Atomic Scientists*, 31 de maio de 1975.

Groves, Leslie R. "The Atom General Answers His Critics". *Saturday Evening Post*, 19 de maio de 1948.

Isaacson, Walter. "Chain Reaction: From Einstein to the Atomic Bomb". *Discover Magazine*, 18 de março de 2008.

Kistiakowsky, George B. "Trinity — A Reminiscence". *Bulletin of the Atomic Scientists*, junho de 1980.

Laurence, William L. "The Atom Gives Up". *Saturday Evening Post*, 7 de setembro de 1940.

Lewis, Robert A. "How We Dropped the A-Bomb". *Popular Science*, agosto de 1957.

Michaud, John. "Double Take Eighty-Five from the Archive: John Hersey". *New Yorker*, 8 de junho de 2010.

Moffett, George. "Truman's Atom-Bomb Dilemma". *Christian Science Monitor*, 31 de julho de 1995.

Mohan, Uday e Sahno Tree. "Hiroshima, American Media, and the Construction of Conventional Wisdom". *Journal of American-East Asian Relations* 4, no. 2 (verão de 1995).

Moore, David W. "Majority Supports Use of Atomic Bomb on Japan in WWII". Gallup News Service, 5 de agosto de 2005.

Stimson, Henry J. "The Decision to Use the Atomic Bomb". *Harper's Magazine* 194 (fevereiro de 1947).

Stokes, Bruce. "70 Years after Hiroshima, Opinions Have Shifted on Use of Atomic Bomb". Pew Research, 4 de agosto de 2015.

Szilard, Leo. "Perspectives in American History, Volume II". 1968.

Tibbets, Paul. "How to Drop an Atom Bomb". *Saturday Evening Post*, 8 de junho de 1946.

"The War Ends: Burst of Atomic Bomb Brings Swift Surrender of Japanese". *Life*, 20 de agosto de 1945.

Wellerstein, Alex. "What Presidents Talk About When They Talk About Hiroshima". *New Yorker*, 27 de maio de 2016.

JORNAIS E AGÊNCIAS DE NOTÍCIAS

Asbury Park Press. "A-Bomb Pilot Carves New Career". 2 de agosto de 1970.

Associated Press. "Old Pals Differ on Using Bomb". 7 de agosto de 1957.

Chicago Tribune. "40 Years Later, John Hersey Revisits Hiroshima". 17 de julho de 1985.

Hattiesburg American. 7 de maio de 1945.

New York Daily News. 7 de maio de 1945.

BIBLIOGRAFIA **305**

New York Times. "Atomic Bombing of Nagasaki Told by Flight Members". 9 de setembro de 1945.
———. "Drama of the Atomic Bomb Found Climax in July 16 Test". 26 de setembro de 1943.
———. "Lightning Blew Up Dummy Atom Bomb". 27 de setembro de 1945.
———. "Atom Bomb Based on Einstein Theory". 28 de setembro de 1945.
———. "Atomic Factories Incredible Sight". 29 de setembro de 1945.
———. "Engineering Vision in Atomic Project". 1º de outubro de 1945.
———. "Gases Explain Size of Atomic Plants". 3 de outubro de 1945.
———. "Scientists 'Create' in Atomic Project". 4 de outubro de 1945.
———. "Element 94 Key to Atomic Puzzle". 5 de outubro de 1945.
———. "Plutonium Lifted by New Chemistry". 8 de outubro de 1945.
———. "Atomic Key to Life Is Feasible Now". 9 de outubro de 1945.
Parsons, Louella O. "Ralph Edwards Show". Coluna, 14 de maio de 1955.
Pittsburgh Press. 7 de maio de 1945.
Providence Journal. 9 de agosto de 2015.
St. Louis Post-Dispatch.
Stars and Stripes. 24 de março de 1945.
———. 9 de abril de 1945.
United Press International.
Washington Post. "Remembering Bess". 19 de outubro de 1982.

ENTREVISTAS

Histórias Orais do "Voices of the Manhattan Project", incluindo Lilli Hornig, Thomas O. Jones e George Caron.
Biblioteca e Museu Presidencial Harry S. Truman: Entrevista de história oral com George M. Elsey.
Ruth Huddleston, entrevista, 21 de julho de 2019.
Hideko Tamura Snider, entrevistas, julho e agosto de 2019.

SOBRE OS AUTORES

CHRIS WALLACE é o âncora do *Fox News Sunday*, programa de notícias da Fox Broadcasting nas manhãs de domingo. Ele entrou na Fox News em 2003 e, ao longo desses anos, cobriu quase todos os eventos políticos importantes e entrevistou líderes dos EUA e do mundo, incluindo sete presidentes norte-americanos. Em outubro de 2016, Wallace foi o primeiro jornalista da Fox News a moderar um debate presidencial. Ao longo de seus mais de 50 anos na área, ganhou os principais prêmios de notícias por suas reportagens — três prêmios Emmy, o duPont-Columbia Silver Baton e o Prêmio Peabody.

MITCH WEISS é jornalista investigativo da Associated Press e vencedor do Prêmio Pulitzer, cobrindo assuntos que incluem a má conduta militar, a corrupção governamental, os crimes de colarinho branco, o colapso do mercado imobiliário e os dispositivos médicos inseguros. Ele também é um autor e coautor aclamado pela crítica.

Índice

Símbolos

509º Grupo Composto, 17, 27
  primeira reunião, 26
  tripulação na sede do, **222**

A

Adolf Hitler, 45–46
  1933, ascensão de, 46
  suicídio, 54
Alamogordo, 129
Albert Einstein, 46
  carta a Franklin D. Roosevelt, 46–48
  papel na criação da bomba, 262
Alemanha
  escombros de Berlim, **128**
  redenção, 54
  rendimento, 65
armas atômicas
  moralidade, 176

B

B-17 Flying Fortress, 19
B-29
  nº 82, 211
B-29 Superfortress, 18
  mudanças, 97
  sistema LORAN, 75
Base Aérea de Wendover, 17
Batalha da Grã-Bretanha, 70
Batalha do Bulge, 56
blitzkrieg nazista, 31
bomba atômica, 7, 74
  alerta para União Soviética, 266

ativação, 235
escolha dos alvos, 66
estimativas do número de mortos e feridos, 276
Fat Man, 74–75, **252**
  lançada, 251
hibakusha, termo, 264
Hiroshima após a, **275**
Hiroshima, primeiro alvo, 76
início da Era Atômica, 139
isótopo U-235, 49
Little Boy, 74, **218**
  lançada, 238
mecanismo de implosão, Fat Man, 75
meio de destruição em massa, 175
objetivo e detalhes da, 50–51
plutônio-239, 49
primeira declaração oficial sobre a, **191**
processo de construção, 44
Projeto X, 49
questões existenciais, 108
questões sobre a moralidade de lançar a, 269
radar, 70–71
recomendações para o uso da, 91
risco, 73
teoria de Leo Szilard, 45
Tibbets escolhido para liderar a missão da, 94
uma arma secreta, 56
William Laurence cobriu o projeto da, 120
bomba de hidrogênio, 279
  Edward Teller, pai da, 279

ÍNDICE

bomba Trinity, 107, **130**
  esboço da explosão, **139**
  explosão do teste, **137**
  local de teste da, **130**
  Oppenheimer inspecionando, **133**
  origem do nome, 131
  testada em Alamogordo, 175

C

calutrons, máquinas, 62–63, **63**
  desenvolvido por Ernest O. Lawrence, 64
Comitê de Alvos, 67
Comitê Interino, 87
Comitê Truman, 39
comunismo, 114
Conferência de Potsdam, 123, 144
  divergências, 145
  frustração, 189
Conferência de Yalta, 145
corrida armamentista, 266
  início da, 173

D

Declaração de Potsdam, 169
  emissão exigindo a rendição do Japão, 189
Destruição Mútua Assegurada (MAD), 266
Donald Hornig, **109**
  após a guerra, 280
Draper Kauffman, 29–36, **32**
  esquadrão antibombas subaquáticas, 33

E

Enola Gay, avião, 225
  decolagem, 232–233
  origem do nome, 219
  sendo carregado com a Little Boy, **218**
  tripulação do, **229**
era atômica, 139
era nuclear
  inaugurada por Truman, 270

Ernest O. Lawrence, 64
Ernie Pyle, 35
  morte, 36
espionagem, 113
Eva Braun, 54
Exército Imperial Japonês, 80

F

Fat Man, 252
força-tarefa S-1, 42, 49
Franklin D. Roosevelt, 3, 49
  carta de Albert Einstein, 46–48
  carta para Oppenheimer, 13, **14**
  morte de, 3–4
  Pearl Harbor, declara guerra ao Japão, 8

G

Garotas do Calutron, 64
George Caron, 25, **222**
George Marshall, 100
Great Artiste, avião, 225
Guerra da Coreia, 289
Guerra Fria, início da, 198, 288

H

Harry Stimson
  mensagem, 37
Harry Truman, 37–38, **126, 150**
  Alemanha, 123
  após a guerra, 288
  "Back Roosevelt", campanha de, 39
  comunicado sobre a bomba, 246
  inaugurou a era nuclear, 270
  inspecionando os escombros de Berlim, **128**
  liberação da bomba, ordem de, **191**
  passeio por Berlim, 127
  posicionamento, 268
  tomada de posso como presidente, 5–**6**
Henry "Hap" Arnold, 22

ÍNDICE

Henry Stimson, 5–6, **43**
  força-tarefa S-1, 42
Henry Wallace, 38
Hideko Tamura, 77–84, 207
  após a guerra, 274–278
  com 5 anos de idade, **208**
  com a mãe, **79**
  e a bomba em Hiroshima, 242–244
  pais, 78
  tocando a cúpula da bomba, **277**
Hirohito, imperador japonês, 90
Hiroshima, 171
  após a bomba, **275**
  bomba lançada, 238
  destruição, 240
  escolhida como primeiro alvo, 76
  evacuação de crianças, 77–80
  início de 1945, 81
  nuvem em forma de cogumelo, **241**
  o ponto de mira em, **201**
  reunião antes da missão de, **212**
homens-rã, 34–35

I

isótopo U-235, 49
Iwo Jima
  encontro, 234

J

Jacob Beser, 67–71, **68**
  após a guerra, 286
  construção da bomba atômica, 74
  no projeto da bomba, função de, 73
James Byrnes, 88
Japão
  desperdiça sua última chance de evitar a
    bomba atômica, 190
  EUA declaram guerra ao, 8
  Hiroshima, 171
  invasão, 30

"island hopping", estratégia, 33
Nagasaki, 171
Okinawa, invasão no, 34
Operação Coronet, segunda fase da invasão, 204
Operação Olympic, primeira fase da invasão, 203
primeiro ataque norte-americano, 22
rendição aos EUA, 258
ultimato, 169
Jimmy Doolittle, 22
Jim Pendergast, 38–40
John J. McCloy, 100
John Lansdale, 23
Joseph Stalin, 65–67, **150**

K

Kantaro Suzuki
  anúncio, 190
Kenneth Bainbridge, 131
Klaus Fuchs, 172

L

Lawrence Huddleston, 56, **59**, **273**
Leo Szilard, 45–46
Leslie Groves, 41, 43–**45**
  após a guerra, 281
  família, 44
  força-tarefa S-1, 49
Lilli Hornig, 108–111, **109**
  após a guerra, 280–281
  foto do crachá de segurança de, 109
Long Range Navigation, sistema de coordenadas, 75
Los Alamos, Novo México, 7
  1944, festa em, **11**
  equipe de, 9
  localização, 10
  portão de segurança de, **114**
  primeira visita de Tibbets e Beser, 72
Lyndon B. Johnson, 109

ÍNDICE

N

Nagasaki, 171
  bomba lançada, 251
  nuvem em forma de cogumelo, **255**
nazismo
  campos de concentração, 54
  perseguição nazista, 45
Necessary Evil, avião, 225
New Deal, 39
Normandia, 53
Norman Ramsey, 23
núcleo de plutônio, 74–75
núcleo de urânio, 74
Nuremberg, 54

O

Oak Ridge, Tennessee, 55–64
Oceanside, 104
Okinawa, Japão, 34
  invasão, 35
Operações
  anfíbias, 33
  Coronet, 204
  Olympic, 203–204
  Silverplate, 23
  Tocha, 21
Oppenheimer
  comunismo, 115
Organização do Tratado do Atlântico Norte
  (OTAN), 290

P

Paul Tibbets, 17–28, **21, 24, 212, 222**
  após a guerra, 287
  B-17 Flying Fortress, 21
    piloto, 21
  Corpo Aéreo do Exército, 20
  Dwight Eisenhower, 18
  equipe de, 24
  Mark Clark, 18

opinão sobre a bomba, 268
pai, 19
se despedindo antes de ir para Hiroshima,
  231
Pearl Harbor
  ataque do Japão, 8
Pentágono, 44
petição
  limites ao uso de armas atômicas, 108
Philip Morrison, 9
Plano Marshall, 290
plutônio, 74
  bomba Fat Man, 74
  núcleo de, 75
Projeto Manhattan, 7
  detalhes secretos sobre a bomba, 75
  início, 42
  Leslie Groves, fase de fabricação, 43
  William Laurence, repórter do, 117–118
  X, Y e W, instalações de trabalho, 49
Projeto X, 49

R

radar, 69–70
Red Gremlin, 24
regras de engajamento, 86
Rei George VI, 198
Robert A. Lewis, 26, **95, 222**
  após a guerra, 283–284
  B-29 Superfortress, 185
Robert Furman, 181–184
Robert Oppenheimer, 7, 9–**12, 133**
  após a guerra, 278–279
  depressão, 176
  discurso fúnebre, 15
  opinão sobre a bomba, 268
Ruth Sisson, 55, **59, 63, 153, 273**
  após a guerra, 271–274
  "operadora de cubículo", 62

S

Segunda Guerra Mundial
   G.I. Bill, lei, 271
   transtorno de estresse pós-traumático (TEPT), 274
Shigenori Togo, 155

T

Templo Zensho, 77
The New York Times, 118
Theodore J. Van Kirk, **24**–25, **222**
   após a guerra, 285
Thomas Farrell, 75–76
Thomas Ferebee, **24**–25, **222**
   após a guerra, 284–285
Tinian, ilha de, 27, 159–166
   509º Grupo Composto, 93
   Destination, 160
   vista aérea de, **161**
Tratado de Interdição Parcial de Testes Nucleares, 266
Três Grandes, 123

U

União Soviética, 53
urânio, 46–51
   bomba Little Boy, núcleo de, 74
   comitê consultivo de urânio, 49
   Congo, 50
   núcleo de, 74

o segredo para a energia atômica, 121
partes da bomba, 74
Projeto X, fonte do, 49
USS Callaghan
   ataque, 190
USS Indianapolis, 181–**183**
Uzal G. Ent, 23

V

Van Kirk, 94

W

Wilhelm Keitel, 54
William Laurence, 117–**118**
   após a guerra, 281–282
   cobriu o projeto histórico da bomba, 122
William Leahy, 100
William Parsons, 23, **212**
Winston Churchill, 3, **150**

ROTAPLAN
GRÁFICA E EDITORA LTDA
Rua Álvaro Seixas, 165
Engenho Novo - Rio de Janeiro
Tels.: (21) 2201-2089 / 8898
E-mail: rotaplanrio@gmail.com